ANTES
DE IRTE,
¡RECUERDA
VIVIR!

Prólogo de José Ramón Ayllón

HUGO CUESTA

ANTES DE IRTE, ¡RECUERDA VIVIR!

Piensa en tu muerte y exprime la vida

Grijalbo

Antes de irte, ¡recuerda vivir!
Piensa en tu muerte y exprime la vida

Primera edición: octubre, 2025

*A Jesús, quien me permitió sentir su amor
cuando más lo necesitaba.*

*A Melissa, Hugo, Ma. Teresa, Juan Pablo,
Viviana, Fernando, Santiago y Mariana: son
mi motor y mi inspiración.*

*A mis sobrinos y primos: Su cariño y
acompañamiento han sido invaluables.*

*A mis queridos amigos, su
cercanía y consejo me han marcado.*

*A quienes me acompañaron con su
preocupación y oraciones en la
etapa más dura de mi vida.*

*Sin ustedes, no estaría aquí,
ni este libro ni su autor.*

ÍNDICE

PRÓLOGO

Un abogado, director de un prestigioso bufete internacional, sufre un grave accidente de moto. Sin perder la conciencia, piensa que puede perder la vida, quedar mutilado o sufrir severas secuelas. Se llama Hugo y en este libro describe con notable precisión y amenidad los efectos de su accidente: el susto de su familia y allegados, la hospitalización, el estado de coma, la exploración abierta a todas las sorpresas, el primer diagnóstico… El monólogo interior de este hombre, sumido en la incertidumbre, nos sorprende por su riqueza y serenidad. Logra que el lector se involucre en el drama y lo viva a su manera.

Cuando Hugo alcanzó los cincuenta, experimentó una crisis que le llevó a preguntarse quién era, cómo debía vivir, dónde estaba la felicidad. Siete años después, el accidente que pudo acabar con su vida le obligó a plantearse preguntas más profundas: ¿voy a morir?, ¿qué me encontraré al otro lado de la muerte?, ¿habrá un cielo y un infierno?, ¿conoceré a Dios, si es que existe realmente? Ya lo dijo Platón: la muerte nos pone a filosofar. Y con una filosofía para todo tipo de lectores elabora Hugo su libro, en compañía de ilustres pensadores y gentes comunes que se han enfrentado con lucidez a la gran cuestión y que tienen mucho que aportar.

Hugo desea compartir con el lector su rica e impactante vivencia: un abigarrado tejido de reflexiones propias, testimonios diversos, lecturas inspiradoras. Nos lleva a preguntarnos qué va a ser de cada uno de nosotros al morir. Por sus páginas desfilan episodios lacerantes —con su carga de angustia, duda y dolor— junto a otros de esperanza y seguridad. Historias de personas que han vivido situaciones extremas y nos muestran sus cicatrices como una prueba de que han salido airosos.

Al cerrar el libro nos ha quedado claro, igual que a Viktor Frankl, que solo una cosa es más importante que la vida: el sentido de la vida. A Hugo no le resulta difícil descubrir la mano de Dios en ciertos acontecimientos de su vida; después del accidente, en su familia quedó la extraña sensación de que lo sucedido formaba parte del plan misterioso de Dios. Y que era necesario que hubiera ocurrido justo así.

José Ramón Ayllón

1

NUNCA PENSÉ QUE ME PODRÍA PASAR A MÍ

UN GIRO INESPERADO

¡Salud por nuestro viaje!, dije de pronto levantando la voz, y la copa. En la larga mesa, se encontraban los catorce *brothers bikeros*, que había invitado a cenar en casa para brindar por nuestro próximo viaje en motocicleta.

El viaje prometía, y mucho. El plan era rodar durante trece días por carreteras rurales, montañas nevadas, caminos sinuosos y lagos cristalinos; visitando siete países de Europa.

Todo había sido cuidadosamente planeado y el ánimo estaba a tope. Era mi primer viaje a rodar por Europa y tenía mucha ilusión de hacer vida, lo que venía promoviendo en mis últimos libros, conferencias y videos: ¡Disfruta la vida!

Al final de la cena, llevé a algunos a la sala para hacer una inspección de último minuto de mi equipo de seguridad: el casco Shoei gris; los guantes de cuero negro con protección de acero; las botas de goma dura; la chamarra con vivos fosforescentes y protección en codos y espalda, y el peto acolchonado para proteger las vísceras, en caso de accidente. "¡Vas como Robocop!", bromeó uno de ellos. "Pues más vale", dijo otro.

Finalmente, llegó el día. Como al inicio de todo viaje, la emoción se notaba en las bromas, en repasar los planes, imaginar los lugares que visitaríamos, saborearnos los restaurantes donde cenaríamos, y ver, por enésima, vez las fotos de los paisajes y trayectos que recorreríamos. Todo pintaba de maravilla.

Al llegar a Barcelona, fuimos directo a comer a un restaurante muy recomendado. Ya de regreso en el hotel, empecé a sentir un intenso dolor en el estómago, que pronto evolucionó en diarrea y vómito. Supuse que era indigestión. No sospechaba que, más que el estómago, eran síntomas de covid-19. ¿Sería una señal? ¿Una advertencia? Si lo era, y como otras, decidí no escucharla: no quería arruinar este viaje que tanto había preparado.

Acostado en la cama, ya con el estómago más calmo, escuchaba que llegaban los mensajes, fotos y videos de la gran cena que tuvo el grupo sin mí. No sabía entonces que mi silla en la mesa quedaría vacía durante el resto del viaje.

Al día siguiente, empezaba la gran aventura. Salimos de mañana del hotel, a recoger las motos en las oficinas de Hispania Tours. Ese fue el primer contacto físico, con la moto, que habíamos escogido con tanto cuidado.

Después de los trámites de rutina, creció mi ilusión al verme al volante de la preciosa BMW GS 1250 blanca, con distintivos grises y rojos. Recuerdo que la miré pensando: vas a ser mi compañera en esta aventura…, ojalá sigamos siendo amigos al final del viaje.

A unos kilómetros del puerto de Barcelona, nos esperaba el ferry, que en veinte horas nos pondría en Génova, Italia, para empezar el recorrido. Uno de los últimos mensajes que envié, desde el bote, fue para Vittorio, mi gran amigo italiano, compañero de maestría hacía más de 32 años, quien además había sido mi testigo de bodas 30 años atrás, y yo testigo de la suya, hacía 32. Desde entonces, conservábamos una entrañable amistad y nos veíamos, al menos, un par de veces al año. Comeríamos con él, al día siguiente, cerca del Lago de Como, ya que nuestro recorrido pasaba justo frente a su casa. Mi mensaje, con la propuesta de vernos, sería una más en la lista de promesas incumplidas en ese viaje.

Después de veinte horas de travesía, y ya sin vómitos ni diarrea, llegamos a Génova. La bajada de las motos, alternándonos con camiones, coches y carga, me pareció interminable. Divididos en dos grupos de siete motociclistas, nos reunimos en la zona norte del puerto de Génova para hacer la oración del grupo.

En la plática grupal de la noche anterior, habíamos acordado quiénes serían las parejas para el trayecto. Juan Pablo, a quien cariñosamente llamábamos el Burro, sería mi compañero de aventura.

Los primeros kilómetros me dediqué a sentir la moto y a notar las diferencias con la mía, a percibir su manejo y respuesta del motor, a disfrutar de su suave suspensión y probar el agarre de las llantas en las curvas, la eficiencia de los frenos y la visibilidad de los espejos. Las primeras sensaciones eran muy positivas. Me sentía cómodo y seguro, disfrutando la sensación de libertad, al sentir el viento en la cara y la adrenalina de la potencia del motor. Aunque en el fondo persistía la sensación que siempre aparecía arriba de la moto, y que oscilaba continuamente entre el disfrute y el miedo.

Aproximadamente dos horas después de salir de Génova, hacia Milán y habiendo transitado apenas ciento cuarenta kilómetros, mi aventura terminó de forma abrupta y casi fatal.

Rodando por una carretera rural de dos carriles cerca de Bérgamo, al ir rebasando a una vagoneta gris, esta giró abruptamente a la izquierda, justo en el momento en que yo la rebasaba, ni siquiera alcancé a tocar el freno.

El impacto fue tremendo, en un instante se destrozó mi llanta delantera, suspensión, salpicadera, faro y prácticamente todo el frente de la moto. El resto del impacto se lo llevó mi costado derecho, al estrellarme contra la puerta del conductor y salir volando (creo) por encima de la vagoneta. Y digo creo, porque lo último que recuerdo es ver mi llanta delantera impactando contra la puerta de la vagoneta gris. Lo que siguió fue un *black-out* que no me permite recordar lo que ocurrió, al momento del impacto.

La siguiente imagen que recuerdo, es la de verme tirado en el asfalto, totalmente aturdido, prensado entre el volante de la moto —que a su vez estaba incrustada en la barrera de protección— y a pocos centímetros de la defensa delantera de la vagoneta gris, la cual, aparentemente, era conducida por una señora con un vestido estampado azul con gris, quien apareció de pronto inclinándose frente a mí, llorando desesperadamente (no sé su nombre, pero desde entonces la llamo: Giovanna).

El instinto me llevó a mirar mi alrededor y tratar de tomar consciencia de dónde estaba. Casi todo mi campo visual lo ocupaba la defensa de la vagoneta. Nada hacía sentido, total confusión. Después de un gran silencio, que duró una eternidad, empecé a escuchar ruidos y gritos. Intenté levantarme y, al hacerlo, sentí una fuerte presión en mi brazo izquierdo, el cual estaba incrustado en el volante de la moto, y una sensación de entumecimiento en todo el cuerpo. No podía ni moverme ni hablar, solo observar. Recuerdo haber pensado para mis adentros: ¿qué carajos pasó?

No sé si perdí por unos instantes la consciencia, pero mi siguiente recuerdo es ver a Giovanna llorando desconsoladamente y fijar su mirada en mí, sin decir palabra. Solo me miraba, y yo a ella. Podía ver sus ojos de profunda preocupación. Instantes después, vi a Juan Pablo (el Burro) llegar corriendo, visiblemente asustado, y sin saber qué hacer. Le pregunté qué había pasado y su nerviosismo le impidió contestar. ¿Cómo estoy?, insistí en preguntar. Sus lágrimas y su silencio se explicaron solos.

Empezaron a rondar algunas ideas en mi cabeza: ¿estoy muy lastimado?, ¿tendré alguna hemorragia interna?, ¿me voy a morir?

Bocaarriba en el asfalto, prensado entre la barrera de protección, la moto y la vagoneta, perdí la noción del tiempo. Me pareció una eternidad. No sentía dolor, pero no se me ocurría moverme, porque tenía la sensación de estar muy lastimado. Percibí unas gotas de sangre, se empezaban a meter en mi ojo izquierdo.

Cuando realmente me preocupé, fue cuando vi mi brazo derecho. Yo sentía que estaba pegado a mi cuerpo, pero en realidad estaba demasiado lejos de mi hombro, describiendo un ángulo extraño y con el codo doblado en sentido contrario. Verlo en esa posición rara, aumentó mi confusión. Al querer moverlo, para ponerlo donde yo creía que debía estar, mi brazo no se movió ni un centímetro. Lo veía de reojo, como si fuera el brazo de otra persona. En esos momentos, el espacio y el tiempo perdieron sentido.

Mi instinto me dijo que debía aprovechar los intervalos de consciencia que me quedaban, intuía que, en cuanto pasara la adrenalina del golpe, el dolor se haría insoportable. Empecé a gritar: ¡ambulancia!, ¡ambulancia!, mientras mi voz interior susurraba: tranquilo, tranquilo, concéntrate en lo que debes hacer. Ilusamente, pensaba que seguía en control de la situación.

Haciendo un esfuerzo de concentración enorme me empezaba a faltar el aire, le pedí a Juan Pablo que sacara de la maleta trasera de la moto mi celular, mi pasaporte y pertenencias y, sobre todo, que le llamara, urgentemente, a Vittorio. Yo sabía que él estaba cerca, y disponible, por haber quedado de comer con él más tarde. Recuerdo haberle pedido, también, que no avisara a mi familia, ya que en ese momento pensaba que tendría, a lo sumo, algunas fracturas menores y que en un par de días podría alcanzar al resto del grupo. No quería preocuparlos y mi intención era contarles personalmente lo ocurrido.

En medio de mi confusión mental, noté que Giovanna lloraba cada vez más y seguía inclinada sobre mí, ahora sosteniendo una sombrilla azul, para evitar me pegara el sol en la cara. Su mirada de dolor y angustia seguían ahí, como si hubieran estado desde siempre y fueran parte del paisaje.

Percibí en su mirada un gesto de arrepentimiento, el cual interpreté como un discúlpame, tal vez mi imprudencia te cueste la vida. Al pasar los minutos, su mirada, intensa y de profundo dolor, suavizó mi sentimiento hacia ella. No sé cuántos instantes pasaron, pero llegó un punto en que la miré de regreso pensando: no te preocupes, así son los accidentes, seguramente no querías matarme, aunque tal vez lo hagas. Quise poner una sonrisa en mis labios rígidos y secos, pero creo que no lo logré. Además, al llevar la visera para el sol de mi casco que seguramente me hizo la herida, cuya cicatriz hoy llevo en la mejilla izquierda, ella nunca pudo ver mis ojos.

Aunque nuestras vidas se cruzaron, literalmente un instante, y apenas intercambiamos unas miradas, estoy seguro nunca nos olvidaremos. Siempre la recordaré como Giovanna, la italiana que me arrolló en Bérgamo. No sé con qué nombre me bautizó ella, pero estoy seguro que, de cuando en cuando, piensa en mí. ¿Qué será de Giovanna hoy? Muy probablemente nunca vuelva a saber de ella ni ella sabrá que estoy vivo. Tal vez algún día debería contactarla, simplemente para que sepa que no es una homicida imprudencial.

He tejido en mi mente mil historias de Giovanna. Nunca sabré si se acercan a la realidad, pero lo que sí sé es que logró lo que muchas circunstancias en mi vida no habían logrado: ponerme un parón en seco, un alto total. Esta era una señal más para hacer un alto. Una señal que, ahora sí, no solo no podía ignorar, sino que nunca voy a olvidar.

Me cuentan que al accidente llegaron otros *brothers bikeros*, pero no recuerdo haberlos visto. Además, al estar prácticamente prensado, entre la barrera de protección y la vagoneta, solo podía acercarse una persona a la vez. Recuerdo que llegaron algunos policías y me preguntaron cosas. Yo solo quería hablar con Juan Pablo para pedirle que no me dejara solo. Después de un tiempo, que pareció detenerse, empecé a escuchar la sirena de una ambulancia que, por fin, se acercaba.

Al llegar los paramédicos, me tocaron las piernas y los brazos, preguntándome si las sentía y pidiéndome las moviera. Asumo que lo hacían para descartar una lesión en la columna, tan común en accidentes de este tipo.

Cortaron con unas tijeras mi chamarra fosforescente. Al ver cómo la rasgaban, pensé: que poco duraste, ¡apenas te estaba estrenando! Noté que un paramédico sostenía mi hombro y brazo derecho y que, cuando lo soltaba, este caía, totalmente inerte. No respondía cuando intentaba mantenerlo pegado al cuerpo. No recuerdo cuándo me quitaron el casco, pero sí escuchar una cuenta en italiano: *uno!*, *due!*, *trei!*, y, de pronto, sentirme elevándome del pavimento y aterrizar en una camilla. Recuerdo buscar con la mirada a Juan Pablo y gritarle ¡vente en la ambulancia conmigo!

Los paramédicos no lo dejaron subir, así que le grité, con las pocas fuerzas que me quedaban: ¡dile a Vittorio que estoy en sus manos, y que decida lo que crea mejor!

Yo, que estaba acostumbrado a estar en control, tomar decisiones, aconsejar, planear, hacer estrategias y planes de acción; en estas circunstancias no podía hacer nada. Normalmente mi familia, amigos, clientes y colegas recurrían a mí para ayudarlos a tomar decisiones, y controlar los daños en situaciones complejas como estas. Esa sería la primera de muchas, muchísimas circunstancias, durante meses, en que no podría controlar nada, absolutamente nada; y no me quedaba más opción que soltar, confiar en los demás y abandonarme en la voluntad de Dios. Eso que yo aconsejaba en casos como estos, desde la comodidad de la teoría.

Hablando de confiar, yo confiaba en Vittorio a ciegas. Lo conocía muy bien y sabía que su madurez, criterio, frialdad y lucidez bajo presión, serían clave para tomar buenas decisiones en la situación de vida o muerte en que me encontraba. Intuía que de esas decisiones dependería mi vida.

Mi familia se enteró del accidente de manera fortuita, por una de esas casualidades que ocurren por una buena razón. Juan Pablo habló con Vittorio, como se lo había pedido, y le avisó del accidente. La llamada se cortó, y olvidó la clave de mi celular para volverlo a llamar, dejando un intervalo de silencio, de varios minutos, que debió ser angustiante para Vittorio quien, finalmente, decidió devolverle la llamada a Juan Pablo. Lo curioso es que Vittorio devolvió la llamada a Juan Pablo, mi hermano, a quien conocía bien y de quien tenía registrado en su teléfono.

Puedo imaginar la sorpresa de mi hermano cuando lo despertó la llamada de madrugada y escuchó a Vittorio alterado preguntándole por mí y por la ubicación del hospital. "¿De qué hablas?", respondió desconcertado. Fue en ese momento cuando Vittorio se dio cuenta de su confusión.

"¿Qué pasó, Vittorio?", preguntó mi hermano mientras se levantaba y caminaba hacia el clóset para no despertar a su esposa. Poco a poco, mi hermano comprendió lo que pasaba. No estoy seguro de cómo se dio la serie de llamadas entre los Juan Pablos y Vittorio en esos momentos de tensión y confusión. Sin embargo, por lo que supe después, poco a poco fueron organizando la información para entender la situación y decidir si debían informar a mi esposa, a mi hijo, a mi madre y al resto de la familia.

En aquel momento, mi mayor temor era que, al llegar a un hospital público en Italia, siendo yo mexicano (y no miembro de la comunidad europea), les resultara más fácil decir que había llegado muerto y no tener que invertir en mí lo que se necesitara para mantenerme con vida (que al final fue mucho). Se instaló en mi corazón un sentimiento de impotencia y de angustia, que no me abandonaría hasta muchos meses después. Por primera vez, desde que recuerdo, dependía totalmente de los demás. Médicos, enfermeras y funcionarios del hospital tomarían decisiones sobre mi salud y mi vida, mientras yo estaría, probablemente, inconsciente, o tal vez muerto. Esta sería la primera de muchas otras lecciones de humildad para aprender a soltar, a confiar y a pedir ayuda. Me sentía al borde de un precipicio de incertidumbre y miedo.

Desde niños nos inculcaron en casa la costumbre de, al escuchar la sirena de una ambulancia, elevar una oración por el que recogieron o que van a recoger. En esta ocasión escuchaba la sirena, pero ¡el que estaba en la ambulancia, medio roto, era yo!; inconscientemente pedía que, quien escuchara la sirena, tuviera el buen gesto de rezar por mí. ¡Y pensar que vivimos creyendo que esas cosas les pasan siempre a los demás!

Con frecuencia me preguntaba la enfermera que me acompañaba en la ambulancia: "*Dolore?*". Instintivamente contestaba que no. Las primeras veces con voz, después, solo negando con la cabeza. Empezaba a sentir un fuerte dolor en el costado derecho y el pecho cada vez más oprimido y con dificultad de respirar. Para tener cierto control sobre la situación, fingía no tener dolor e insistía en decirles ¡no me duerman hasta que llegue Vittorio! Recuerdo haber repetido eso, al menos, en cinco ocasiones, al punto que la enfermera volteó y preguntó al médico: "*Qui é Vittorio?*". A lo que yo contesté sin dudar: *il mio fratello* (mi hermano).

Con el tiempo caigo en cuenta de la importancia de tener amigos de verdad, amigos que estén dispuestos a hacer lo que sea necesario por nosotros, en quienes confiemos ciegamente. Y, sobre todo, aprender a ser nosotros mismos con ese tipo de amigos. Esta era una prueba de fuego para una amistad de más de treinta años, que tal vez había nacido justo para acompañarme en este momento crítico.

Durante el trayecto al hospital, el intenso dolor iba creciendo y al llegar, apenas recuerdo que Juan Pablo (que llegó siguiendo a la ambulancia) se acercó corriendo para preguntarme, por enésima vez, la contraseña de mi celular. Ya casi inconsciente, recuerdo que una enfermera sacó una pluma y se la escribió en el brazo.

El dolor ya era insoportable y las paredes blancas se fueron cerrando sobre mi consciencia, hasta que ya no pude más. Cerré los ojos al desmayarme.

No los volvería a abrir, sino hasta veintidós días después.

LA PREGUNTA MÁS INCÓMODA

¿Voy a morir?

Evidentemente, si estás leyendo estas líneas es porque no morí en aquel accidente, pero estuve muy cerca. Estas páginas relatan no solo mis vivencias y las de muchos otros que sobrevivimos a situaciones límite, sino, sobre todo, las reflexiones a las que te enfrentas cuando ves la muerte tan cerca.

La cercanía de la muerte me hizo cuestionarme muchas cosas, que no había reflexionado con la profundidad e importancia que merecen.

Como lo relato en mi primer libro, *La crisis de la mitad de la vida*, que publiqué al cumplir los cincuenta años, al pasar por esa profunda crisis, la vida me puso frente a algunas dudas existenciales que apenas había mirado de reojo, y que en algún momento a todos nos asaltan detrás de una puerta inesperada.

Abordo estas dudas existenciales a profundidad en mi libro *¿De qué se trata la vida? Encuentra TUS respuestas*, en el cual, invito al lector a la reflexión respecto a la importancia de encontrar a su tiempo y a su manera el sentido y propósito de su vida, y así dar respuesta a la potente pregunta: ¿para qué estoy aquí?

En ese libro, propongo una metodología para que cada persona encuentre su misión personal detrás de sus propias pasiones y talentos, aderezando su búsqueda con un sentido trascendente. Han sido cientos los mensajes que he recibido de varias partes del mundo, en que los lectores me relatan cómo incidió, dicho libro, en el descubrimiento de su propia misión y en la elaboración de su proyecto de vida. Y, sobre todo, cómo han logrado ser mucho más plenos y felices de lo que creían posible.

El grave accidente que relato en las páginas que tienes en tus manos, y del que apenas salí vivo, me plantó frente a otras preguntas, ya no existenciales, sino, podría decir, trascendentales, o sea, más allá de la existencia.

Por estas páginas desfilan episodios de angustia, duda, dolor; pero, también, de esperanza y reconocimiento. Historias de personas que han pasado por situaciones extremas que los han puesto al límite, y que, a través de su testimonio, nos han dejado grandes enseñanzas.

Analizando los acontecimientos de nuestra vida desde la óptica del pasado, no es difícil descubrir en ellos la mano de Dios. En mi caso, y el de mi familia, después del accidente nos quedamos con la extraña sensación de que lo que ocurrió era parte del plan de Dios y que era necesario que ocurriera justo así, justo a mí, y que sería para bien. Cuando vivimos situaciones adversas, estas llevan un mensaje personal que solo, cada uno de nosotros, podemos interpretar.

Independientemente de nuestras creencias y posturas personales ante la divinidad, la conciencia nos susurra, desde el silencio, las lecciones de la vida. Su voz interior es tan suave como una brisa ligera, que solo se escucha en la profundidad del corazón y es tan potente que, por alguna razón, es imposible de ignorar.

Estas páginas —en las que me hace mucha ilusión que me acompañes— tienen por objeto, no solo transmitirte mi experiencia personal en este accidente —con la idea de que puedas relacionarlo con alguna vivencia tuya, y lograr conectar con la forma en la que la adversidad puede influir en tu vida—, sino también, compartir contigo la cantidad de reflexiones, tanto personales como de muchos otros (personajes, autores, filósofos, hombres de negocios, personas de distintos credos, líderes de opinión y personas comunes y corrientes), que han cuestionado, de alguna forma, las mismas interrogantes que enfrenté y que se me plantaron en la cara con una fuerza que ya no fui capaz de ignorar.

Pasar por una experiencia cercana a la muerte, nos hace, queramos o no, plantearnos nuestra fragilidad y la brevedad de la vida; la importancia de vivir el presente a tope y, sobre todo, el cómo pensar en la muerte nos puede servir para aprender a vivir mejor. Transmitirte estas ideas es, justamente, el objetivo central de este libro.

He discutido estas dudas trascendentales con personas de distintos perfiles, edades, nacionalidades y filosofías de vida. Leí una cantidad importante de libros de distintos pensadores, filósofos, artistas y líderes de opinión de distintas épocas que tratan estos temas, con la idea de contrastar puntos de vista.

A pesar de que todas las culturas y civilizaciones de la historia coinciden en que todos vamos a morir, y que hay algo o alguien más allá que nos llama con fuerza desde la otra orilla, encontré pocos libros que hablaran de la muerte como maestra para aprender a vivir mejor.

En este proceso de más de dos años de recopilar experiencias, teorías, lecturas, reflexiones sobre estos temas, y de escribir estas páginas que hoy tienes frente a ti, hay una cosa que me quedó muy clara: no nos gusta hablar, ni leer, ni pensar en la muerte.

Le sacamos la vuelta, la evadimos como un tema tabú y la evitamos a toda costa. La razón de esta evasión también me intriga y me cuestiono, ¿por qué, si sabemos que vamos a morir, no hablamos con naturalidad de la muerte?

Estoy seguro de que te ha pasado que, cuando alguien en tu círculo cercano toca este tema, viene una reacción inmediata: ¡no te pongas tan drástico! Y con este parón en seco, zanjan la conversación volviendo a los intrascendentes temas del clima, los deportes, la política, los viajes, y muchos otros que son mucho más taquilleros que el de la muerte.

Después de mucha reflexión, y a pesar de leer a distintos autores que afirman que el gran enigma de la vida es la muerte, me he permitido no estar de acuerdo con ellos. Me parece que, más bien, el gran enigma de la vida es lo que nos pasa después de ella.

El accidente que casi me mata, me forzó a enfrentarme a cuestionamientos profundos que, tal vez, en algún momento de tu vida te inquieten a ti también. Curiosamente, en la primera gran crisis existencial de mi vida, al cumplir los cincuenta, me invadieron dudas existenciales del tipo: ¿quién soy?, ¿a dónde voy?, ¿para que estoy aquí?, ¿soy feliz?

En esta segunda gran crisis que casi me cuesta la vida, esas dudas profundas me parecieron un tanto irrelevantes y los cuestionamientos que me asaltaron fueron completamente diferentes. En el Hospital de Bérgamo no me preguntaba si era feliz, me preguntaba si me iba a morir. Ante la cercanía de la muerte, aparecieron preguntas diferentes, de otro calado, como estas:

- ¿Qué va a ser de mí al morir?
- ¿Hay más allá? Y si existe, ¿es eterno?
- ¿Tenemos alma? ¿Es esta inmortal?
- ¿Existe Dios? Si no existe Dios, ¿quién me creó a mí y al universo?
- Lo que hago aquí, ¿tiene consecuencias allá?
- ¿Da lo mismo hacer el bien que el mal?
- ¿Hay premio y castigo en el más allá?

- ¿Existe el cielo y el infierno? ¿Es un lugar o un estado del alma? ¿Cómo se llega ahí?

Había vivido toda mi vida pensando que tenía respuestas claras a estas duras preguntas; pero, en esas circunstancias, intuía que no había profundizado suficiente en ellas y que la cercanía de la muerte me presentaba una oportunidad que no había tenido antes: reflexionar seriamente lo que sería de mí al morir. Intuía también que esta respuesta definiría mi forma de vivir y de estar en el mundo a partir de entonces.

CAUSA Y EFECTO

Al final, cada uno tendrá sus propias ideas ante estos dilemas trascendentales, cada uno es libre de pensar lo que mejor le parezca. Yo no pretendo convencerte de nada, y obviamente tú puedes decidir lo que quieras, pero de una cosa si puedes estar seguro: tu forma de percibir la muerte y el más allá tendrá consecuencias. Si todo en la vida tiene consecuencias, ¿por qué la vida misma no las tendría? A toda acción corresponde una reacción y las consecuencias en el más acá son fáciles de identificar:

- Una buena inversión genera un buen rendimiento. Una mala inversión, una pérdida.
- Un hijo bien educado puede llegar a ser un hombre de bien, uno mal educado tendrá más posibilidades de ser un vago o un maleante.
- Una persona que cuida su alimentación y hace ejercicio tiene más posibilidades de tener una mejor salud, condición y físico que una sedentaria que come mal.
- Un equipo que entrena y se prepara tiene posibilidades de llegar más lejos en el torneo que uno que juega junto por primera vez.

- Un estudiante que prepara bien su examen tendrá una mejor calificación que el que no estudió.

El dilema que surge, ante los cuestionamientos trascendentales, es si las consecuencias de lo que hacemos aquí, repercuten en el más allá.

Ante estas dudas, es importante pensar en la muerte; pero no con terror ni con mucha frecuencia, sino con la naturalidad de que es parte de nuestra realidad humana, y solo en la medida que nos ayude a vivir mejor. De hecho, a pesar de haberla visto muy cerca, y de reconocer que la muerte es en sí misma enigmática y dolorosa, no soy partidario de pensar demasiado en ella, solo lo suficiente como para moldear nuestra vida de acuerdo con nuestra postura respecto al más allá.

Si decides acompañarme hasta el final de este libro, encontrarás ideas, conceptos y reflexiones —no solo mías, sino de muchos otros pensadores, filósofos y personas comunes y corrientes— respecto a cómo y de qué forma han pensado ellos en la muerte, y el impacto que su postura al respecto ha tenido en sus vidas.

Es probable que coincidamos en nuestra postura y conclusiones, o tal vez no. Mi intención central en estas páginas es la de compartir contigo experiencias, teorías, vivencias, lecturas, reflexiones y posturas de muchas personas de todos los tiempos que se han plantado frente a estos dilemas, post existenciales, y que te pueden servir como referencia para que tomes libremente la postura que consideres adecuada respecto a la pregunta más importante de tu vida: ¿qué va a ser de ti al morir?

ACOSTUMBRARSE A LA NORMALIDAD

Por alguna razón, que no termino de comprender, vamos por la vida pensando ingenuamente que somos inmunes a las cosas dolorosas, y que estas solo le pasan a los demás.

Cuando los motociclistas nos recuerdan lo que ya sabemos: que el motociclismo es una afición peligrosa, internamente nos autoconvencemos de que los accidentes les ocurren a quienes tienen mala suerte, a los descuidados o imprudentes, a los inhábiles o inexpertos. Y como, según nosotros, no estamos en ninguna de esas listas, no tenemos mucho de qué preocuparnos.

Tomamos esta actitud, tal vez, para engañar al miedo que sentimos cada vez que encendemos la moto. Nos evadimos en esos diálogos internos para convencernos de que, en realidad, son los demás quienes deben preocuparse.

La afición al motociclismo está lejos de ser el único ejemplo de esto. Cuando escuchamos la noticia de una enfermedad grave, la muerte de alguien cercano, una quiebra económica, el fraude de alguien de confianza, algún accidente trágico, el hijo en drogas o la ruptura de un matrimonio amigo; inconscientemente nos refugiamos en la ingenua idea de que a nosotros no nos ocurrirán esas cosas. Sin embargo, la vida se encarga de recordarnos con frecuencia lo equivocados que estamos.

No hace falta que seas motociclista o que te lances en paracaídas para darte cuenta que no tienes asegurado el mañana. No pretendo ser macabro ni sensacionalista, pero la verdad es que enfrentarnos a la noción de que la vida puede acabar o cambiar en cualquier momento, no me parece ser pesimista, sino realista. Y la gran duda que surge es: ¿estás preparado? Creo nunca terminamos de estarlo, pero mucho menos si evitamos pensar en la fugacidad de la vida y el hecho de que en cualquier momento podemos dejar de existir. Como decía un conocido autor: "La vida es la única aventura de la que no vas a salir vivo".

Ahora dime: ¿cuáles fueron las últimas palabras con que te despediste de los tuyos hoy al salir a trabajar? Si supieras que son las últimas, ¿quisieras que hubieran sido distintas?

Aunque pretendamos ignorarlo, sabemos por experiencia propia o ajena que la vida puede acabar en cualquier momento. Sin embargo, nos acostumbramos a la normalidad y la rutina, y vivimos con la ingenua actitud de que la vida nos depara un camino sin sobresaltos ni sorpresas. Y que, además, siempre tendremos el tiempo suficiente para reparar nuestros errores.

Hacemos planes, promesas, compromisos y proyectos como si tuviéramos la certeza absoluta de que estaremos ahí para cumplirlos. Con esto no quiero decir que no sea necesario hacer planes, sino simplemente sugiero que al hacerlos, consideremos la posibilidad de que algo no salga como lo planeamos. O que estos ocurran en nuestra ausencia.

Sabemos que cualquier proyecto está sujeto a factores externos sobre los que no tenemos ningún control. A las personalidades un tanto rígidas y controladoras, como la mía, nos cuesta mucho trabajo tener la flexibilidad para adaptar nuestros planes a los cambios con que la realidad nos sorprende con cierta frecuencia. De ahí a fuerza de golpes de la vida hemos tenido que desarrollar, no solo la capacidad de adaptación a las circunstancias, sino la flexibilidad que nos permita adaptarnos a la, siempre nueva y cambiante, realidad; y, sobre todo, la madurez de aprender a construir sobre ella.

Fueron muchos los ejemplos que consideré incluir en este capítulo, para ilustrar los giros que puede dar la vida. No me costó mucho trabajo llegar a uno, el cual considero una de las experiencias humanas más impresionantes de supervivencia y capacidad de adaptación de que se tiene noticia, en el mundo actual. Me refiero a la experiencia de los sobrevivientes de los Andes. Y la relato desde la óptica de Carlitos Páez[1], uno de los dieciséis sobrevivientes de los Andes, con quien he tenido la oportunidad de conversar a fondo, respecto a este tema.

Aquel 12 de octubre de 1972, con apenas dieciocho años y haciendo su primer viaje de destete —sin su familia—, cuando Carlitos estaba por abordar el avión de La Fuerza Aérea Uruguaya, ni él ni sus compañeros del equipo de Rugby, Old Christians, imaginarían la aventura que la vida les tenía reservada al intentar cruzar la cordillera para llegar a Santiago de Chile. La razón por la que elegí este ejemplo no es solo porque me parece uno de los relatos de sobrevivencia más impactantes de la historia moderna, sino por la mirada conmovedora con que Carlitos me compartió su versión de los hechos.

Conocí a Carlitos en uno de sus viajes a México y lo he vuelto a ver en algunas ocasiones. Recuerdo conversaciones entrañables en las que me compartió algunos aspectos de su experiencia personal que me atraparon. He leído casi todos sus libros y el que

---

1 **Carlitos Páez** (1953) es uno de los dieciséis sobrevivientes del accidente aéreo de los Andes, ocurrido en 1972. Convertido en conferencista motivacional, comparte su experiencia de supervivencia extrema como una lección de resiliencia y trabajo en equipo. Es autor de *Después del día diez*, donde narra su historia personal y las reflexiones que surgieron a partir de esa tragedia.

más me llegó fue el de *Después del día diez*. En ese libro, Carlitos se presenta como es, y nos entrega como él mismo lo dice: "Un retrato natural del joven que cayó en la cordillera, sin arreglos que me permitan lucir mejor ante mis lectores. No coloreo ni endulzo nada de lo ocurrido y muestro mi personalidad sin avergonzarme. Escribir este libro es un buen ejercicio para conocerme mejor a mí mismo y poder así, mejorar".

Al platicar con él, pude constatar personalmente que, al contar su testimonio, efectivamente se presenta tal cual es. En una de nuestras conversaciones le dije, entre broma y en serio, que yo no creía tener la valentía de exhibir, como él, los aspectos personales y defectos dominantes de mí en un libro, y su respuesta terminó por cautivarme: "Las experiencias de vida le sirven solo al que las vive, pero si tienes la oportunidad de compartirlas con otras personas, es un desperdicio no hacerlo. Y si logras conectar con su forma de enfrentar la adversidad y algo de lo que te ocurrió a ti les sirve para salir fortalecidos, les estás haciendo un regalo que no van a olvidar".

Al escribir el primer capítulo de este libro, me vinieron a la mente sus palabras, y a pesar de la enorme diferencia de las pruebas que a Carlitos y a mí la vida nos ha planteado —la suya, en los Andes; y la mía, en Bérgamo— se fijó en mí ese objetivo: compartir mis experiencias de vida, siendo absolutamente transparente y honesto. Presentarme en estas páginas tal cual soy, lo que viví y las lecciones que he aprendido. Esto con la ilusión y esperanza de que, cuando la vida te ponga a ti a prueba, estas líneas te puedan servir, como me dijo Carlitos, como referencia para salir fortalecido.

Un dato curioso que me comentó Carlitos respecto a su apasionante historia de vida en los Andes y que sigue aún vigente en la memoria colectiva, a través de muchos libros y películas (la más reciente *La sociedad de la nieve*), es que apenas había practicado el rugby, y que de haber llegado a Chile, lo más probable era que no jugara. De hecho, de los dieciséis sobrevivientes, apenas cinco jugarían ese partido.

Eso acaba con el mito de que sobrevivieron porque eran grandes deportistas y su condición física les permitió sobrevivir a condiciones extremas.

Ese adolescente no solo no era ningún atleta, sino que vivía obsesionado con las enfermedades y cualquier síntoma se convertía en una señal de lo peor.

¿Cómo es posible que ese muchacho hipocondríaco haya sobrevivido los Andes? Lo más sorprendente es que —como dice en su libro: "En los Andes nunca me preocuparon las enfermedades ni la muerte"— reconoce haber tenido muchos momentos de depresión y, a pesar de eso, nunca perdió la esperanza. Vivía todos los días al límite, enfrentando a la vida que le exigía respuestas inmediatas. Carlitos tenía dos opciones: dejarse morir o transformarse en la montaña. Claramente eligió la segunda opción, y recuerdo me contó que fue fundamental convencerse a pesar de todas las evidencias en contra de que la sobrevivencia era posible.

Cuando compartía con mi familia su experiencia, en una cena en mi casa, a Carlitos se le rasaban los ojos al recordar su primera noche en los Andes, todo era caos, terror y confusión. Es el típico ejemplo de que las palabras son incapaces de describir la realidad que vivimos. "¿Cómo poder explicar lo que sentí al ver a Francisco Abal con un orificio en la cabeza que le dejaba parte del cerebro a la vista? ¿A Álvaro y Alfredo con las piernas rotas y los huesos deshechos, sufriendo dolores insoportables? ¿A la señora Mariani atrapada entre los fierros de los asientos y a quienes no pudimos sacarla? Todos estábamos en estado de *shock*". Nos contó con detalle cómo sacaron los cuerpos de los difuntos del avión y los pusieron sobre la nieve, pensando siempre que era cuestión de días para que llegaran a rescatarlos. Se acomodaron como pudieron en aquella especie de tubo que era el fuselaje del avión y, en esos pocos metros, encontraron la manera de apretarse veintisiete personas. Hay detalles que él mismo, a pesar de haberlos vivido, no se termina de explicar, como el hecho de que el avión se partió a un centímetro del asiento de Roberto François y a él no le pasó nada. Lo vio quitarse el cinturón y salir caminando. Esta anécdota me hizo recordar aquello que seguramente tú también habrás escuchado: cuando te toca, aunque te quites, y cuando no te toca, aunque te pongas.

Tampoco se explica la forma en que cayó el avión, pues el pedazo que quedó entero —que después les sirvió de refugio— se deslizo por la nieve sin golpear nada, dejando ese trozo intacto. Muchos de estos detalles los relató también en su libro *Después del día diez*.

A pesar de que antes de estas conversaciones, yo ya había leído varios de sus libros y visto varias películas de su historia, a mí la parte humana y las reacciones de las personas, ante esta tragedia en los Andes, eran lo que más me atraía. Por eso me enfocaba en preguntarle cómo había reaccionado en esos días. Me gustó mucho su respuesta cuando me comentó que su postura fue la de responder con humor a la situación, quitarle lo dramático que de por sí ya tenía. Cuenta que su carácter le ayudó a no perder el sentido del humor y a ridiculizar las realidades más duras. No deja de reconocer que el miedo y la angustia le carcomían los huesos, pero que consideraba que esa actitud de caricaturizar su situación, les ayudaba a escapar, aunque fuera por unos instantes, de la tragedia.

Cuando sentían que empezaban a tener la situación bajo control, llegaron las avalanchas que los taparon totalmente de nieve dentro del fuselaje, sin permitirles siquiera saber si afuera era de día o de noche, y con la preocupación de que se acabara el aire para respirar. Por experiencia propia, ahora te puedo decir que no creo que haya algo más angustiante que no saber si el aire estará ahí en tu próxima respiración.

Sin duda, la parte más morbosa de su relato y que no tuve la prudencia de evitar preguntarle fue la de su experiencia de comer carne humana. Pareciera que fue una insensibilidad de mi parte preguntar eso, pero la conversación se había tornado tan cálida y amistosa, que no me sorprendió la naturalidad con que me contestó. Al pedirle una disculpa por mi pregunta me dijo: "No te preocupes Hugo, es normal, en casi todas las entrevistas me lo preguntan. Lo que es importante tener en cuenta es que desde esta realidad: en tu casa, con tu familia y amigos, probando este tequila tan bueno, es muy difícil comprender lo distinto de la realidad que estábamos viviendo, para sobrevivir en condiciones inhumanas".

Se notaba que estaba preparado para la pregunta, porque de hecho me comentó que hay dos situaciones parecidas de supervivencia que recoge la historia. Una, la del naufragio del navío La Méduse, en Francia, en 1816, frente a las costas de África. En una balsa de veinte metros se amontonaron ciento cuarenta y nueve náufragos, y a los doce días que los encontraron, solamente había quince sobrevivientes. La pregunta inmediata era, ¿qué había pasado con los demás? La respuesta fue escalofriante: los náufragos que no estaban en la balsa habían sido arrojados al mar o devorados por los sobrevivientes.

El otro hecho que me relató de sobrevivencia parecido al suyo fue el de los cuatro hombres que vivieron ciento diecinueve días (cuatro meses) en un catamarán que se volteó por un fuerte oleaje, en Nueva Zelanda. La pregunta que se hace Carlitos fue, ¿por qué, a pesar de que la aventura del catamarán duró mucho más tiempo (que la de La Méduse o la de los Andes), aquella ha sido prácticamente olvidada? Su respuesta me impactó porque no lo había pensado: porque ellos se alimentaron comiendo pescado. O sea que nunca hubo comentarios morbosos respecto a cómo se alimentaron. En cambio, los sobrevivientes de La Méduse y los de los Andes nos vimos obligados a alimentarnos de carne humana, para sobrevivir.

Entre broma y en serio me decía que él pensaba que fueron los sobrevivientes de los Andes quienes terminaron poniéndole nombre a la antropofagia. Además —aclaró—, la gente supo o pudo suponer de quiénes nos alimentamos, y estos eran personas conocidas de nuestro medio. Con cierta pena continuó diciendo que "han sido muchas las ocasiones en que nos hemos topado, en la calle, con los parientes y amigos de quienes murieron en los Andes, y ellos saben quiénes somos y que estamos vivos por haber comido carne de los cuerpos difuntos de sus parientes o amigos. ¡No debe ser una sensación fácil de digerir!".

No recuerdo más detalles de nuestra entrañable conversación de esa noche, pero recuerdo una última pregunta que ahora me hizo él a mí: "¿Cuántos naufragios crees, Hugo, que ha habido en la historia? Seguramente miles; pero ¿cuántas veces un avión cayó en medio de los Andes, y de sus cuarenta y tres ocupantes se salvaron dieciséis, sobreviviendo más de dos meses en medio de la nada? ¿Y sin más alimento que la carne de sus amigos fallecidos?". Lo miré sin saber qué decir. Y para romper el incómodo silencio y acelerar la despedida, terminó diciendo: no matamos a nadie, pero tampoco nos dejamos morir.

Hace ya algunos años que no sé nada de Carlitos, pero al escribir estas líneas me hago el propósito de reconectar con él y compartir estas páginas, con la idea de reforzar su mensaje y testimonio, de cómo el dolor y las experiencias adversas de la vida tienen la capacidad de hacernos más fuertes, cuando las enfrentamos con la actitud adecuada.

Tengo también la curiosidad de que, si con el paso de los años (más de cincuenta años han pasado desde su experiencia en los

Andes) somos tan necios como para llegar a olvidar las lecciones de la vida y regresar a ser los mismos de antes.

Hoy me queda claro que lo que vivió Carlitos es tan dramático, que difícilmente estamos preparados para ese tipo de pruebas, pero también, que cuando estas llegan, no nos falta una gracia especial y palpable para salir adelante. Lo que no me queda claro aún es si, con los años, olvidaré yo también esta dura lección que la vida me puso con mi accidente en Bérgamo.

Reconozco que la experiencia con que la vida retó a Carlitos en los Andes, y a mí en Bérgamo, fue radicalmente distinta en muchos sentidos y no pretendo siquiera compararla. Lo que también me queda claro es que ambos nos hicimos varias veces la misma pregunta: ¿me voy a morir?

Esta pregunta dio origen a este libro. Te invito a explorar juntos hasta donde nos puede llevar esta dolorosa pregunta.

2

CUANDO LA VIDA APRIETA

EL MUNDO "AFUERA"

Entre los últimos recuerdos que tengo de mi vida pasada, son el de la enfermera escribiéndole a Juan Pablo la clave de mi teléfono en el antebrazo, y un pasillo largo y blanco por el que empujaban apresuradamente mi camilla. Finalmente, algunos médicos alrededor, gritando instrucciones en italiano. A pesar de mis esfuerzos por mantenerme alerta hasta que llegara Vittorio, el dolor fue irresistible y me desmayé. No guardo memoria de nada de lo que pasó inmediatamente después.

Más adelante, según supe, me llevaron directamente al quirófano. Al entrar, me hicieron la prueba rutinaria de covid-19 y salió positiva. Esto representó para ellos una nueva complicación, ya que justo en ese hospital —el Papa Juan XXIII de Bérgamo—, durante la época de la pandemia, se había atendido la crisis de covid-19 más fuerte de Italia y, tal vez, de Europa. Cientos de personas habían muerto, y otras más habían sido salvadas por la heroica atención de los mismos médicos que ahora intentarían salvar mi vida. Me aislaron de inmediato en un cuarto de terapia intensiva, restringieron las visitas y activaron los más estrictos protocolos de covid-19 a mi alrededor.

Mientras tanto, mi mundo exterior empezaba a girar a una velocidad que yo no podía ni imaginar. Mi hermano, Juan Pablo, que se enteró del accidente por mera casualidad, después de reponerse de la sorpresa, y de consultar con mis otros hermanos, decidió avisar a mi esposa, a mi hijo y a mi madre. Me cuenta mi esposa lo doloroso del *shock* inicial. Hugo, mi hijo, organizó de inmediato el viaje a Bérgamo. Mi madre me cuenta que sintió un golpe en el estómago al escuchar la noticia. Junto con Santiago, mi otro hermano, voló también de inmediato a Bérgamo. Para ella era un golpe especialmente duro que le volvía a pegar donde más le dolía: no era el primero de sus hijos con un accidente grave y con consecuencias impredecibles. Hacía ocho años, había padecido el durísimo accidente de Fernando en la bicicleta que, aún, lo tiene atado a una silla de ruedas.

Cada uno, según me cuentan, vivió la experiencia de forma distinta, abordando la noticia y el dolor desde su particular perspectiva. Mi madre, por ejemplo, cuenta que, desde meses antes, sentía en el corazón la terrible certeza de que algo me pasaría durante el viaje. Cuando recibió la terrible noticia, según me contó meses después, no le tomó por sorpresa, sino más bien sintió la confirmación de algo que ya sabía. ¿Intuición de madre? Quizás.

Mi esposa y mi hijo abordaron la situación de forma distinta, en parte porque la información que tenían era poca. Al principio, no tenían idea de la gravedad del asunto. Preocupados, sí, pero sobre todo ocupados en hacer el viaje, y ayudarme a regresar con bien, cada uno tomando su papel en la situación: el viaje, vuelos, hoteles y la generación de redes de información y oración que, supe mucho después, se mantuvieron increíblemente activas durante toda mi estancia en el hospital.

Mi esposa, mi hijo, mi madre y uno de mis hermanos formaron el primer contingente de mexicanos en Bérgamo. Después de las peripecias y conexiones del largo viaje, cuál sería su sorpresa cuando, esperando verme con algunas fracturas como les había comentado Juan Pablo (el Burro), me encontraron en un cuarto aislado, en terapia intensiva, en coma, intubado y les informaron que ya me habían hecho tres cirugías y tres transfusiones. Tenía un pulmón perforado, diez costillas rotas, el humero, clavícula, escápula y otros huesos (cuyos nombres no recuerdo) destrozados. Obviamente mi pronóstico era reservado. Apenas puedo imaginar el impacto emocional que vivieron. Hasta hoy me duele y mucho lo que les hice pasar a quienes más quiero. Aunque claramente no fue mi intención ponerlos en esa situación, han sido muchos los meses que he llevado ese remordimiento.

El grupo de *brothers bikeros* (salvo Juan Pablo), por protocolo y por instrucciones del guía, siguió su viaje mientras se mantenían al pendiente de mi evolución, pero sin captar la gravedad de mi condición.

El contingente mexicano se instaló en un hotel junto al hospital, resignándose a poder verme solo diez minutos al día. Además de la angustia por mi salud y mi vida, sufrían la impotencia de la barrera del idioma y la incertidumbre del reporte diario, que Vittorio trataba de atenuar, al traducirlo con su típico optimismo e ironía.

El hospital, cabe decir, era de primer nivel, con los mejores aparatos y atención médica. Estoy seguro de que, si mi accidente hubiera sido en otro país o circunstancia, probablemente no habría sobrevivido. En ese momento no sabíamos que, por ley, la seguridad social en Italia debe atender por igual no solo a los italianos, sino a cualquier extranjero que sufra un accidente. Por ello, sin saber apenas mi nombre y sin preguntar si tenía seguro de gastos médico o tarjeta de crédito, me ingresaron al hospital y me dieron una atención extraordinaria.

A partir de ese momento, la gestión de Vittorio fue fundamental. Siendo el socio director de una de las firmas de abogados más grandes e importantes de Italia, y teniendo una agenda a reventar de compromisos profesionales, familiares y sociales, todos los días hizo el trayecto de una hora, desde Milán a Bérgamo, para verme y acompañar a mi familia. Su ayuda fue invaluable para dar seguimiento con los médicos, explicar a mi familia mi estado de salud, traducir los reportes y darles tranquilidad en una situación tan compleja como aquella.

Mientras tanto, la noticia de mi accidente se corrió en México por tantos lugares, entre tantas personas y grupos, de una manera que yo no podía siquiera imaginar. Hasta la fecha, sigo conmovido por la cantidad de personas, familiares, parientes, amigos, colegas, conocidos (e incluso algunos que ni siquiera me conocían) que estaban no solo genuinamente preocupados por mi salud, sino en oración constante por mi recuperación, a través de las muchas cadenas de oración que se organizaron espontáneamente.

Desde que tomé conciencia de la gran cantidad de personas que me acompañaron con sus oraciones y deseos de recuperación, tengo una sensación de profundo agradecimiento que me ha conmovido muchas veces hasta las lágrimas. Me siento en deuda con ellos y espero poder estar ahí, para ellos, como estuvieron para mí.

Apenas puedo imaginar cómo fueron esas semanas para mi familia y amigos. Han sido muchas las conversaciones posteriores en las que he podido palpar la preocupación, incertidumbre y la angustia que vivieron. Honestamente creo fueron ellos los que se llevaron la peor parte de mi accidente. De haber sido alguno de ellos los que estuvieran en mi situación, no sé si yo hubiera podido soportarlo.

Todos estaban consternados, pero ni qué decir de la preocupación de mi esposa, mi hijo, mis hermanos y sobrinos. Para mi madre este era otro golpe durísimo que la vida le daba después de haber perdido a mi padre, hacía algunos años, y de haber vivido un calvario con la salud de Fernando, mi hermano. Aunque ha sido ejemplar la forma en la que Fernando ha abordado su situación y la actitud con la que él y su familia enfrentan las muchas vicisitudes diarias de su condición, este nuevo accidente revivía todo lo que había pasado algunos años atrás y la ponía ante otra incertidumbre de la condición en que podía quedar, ahora, su hijo mayor. Los que tenemos el privilegio de ser padres, me parece, entendemos muy bien el dolor que nos causa el dolor de los hijos.

REALIDAD ALTERNA

Mientras todo eso ocurría en el mundo exterior, yo me ocupaba de lo único que podía hacer: tratar de mantenerme vivo.

No sé si fueron los sedantes, la morfina, el coma o mi condición de debilidad, pero mientras mi cuerpo luchaba ferozmente por mantenerse en este mundo, y reposaba aparentemente tranquilo y conectado a toda clase de tubos, sensores, parches y cables, mi mente vivía con toda intensidad una realidad alterna, de la que mantengo recuerdos aislados e incoherentes. Muchos eran pesadillas y delirios que confundía con la realidad y me generaban mucha angustia. En esos momentos ni mi mente ni mi corazón podían diferenciar la realidad, de la alucinación, y yo vivía mi realidad alterna con toda la intensidad del mundo real.

Dentro de una de mis alucinaciones, yo creía estar en California, y que los médicos eran colegas abogados de otros países (ya que hablaban otros idiomas) que pertenecían a la red internacional de abogados, *Meritas Law Firms Worldwide*, nuestra firma que representa en México desde hace más de treinta años. Había sido vicepresidente internacional de esta asociación en dos ocasiones y por alguna extraña razón, el percibir a los médicos como abogados me generaba la sensación de estar en un entorno familiar.

La bruma de la sedación se ha disipado, poco a poco, con el tiempo, y cada vez tengo recuerdos más vivos de esa etapa de terapia intensiva. Es increíble cómo la mente, cuando recibe estímulos opioides, se encarga de tejer historias fantasiosas y de darles cierta lógica y credibilidad. En mis alucinaciones producidas por la morfina que me aplicaban en cantidades industriales para el dolor, tuve muchas vivencias intensas que probablemente no ocurrieron. Algunas son irrelevantes y otras pertenecen a la intimidad. Solo hay tres que sobresalen y, me parece, vienen a tono con el relato, por lo que aquí las comparto.

Uno de los eventos que más me humilló, sucedió cuando de pronto, una noche en que la sala estaba completamente oscura, una enfermera se me acercó gritando: "¡Eso no se hace!, ¡eso no se hace!", al momento en que sonaba la alarma del edificio, con todo tipo de ruidos y sonidos estridentes. En mi alucinación, pensé que ella creía que yo había matado a una enfermera que apareció muerta, y que yo era un asesino serial. El tubo en la garganta y la sedación no me permitían explicarle que yo no había hecho nada, que no sería capaz de matar a nadie. ¡Le quería decir tantas cosas y sentía una profunda impotencia de no poder decir ni hacer nada, mientras ella, visiblemente alterada, apretaba los nudos de una cuerda con que me amarraba los pies y la mano izquierda a la cama, para que —según yo— no pudiera matar a más enfermeras!

Sentía una profunda repugnancia de que alguien pudiera pensar que yo fuera un asesino. Es indescriptible la rabia y la impotencia que sentí al ver que me amarraba a la cama. Yo, que estaba acostumbrado a dirigir y mandar, ahora me veía reducido a un bulto amarrado a una cama, con una enfermera que pensaba lo peor de mí, mientras yo no podía ni siquiera respirar solo.

Al notar que no había amarrado mi brazo derecho a la cama, pensé: pero ¡si será tonta!, ¡ahora mismo me desamarro con esa mano y me largo de aquí! En ese momento no me daba cuenta de que no podía moverlo. Tarde varias semanas en descubrirlo.

Otra alucinación que recuerdo bien al estar en terapia, que me parece que sí tuvo bases reales, fue la de una enfermera que llegaba por las noches a picarme con una aguja el estómago. Era el turno de la madrugada, porque cuando ella llegaba todo estaba oscuro y en silencio.

Esto ocurrió muchas veces, yo imaginaba que era una intrusa que entraba furtivamente al hospital para sacarme sangre y usarla en ritos espiritistas. Eso me tuvo sin dormir muchas noches, por el miedo a que volviera a llegar, como todas las noches lo hacía. El ritual era el mismo: llegaba sorpresivamente, me destapaba y, justo arriba del pañal, me hacía un piquete doloroso para irse unos segundos después, sin decir palabra. Muchas fueron las noches en vela y angustia que pasé para estar despierto cuando llegara y tratar de evitar el pinchazo. Cuando llegaba y estaba despierto, no podía evitarlo porque las cuerdas que me ataban a la cama me impedían moverme.

Fueron estos y muchos otros recuerdos confusos y pesadillas los que me hicieron acudir, muchos meses después, a unas sesiones de palingenesia, que es una herramienta psicológica que permite, a través de una exploración consciente del interior, entrar en contacto con el corazón y con aquello que hemos relegado al subconsciente y al olvido. Esta terapia me permitió descubrir, tras el velo de la sedación, el coma y la morfina, muchas de las cosas que realmente ocurrieron durante mi etapa de inconsciencia.

A pesar de ser bastante escéptico para este tipo de procesos, al hacer esta terapia de la que dudaba bastante, me sorprendí de sus efectos y pude darme cuenta lo que en realidad había ocurrido, no solo esa noche en que me sentí agredido por una enfermera, sino que pude ver con claridad muchos otros eventos que me ocurrieron mientras yo aparentemente dormía el sueño de los justos.

Respecto al episodio de la enfermera asesinada, mediante la palingenesia, pude darme cuenta de que lo único real del sueño habían sido las alarmas que sonaron, los gritos de la enfermera de "¡eso no se hace!" y las mantas con que me amarraron a la cama; pero, la razón de todo esto, desde luego, era muy distinta a la que imaginé.

Estando intubado y sedado, aparentemente por la incomodidad y molestia que sentía al tener un tubo en la garganta, en cuanto bajaba la sedación y tomaba un poco de consciencia y fuerza, me arranqué, en dos ocasiones, el tubo del respirador. La sensación de ahogo llegaba de inmediato y la pude sentir con claridad en mi estado de hipnosis durante la sesión de palingenesia, en la que también pude entender que las alarmas que yo escuchaba, en esos momentos, eran los sensores y las alarmas de los aparatos a los que estaba conectado, las cuales se activaban cuando mi oxigenación se desplomaba. Esto fue lo que en realidad hacía que la enfermera llegara corriendo, gritando furiosa a reconectarme al tubo cuando ya me estaba ahogando. A eso se refería cuando gritaba "¡eso no se hace!". Lo cual nada tenía que ver con el asesinato de una enfermera. Esta fue la razón por la que, en el proceso hipnótico de la palingenesia, sentí dos veces estar a punto de ahogarme y tener un tubo en la garganta.

La palingenesia y las conversaciones posteriores también aclararon el delirio de la enfermera furtiva que llegaba por las noches. Lo que hacía era inyectar una substancia para evitar coágulos en la sangre, ya que, desde el cuello hasta las rodillas, toda la parte posterior de mi cuerpo era morada, casi negra, como un hematoma enorme. Obviamente tenían la preocupación de que, al estar yo acostado y con tantas cirugías, pudiera formar coágulos que se fueran al cerebro. De hecho, esas inyecciones me las siguió poniendo mi esposa aún después de salir del hospital.

Estas y muchas otras fueron las bromas que me jugaba mi propia mente bajo los efectos de la sedación, y mientras yo me debatía entre acusaciones falsas y agresiones imaginarias, el mundo allá afuera tenía otras prioridades y preocupaciones. La tercera vivencia que sobresale, la relato más adelante, y la identificarás con facilidad.

EL CONTINGENTE MEXICANO

Mi accidente sucedió un sábado por la tarde, y mi familia llegó a Bérgamo el martes siguiente, justo en tiempo para la visita que era de cuatro a cinco de la tarde, pero las reglas eran estrictas, solo podía entrar una persona y nadie podía estar más de diez minutos dentro.

Desde el primer día se dieron cuenta de que pasar a verme sería una penuria. El día que llegó mi esposa de México, solo le permitieron pasar a verme durante diez minutos. Además del *shock* de ver la condición en la que estaba, solo me pudo ver a través de un cristal en el cuartito de covid-19 en el que me tenían. Por su parte, mi madre se llevó un profundo ¡no!, justo al llegar al hospital, directo del aeropuerto, unos minutos después que mi esposa llegara, tras unas diecisiete horas de viaje. Ni la intercesión de Vittorio fue suficiente para convencer a la encargada de la puerta de terapia, quien ni se inmutaba ante el argumento de que "es la mamá del enfermo y viene desde México a verlo", y seguía tecleando en su máquina, sin siquiera voltear a ver a los que insistían en entrar.

Tal vez ellos también recibieron la lección que yo tenía viviendo ya varios días: no tenemos ningún control, lo único que podemos hacer es soltar, confiar y rezar.

Mi familia cerró filas de una forma espectacular. Tanto el contingente mexicano como mis hermanos, primos y parientes que seguían a detalle mi condición y encomendaban, con insistencia, mi recuperación. Para los de Bérgamo, los días eran largos y aburridos, porque no hacían otra cosa que esperar. No estaban en plan de turistas, visitando museos o haciendo paseos, sino en angustiosa expectación, acompañada soledad y constante oración.

El eje de sus actividades era la hora de visita al hospital la cual empezaba a las cuatro de la tarde, misma hora en que México despertaba y empezaban las llamadas, los chats y los correos. Mis sobrinas se encargaban de animar las cadenas de oración, y mi esposa enviaba actualizaciones a la sorprendente cantidad de personas que estaban al pendiente y en oración por mi salud. Mi hijo gestionaba los requerimientos logísticos del hospital, seguros, pagos, cuentas y revisión y reenvío de mis correos y se mantenía en contacto permanente con mis hermanos y los socios del despacho.

Durante los primero ocho días, las visitas diarias de mi madre, mi esposa, mi hijo y mi hermano eran igualmente cortas y sin ninguna interacción. Solo me veían dormido a través de un cristal, pero aun así estaban desde su llegada decididos a no regresar a México sin mí. Ya fuera en un asiento de avión o en un cajón en el equipaje.

Mi esposa me cuenta que, desde la ventana de su cuarto de hotel, podía ver la ventana de mi habitación del hospital. Se sentaba junto a la ventana a acompañarme desde lejos, rezando y esperando. No había, por el momento, mucho más que hacer. Me siento realmente afortunado de contar con una familia así, tan unida y sólida, que me sostuvo de una forma impresionante, mientras yo me debatía entre la vida y la muerte.

Dado que el covid-19 era un tema tan importante para el hospital, los protocolos de ingreso eran exhaustivos. Se requería un QR italiano que era incompatible con los certificados de México.

Cada ingreso al hospital, durante los treinta y siete días que estuve internado, dependía del criterio de la persona que estaba en turno y había que explicar en el limitado italiano que manejaban que el QR mexicano era incompatible con el italiano, y por eso no se podía tener el *green pass* o *passaggio verde* que emitía una máquina de forma automática a los visitantes. Hicieron incluso varias visitas al centro de la ciudad de Bérgamo para tratar de homologar los certificados, y así, facilitar el proceso de visitas con un QR italiano. No lo lograron.

Además, a los médicos tratantes del hospital, quienes no estaban acostumbrados a recibir pacientes extranjeros, les parecía extrañísimo que los mexicanos que tenemos la costumbre de visitar en bola a los parientes enfermos llegaran en grupos de cinco o seis personas a visitarme, cuando solo uno podría entrar.

Y peor aún, el contingente no solo me quería visitar, sino que pedían información sobre mi salud, incluso copias de los estudios (para mandárselos a los médicos de confianza en México), a lo que los médicos respondían, con miradas incrédulas y las cejas arqueadas, al preguntar en italiano "¿para qué los quieren?, ¿son ustedes médicos?".

SEÑALES IGNORADAS

El caso es que yo seguía hecho un bulto, sin poder hacer nada por mi cuenta. Ni respirar, ni hablar, ni moverme, ni asearme. Al tener una personalidad tan intensa e hiperactiva, ese solo recuerdo me remueve las entrañas.

Al octavo día de haber entrado a terapia, un buen día que entraron a visitarme, por fin me encontraron afuera del cuartito de covid-19. Esa era una gran diferencia, porque ya se podían acercar, hablarme, tocarme y hacerme sentir su presencia, a pesar de que yo seguía inconsciente y en coma. La evolución era lenta, y debe haber sido desesperante para mi familia. La incertidumbre de mi condición que no mejoraba, y las penurias para lidiar con los fríos e intransigentes médicos italianos (que, por otro lado, me atendían de maravilla), debió haber sido para ellos una situación muy desgastante.

La tensión subió considerablemente cuando les dijeron que me había dado neumonía. Los médicos en México habían advertido a mi familia que la intubación, después de varios días, genera un riesgo inminente de neumonía. Esa no era una buena señal, pues tener neumonía saliendo del covid-19, con un pulmón dañado y conectado a un dren, en una condición de debilidad, sedación y coma desde hacía semanas, hacía que el pronóstico por mi vida fuera cada vez más reservado.

En esa rueda de la fortuna de noticias y tensiones, aproximadamente al día diecisiete de haber ingresado a terapia, controlaron la neumonía, me retiraron la intubación y me hicieron una traqueotomía para poder seguir respirando. Al verme así, y sin poder hablar, mis familiares pensaron que me habían lastimado las cuerdas vocales y que no podría volver a hablar. ¡Tan rollero que era Hugo! Le encantaba hablar, alegar, dar conferencias, y ahora no sabemos si va a poder volver a hablar, me confesó haber pensado mi madre.

Después, también, me confesó que había tenido varias intuiciones negativas. Cuando me despedí de ella en el elevador de su departamento antes del viaje, me cuenta que pensó que no me volvería a ver. "¡Debí haber insistido más en que no fuera!", le decía constantemente a mi esposa.

En las largas horas de hospital, mi familia recordó cómo, cinco semanas antes del inicio del viaje, tuve un pequeño accidente que ahora percibo claramente como una especie de advertencia, la cual, como muchas otras en la vida, no escuché. Estando en casa de mi madre celebrando justamente el día de las madres, al intentar cerrar una pesada puerta corrediza de madera, esta se cerró violentamente sin permitirme sacar los dedos de la mano derecha. Tres de ellos quedaron atrapados y, literalmente, el dedo índice y medio estallaron, rompiéndose los huesos y abriendo una herida que requirió quince puntadas.

El dolor fue intenso e inmediato. La sangre no se hizo esperar y empezó a salir a borbotones, cubriéndome la mano de rojo y generando el típico mareo que me produce ver sangre.

El ortopedista me dio pocas posibilidades de recuperar la movilidad y sensibilidad de los dedos de la mano derecha en las cuatro semanas que faltaban para el viaje. La mano derecha, en la moto, es la encargada de acelerar y frenar un motor de 1 250 centímetros cúbicos, que pesa 250 kilos. Justo eso se esperaba que hiciera esa mano en el viaje, por 6 horas diarias, durante 13 días.

"Ya veremos cómo evoluciona", me contestaba el doctor, ante mi insistente pregunta de la cita semanal para revisión. La cicatrización mejoró rápidamente, las terapias diarias de movimiento y sensibilidad hacían su trabajo y una semana antes del viaje el ortopedista me dijo, "pues yo creo que ya saliste de esta y estás listo para el viaje. Que te vaya bien y vete con cuidado, ya que a esta edad, los huesos no pegan igual". En ese momento no teníamos ni idea que la siguiente consulta, ocho semanas después, sería para mostrarle mis radiografías con diez costillas rotas, una clavícula y húmero destrozados, un pulmón perforado y con el brazo derecho paralizado.

Reflexionando sobre esta situación no puedo evitar preguntarme: ¿eran estas señales o advertencias de lo que me ocurriría? Y si lo eran, ¿cuántas señales de la vida había aprendido a ignorar?

LENTO REGRESO AL MUNDO

Un buen día, mi madre acudió a una de sus cortas visitas para saludarme. Para su sorpresa, la recibí con un: ¡hola, madre, que bueno que estás aquí! Dice que creyó desmayarse de la emoción. No solo la reconocía, sino que podía hablar.

Aunque todavía no estaba consciente del todo y la lucidez llegaba y se iba sin ningún control aparente, pude sostener varias conversaciones con mi familia estando aún en terapia. Ellos creían que yo estaba totalmente consciente, pero la realidad es que no recuerdo mucho de lo que les dije. Lo que si recuerdo es que, cuando me contaban lo preocupadas que estaban por mi salud y me leían los mensajes de tantas personas que estaban orando por mí, yo me soltaba llorando como niño. De hecho, no creo que haya habido una etapa de mi vida en la que haya llorado tanto como esa.

Lloraba no de dolor ni de desconsuelo, sino de emoción al saberme vivo y, sobre todo, de sentir tanto amor y muestras de cariño de mi familia y amigos que me parecían inmerecidas. Me sentía en deuda con cada persona que estaba genuinamente preocupada por mi salud y agradecía como nunca sus oraciones.

Muchas veces me han preguntado si pensé que me iba a morir y que si vi ese famoso túnel de luz que relatan los que han estado cerca de la muerte. La realidad es que yo nunca lo vi, ni sentí irme a ningún lado, ni regresar.

Lo que sí me llama mucho la atención al respecto, es una conversación recurrente que, según me cuentan mi esposa y mi madre, tenía con ellas en mis periodos de consciencia, en terapia intensiva. Me dicen que, en al menos cuatro o cinco ocasiones, les decía entre sollozos: ¡no se preocupen!, estoy bien. Y: ¡no saben cómo me quiere Dios!, no les puedo explicar, pero he sentido su amor. Me recuerdan que al contar eso ya no podía seguir hablando y no paraba de llorar. Al parecer esa misma conversación la tuve varias veces durante sus visitas. Repetía una y otra vez, ¡no saben cómo me quiere Dios! No se los puedo explicar, pero sentir su mirada de amor es lo mejor que me ha pasado en la vida.

Soy bastante escéptico para este tipo de visiones místicas, por lo que, cuando me contaban esto, pensé que exageraban o que era otra más de mis alucinaciones. Hasta la fecha, me aseguran que esa conversación era recurrente, que lo decía de forma convincente y que, en la primera semana de haber recuperado la consciencia, lo repetí en al menos cuatro o cinco ocasiones. Honestamente no puedo explicar con claridad lo que sentí, pero me dejaron con la duda de aquello que había visto o sentido y que ahora no podía explicar.

Es probable que haya tenido una experiencia de cercanía con el amor de Dios y, tal vez, por su intensidad o por la sedación no recuerdo con claridad. De esa experiencia (cualquiera que haya sido), solo quedaron algunas sensaciones conscientes indescriptibles que me cuesta poner en palabras, pero que asocio con una especie de sed extraña que desaparecía por instantes; un anhelo satisfecho de plenitud que recibía de alguien, a través de una mirada amorosa que no me sentía capaz de corresponder. Un amor al que, extrañamente, intuía estaba destinado. Una mirada serena y profunda, de una persona viva que transmitía una gran paz. Un estado extraño del alma que voluntariamente elegía estar ahí, sin hacer nada, solo dejándose mirar.

Estas sensaciones e intuiciones fueron muy confusas, y me dejaron verdaderamente intrigado. No puedo explicar esos movimientos internos, pero permanecen aún en una parte de mí que no es mi memoria. Lo que sí puedo decir con certeza es que, a partir de entonces, mi relación con Dios es distinta. Más cercana, más humana, de amigos. Desde entonces aspiro con más confianza a lograr la oración contemplativa, para poder ver ese rostro que me miró en terapia intensiva. No sé si lo logre, pero ahora tengo la certeza de que mirarlo es posible, y que es capaz de dar un amor que no tenía idea pudiera existir.

La realidad es que me carcomía la duda de lo que había vivido en terapia intensiva, por lo que durante muchos meses me debatí entre olvidarlo, o hacer algo para intentar traerlo al plano consciente. Por el momento, solo conservaba una intuición profunda de una experiencia entrañable y sublime. Esa sensación me hacía recordar vagamente el haber tenido la compañía de alguien, que con su presencia se ocupaba de mí y cuya mirada me daba paz y consuelo. Esta fue otra de las razones poderosas por las que acudí a la terapia de palingenesia para tratar de desenterrar algunos recuerdos y vivencias que se habían clavado en algún lugar de mi ser.

A pesar de mi escepticismo, mi mundo alterno seguía dando de qué hablar. Por alguna razón que tal vez nunca sepa, en uno de los interminables días que estuve en terapia intensiva, se instaló en mi mente, de manera obsesiva, la idea de que unos primos muy cercanos y queridos estaban sufriendo una pérdida desgarradora. Mis vagos recuerdos recogen una seria preocupación y angustia por ellos y por su familia. Uno de esos días, durante los minutos de visita en terapia, estaba yo despierto y consciente cuando entró mi esposa. Le empecé a preguntar, muy preocupado por ellos: la están pasando muy mal, necesitamos rezar mucho por ellos, diles que pasen, están aquí afuera, quiero darles un abrazo de pésame. Según me cuenta mi esposa, lo decía angustiado, con la voz tenue y entrecortada. A los pocos minutos entró mi madre y le dije lo mismo.

Me cuentan que ese día, al salir de terapia, en su rutinaria reunión familiar con mi hijo y el hermano en turno, lo comentaron sorprendidas, pues la noche anterior había fallecido, de forma trágica, una de sus hijas.

"¿Quién le comentó a Hugo lo de Alejandra?", se preguntaban entre ellos. "Claro que yo no". "Yo tampoco". "Yo menos", se decían unos a otros. "Entonces, ¿cómo se enteró?", se preguntaban sorprendidos, sin encontrar una respuesta lógica. Por mi parte, puedo decir que mi preocupación era real, con nombre y apellido. Y yo veía tan cerca el sufrimiento por su pérdida, que les pedía que los dejaran pasar, que estaban afuera.

Al parecer ese mundo alterno, en el que yo me debatía, tenía algunas conexiones que no entendemos desde el nuestro.

COINCIDENCIAS

Un evento doloroso que quedará para la posteridad en la historia familiar se dio cuando mi hijo me visitó un día en terapia. No era un día cualquiera: aquel día cumplía veinticinco años. Era el primer cumpleaños de su vida que no lo abrazaría con fuerza para decirle lo mucho que lo quiero y lo orgulloso que estoy de él. Ese cumpleaños no recibiría de su padre una cartita de amor (como él les decía en tono burlón), pero que estoy seguro siempre leía a solas con satisfacción. Ese cumpleaños no fui capaz, ni de mirarlo a los ojos ni de reconocerlo. Estaba completamente ido y entregado a la sedación en estado de coma. Me imagino la angustia que sintió al verme así y no saber si quedaría huérfano a los veinticinco o con un padre limitado de sus facultades mentales. Seguramente le dio una y mil vueltas a las responsabilidades que, tal vez, tendría que asumir tanto en lo familiar, como en lo profesional. Me parece que ese dolor y otros con que la vida lo ha forjado ha contribuido significativamente a formar su personalidad, su madurez y lo ha convertido en el gran tipo que hoy es. Siempre ha sido, y sigue siendo, un gran pilar para la familia y un motivo enorme de orgullo para mí. En esa circunstancia adversa e incierta de ver a su padre inconsciente y tendido en una camilla, sacó la casta y se hizo cargo de muchos aspectos de la situación, mostrando que estaba preparado para las adversidades de la vida. Sin duda, recibió una de las lecciones más duras y trascendentes que ha vivido. Su padre, su sostén y referencia, podía morir o quedar incapacitado, como muchas veces lo pensó al escuchar las incoherencias que le platicaba en sus visitas. No tengo duda, los golpes de la vida bien tomados fortalecen, maduran y hacen crecer, pero cómo duelen.

Otro evento relevante fue que, después de veintidós días de estar en terapia, mi esposa, ya muy desgastada por la tensión y el estrés, decidió ir a visitar a su hermana en un pueblo de Francia, cerca de Lourdes. De ahí, visitar el Santuario de la Virgen de Lourdes, advocación mariana a la que, en la familia, además de la de Guadalupe, tenemos mucha devoción. Una de sus características más conocidas es, precisamente, su intercesión para cuidar y curar enfermos.

Al estar, precisamente, mi esposa en el Santuario de Lourdes, recibió una llamada de mi madre: "Melissa, no lo vas a creer, pero hoy en la visita vi a Hugo despierto y me reconoció y saludó". Mi esposa me cuenta que se soltó a llorar y en ese momento solo pensó en regresar a Bérgamo para verme despierto, lo que hasta hace pocos días era impensable.

Al día siguiente regresó a Bérgamo con la ilusión de hablar conmigo, después de tres semanas de coma. Llegó la hora de la visita y no la dejaron entrar a terapia, por algún tema burocrático. ¡Apenas puedo imaginar su frustración! En la capilla del hospital había, todos los días, misa de seis de la tarde y ahí se reunían para seguir pidiendo por mi salud y para comentar, junto con Vittorio y su esposa, Anto, los reportes diarios de los médicos.

Al terminar la misa, el sacerdote que la ofició preguntó en voz alta a los asistentes: "¿Están aquí los familiares de Hugo Cuesta?". La sorpresa al escuchar esto fue enorme. Se acercó mi esposa y le dijo quién era. No sabían si les darían alguna noticia, pero ¿cómo iba a ser eso? ¡Si el sacerdote no era médico!

Soy el padre Giuseppe, soy javeriano, y estamos encargados de la capilla del hospital. Me llamó el padre Natalio, quien se encuentra de misiones en África, pero vivió en México hace algunos años y me dijo que le habían pedido que rezara por la salud de un tal Hugo Cuesta, a quien conoció durante su estancia en México. Le dijeron que estaba justo en este hospital, y me pidió que buscara a su familia para ayudarles en lo que fuera necesario. La sorpresa no cedía espacio a la razón. ¿Cómo un sacerdote javeriano que vive en África se enteró de mi accidente y, además, tuvo el detalle de pedirle a su amigo sacerdote en Bérgamo que buscara a mi familia entre las familias de los más de tres mil pacientes que debe atender el hospital Papa Juan XXIII de Bérgamo, que es enorme, ¡y que justamente los viera en la misa de ese día!?

Al terminar los saludos y explicaciones de rutina, el sacerdote preguntó por mí y le dieron la noticia que seguía en terapia intensiva, pero que un día antes había despertado del coma, que había hablado por primera vez y que, sin embargo, mi esposa no me había podido ver. Al escuchar esto, el sacerdote sonrió y le pidió a mi esposa que lo siguiera. Empezaron a caminar hacia el hospital. Los pasillos eran larguísimos y mi esposa caminaba detrás de él, a un paso mucho más ligero del que aparentemente sería capaz por su edad. El padre preguntó: "¿En qué edificio de terapia está?". Y le respondieron: "Edificio 8, terapia B".

Entraron por una puerta que estaba reservada para los médicos y enfermeras de terapia intensiva y, al pasar por una de las casetas de seguridad a cargo de la enfermera que no había dejado pasar a mi esposa, ¡ésta se puso de pie para saludar al padre con una sonrisa y un *buon giorno*!, solo para toparse con la sonrisa de satisfacción de mi esposa que, justamente, venía detrás.

"Pero las visitas…", intentó decir la enfermera al momento en que el sacerdote la cortó en seco. "¡Unción de los Enfermos!", dijo sin mirarla (este es un sacramento que se administra a un enfermo en peligro de muerte para reconfortarlo en su enfermedad y prepararlo para bien morir). Unos pasos más adelante llegaron a mi cama, y mi esposa le señaló con el dedo quién era yo o lo que quedaba de mí. Después de la breve ceremonia de la Unción de los Enfermos que no noté por estar dormido, el sacerdote miró a mi esposa y le dijo: "Todo tuyo, te espero afuera para que no te molesten. Tarda lo que quieras".

Mi esposa se acercó y empezó a hablarme como siempre lo hacía. Al escucharla, desperté y, al verla, me puse a llorar. Extendí el brazo izquierdo que si podía mover y no estaba amarrado para fundirnos en un abrazo entre lágrimas y sollozos.

No sé cuánto tiempo duramos así, pero el abrazo fue interrumpido por la enfermera en turno, diciendo que la visita había terminado. Mi esposa me soltó y estaba por irse cuando notó algo extraño. La enfermera tenía una bocina prendida que, en ese momento, tocaba música de Luis Miguel. De por sí ya era un poco raro que se escuchara a un cantante mexicano en Italia, pero lo que nunca entenderemos fue que la canción que se escuchaba era la de *No sé tú*, que era la canción con la que habíamos bailado el vals en nuestra boda, treinta años atrás. En medio de su enorme sorpresa, volteo para decirme: "¡Amor, nuestra canción!". Yo ya estaba dormido y no pude ver que en ese momento la enfermera la tomaba del brazo para acompañarla a la salida.

Esa noche, en el hotel junto al hospital donde se hospedaban, desde hacía ya tres semanas, hubo jolgorio. Brindaron por la noticia de que había despertado y que podía hablar.

Las buenas noticias no quedaron ahí. Al día siguiente en la mañana le llamó a Vittorio una enfermera de terapia intensiva, que conocía por ser hermana de uno de los abogados de su firma, para decirle: "Le tengo noticias de su amigo". Me cuenta Vittorio que contuvo el aliento, porque las noticias podían ser de todo tipo. "Dígame", le contestó impaciente. "Danilo, el doctor encargado de terapia, hoy dio instrucciones de sacarlo de terapia intensiva y pasarlo a una habitación con visitas restringidas y cuidados especiales porque sigue delicado".

Vittorio no quiso escuchar más y colgó para llamar a mi familia. Algunos estaban viendo correos, otros en el gimnasio y otros dormidos. Aquella mañana la rutina se interrumpió con la llamada de Vittorio, para compartirles la buena noticia.

La noticia se recibió con un gran gusto. El doctor no lo dijo así, pero ellos la interpretaron como "Hugo ya no está en peligro de muerte".

Aunque sabían que el horario de visitas era por la tarde, como buena marabunta mexicana, se lanzaron a la torre cuatro del hospital donde sabían me llevarían. Al llegar al piso de recepción del edificio al que me habían movido, lo primero que vieron al abrir fue, en el centro del lobby, una estatua de más de un metro de la Virgen de Lourdes.

¿Coincidencia? Nunca lo sabremos. Lo que sí sabemos es que esas coincidencias cambiaron el rumbo de la situación y provocaron una enorme alegría entre mi familia y amigos.

LA MUERTE, MAESTRA DE VIDA

Siempre había sabido que la adversidad se presentaba detrás de cualquier esquina y que siempre aparecía sin avisar.

No sé si en el plano consciente o en el mundo alterno de los sedantes y opioides que me tenían en coma, pero recuerdo algunos *flashazos* de consciencia que me dejaban ver que nada de lo que había vivido antes se asemejaba a la dureza y magnitud de prueba que la vida me estaba poniendo.

No sé qué tan cerca estuve de morir, pero como he dicho antes, nunca vi un túnel de luz ni a mis antepasados difuntos como cuentan muchos que han tenido experiencias cercanas a la muerte. Yo solo sabía, con una certeza que no podía explicar, que mi único propósito era el de mantenerme vivo a toda costa, de centrar mi escasa energía y concentración en no dejarme morir y anclarme totalmente en el presente: una respiración a la vez. Sobre todo, ahora que podía hacerlo sin respirador.

Durante muchos días tuve la extraña sensación de que yo no estaba en control de mí mismo, que mi subconsciente estaba al volante de mi vida y de él empezaron a surgir muchas ideas que no reconocía como propias. Una de las que se abría paso con más frecuencia, en mi mente confundida, era que estaba en una situación crítica, como nunca antes y que para superarla necesitaba de todas las herramientas físicas, mentales y espirituales a mi alcance. Sabía que debía enfrentarla con filosofía y que lo peor que podía hacer era preocuparme por lo que no dependía de mí.

Solo dependía de mi respirar para no morir. Una respiración a la vez.

Hablando de tomar la situación con filosofía, durante el largo proceso que he vivido a partir del accidente, poco a poco empecé a recordar las lecturas de los filósofos estoicos. En especial algunos conceptos de las *Meditaciones,* de Marco Aurelio[2], el gran emperador romano que llegó a la posición más poderosa del mundo de su época. Lo único que recordaba entonces era el concepto central de su postura ante los problemas de la vida: aprender a utilizar los obstáculos de la vida como una oportunidad de aprendizaje y crecimiento.

Marco Aurelio, durante los casi veinte años que ejerció el poder absoluto en la Antigua Roma, vivió una serie de adversidades que hubieran sido capaces de doblegar a cualquiera. A pesar de haber nacido en una de las familias más prominentes de Roma, perdió a su padre desde los tres años; tuvo muchos problemas de salud, dolores constantes de pecho y estómago y nunca pudo dormir bien. Vivió muchas perdidas personales, además de su padre, su madre y su esposa, de sus trece hijos, solo vivían cinco cuando él murió. Además, durante su reinado, estallaron guerras constantes; una peste terrible que se estima pudo haber costado la vida a millones de personas; la traición de sus más cercanos; arduos viajes a Asia Menor, Siria y Egipto, un hermanastro incompetente y codicioso que fue su emperador asociado y muchas otras adversidades de la vida.

---

2 **Marco Aurelio** (121-180 d. C.) fue emperador romano y filósofo estoico, conocido por su obra *Meditaciones*, una guía para la vida virtuosa.

Al pensar en Marco Aurelio, no puedo dejar de preguntarme ¿qué hubiera sido de él si la vida le hubiera sonreído siempre?, ¿sería el mismo que la historia nos presenta como el gran filósofo y el último gran emperador de Roma, recordado como el filósofo-rey? Sin duda, será siempre recordado como el más extraordinario de los emperadores por su legado de sabiduría y virtud. Su vida y su ejemplo me habían atraído desde siempre. Intuía que, en esta nueva circunstancia, convenía leer y reflexionar su filosofía estoica más a fondo, ahora que tenía la oportunidad de poner en práctica la teoría que había leído. Aunque nuestras vidas, circunstancias y retos eran radicalmente diferentes, teníamos una cosa en común: ambos debíamos responder al reto, estar a la altura de las circunstancias. Él, a su enorme cargo y responsabilidad histórica; y yo, ante el reto más importante de mi vida: mantenerme vivo y salir fortalecido de esta situación.

Básicamente, se me presentó como a todos en distintos momentos de nuestra vida el dilema de elegir entre dos posturas: la de víctima o la de protagonista.

Razones para hacerme la víctima había muchas y poderosas. Una imprudencia de Giovanna, al girar a la izquierda cuando la estaba rebasando en mi moto, me tenía en una condición de salud de pronóstico reservado y con expectativas de recuperación también reservadas. Sabía que ese instante había cambiado mi vida para siempre, aunque aún no sabía cómo.

Admito solo haber tenido unas breves tentaciones de abandonarme al victimismo, y solo algunas veces se plantó ante mí la pregunta típica de los victimistas: ¿por qué a mí?

La razón por la que digo que fueron pocas las ocasiones en que tuve esta tentación, es porque desde el primer día, tanto en mi mente como en la de mi familia se posicionó la postura clara de que este accidente era por alguna razón que no vamos a poder explicar por completo. Cuando los motociclistas me decían que a todos les hubiera podido pasar, yo les respondía sin dudar: sí, claro, a todos nos puede pasar, pero esta me tocaba a mí. Este accidente llevaba impreso mi nombre y apellido. Por alguna razón, entendí desde el principio que la pregunta que tenía que responder no era por qué a mí, sino una mucho más importante y difícil: ¿para qué a mí?

UN RESPIRO A LA VEZ

Durante la cantidad de horas que pasé rumiando esta pregunta, mientras miraba al techo del cuarto del hospital, empezaron a aparecer repetidamente y con cada vez más frecuencia tres ideas que, me parece, quedarán tatuadas en mi alma como las grandes lecciones que debía aprender de esta situación: humildad, paciencia y empatía.

Con el tiempo, caí en cuenta que no era coincidencia que esas ideas se posicionaran con, cada vez, más fuerza en mi mente y en mi corazón. Al llevarlas a la reflexión, empecé a entender que estaban directamente ligadas a mis principales defectos dominantes.

Por alguna razón, que no soy capaz de explicar, entendí perfectamente, desde que recuperé la consciencia, que este gran reto si no me costaba la vida era una gran oportunidad para demostrarme de qué estaba hecho; que conocía muy bien la teoría de cómo enfrentar las grandes crisis de la vida. Que, incluso, esta no era mi primera gran crisis, ya había enfrentado una muy profunda al cumplir los cincuenta, pero esta era de un calado distinto. En la crisis de los cincuenta, el desafío que la vida me planteó fue la de responder las dudas existenciales que, desde entonces, carcomían mi alma: ¿quién soy?, ¿a dónde voy?, ¿para qué estoy aquí?, y, sobre todo: ¿soy Feliz?

La razón por la que aseguro que esta nueva crisis con que la vida me retaba era de un calado diferente es porque tengo la certeza de que al estar en la cama del hospital nunca me pregunté si era feliz o, ¿para qué estoy aquí? Las preguntas que taladraban mi mente y mi corazón eran de un perfil diferente: ¿qué nos pasa al morir?, ¿hay más allá?, ¿de verdad existe Dios?, ¿es nuestra alma eterna?, ¿existen el cielo y el infierno?

Seguramente la vida consideró que no había terminado de aprender la lección de mi primera gran crisis, y que era necesario mandarme un segundo recordatorio. Ahora, con preguntas trascendentales que iban más allá de la propia vida y que, aunque en teoría, sabía perfectamente sus respuestas, ahora estaba en la situación de que si moría podría confirmar, en la práctica, si mis respuestas teóricas eran acertadas. Sin saber explicar por qué, desde el principio entendí que, esta nueva crisis de características diferentes pondría a prueba mis creencias personales respecto al más allá.

En aquel momento apenas intuía que para definir mi postura al respecto, debía enfrentar una enorme incertidumbre, los mayores miedos y pesadillas de mi vida y que solo sería capaz de hacerlo, si había aprendido las lecciones de mi primera crisis. En especial, la del abandono en la voluntad de Dios, que siempre he sabido, es el único camino seguro para mantener la serenidad y la paz interior.

Con una personalidad controladora, acostumbrada a dirigir, no es muy difícil imaginar lo complicado que me resultaba hacer frente a mi nueva situación, no podía hacer nada por mí mismo: ni respirar, ni moverme, ni asearme, ni caminar, y casi: ni hablar. Solo podía pensar y rezar. Y según lo que recordaba haber leído de Marco Aurelio, eso era, no solo lo único, sino lo más importante que podía hacer en ese momento. Y sabía, con toda certeza, que de lo que pensara dependía mi estado de ánimo, mi actitud y mi salud mental.

Motivos para el miedo, frustración, confusión, depresión y angustia, los había todos. Pero supe que, si me entregaba a ellos, no saldría adelante de esta. Que, si dejaba crecer los pensamientos negativos, estos me comerían vivo. Y como típico pesimista, me costaba mucho trabajo alejarlos de mi mente.

En el libro *El Principito,* de Antoine de Saint-Exupéry, el pequeño visitante cuenta al aviador sobre unos inmensos árboles que crecen en su planeta: los terribles baobabs. El Principito debía arrancar, cada día, los brotes y los arbustos de baobab: "Si un baobab no se arranca a tiempo, no hay manera de desembarazarse de él más tarde, cubre todo el planeta y lo perfora con sus raíces. Y si el planeta es demasiado pequeño y los baobabs son numerosos, lo hacen estallar".

No sé porque recordé ese relato y asocié las semillas de baobab con los malos pensamientos y las emociones negativas que querían instalarse en mi mente. "Es una cuestión de disciplina —decía el Principito—, cuando por la mañana uno termina de arreglarse, hay que hacer cuidadosamente la limpieza del planeta". Si no, pensé, los malos pensamientos terminan por apoderarse de todo, hasta asfixiarte. No me podía dar ese lujo.

Tuve la enorme fortuna de intuir, como el Principito, que debía concentrarme en lo único que dependía de mí que era casi nada, y que es el principio de la filosofía estoica: centrarse en las cosas que podemos controlar. Y según la teoría del gran autor de liderazgo empresarial, Stephen Covey, centrarme en mi área de influencia que era mantenerme vivo, y no en mi área de preocupación, la cual era todo lo demás.

Aunque, en ese momento me quedaban claros los qué, no tenía ideas sobre cuáles eran los cómo. Me bastaba y me sobraba con mantenerme conectado a la vida, a través de mi área de influencia, que era seguir respirando. Una respiración que, poco a poco, se iba haciendo más fácil y salía con menos esfuerzo.

Era bastante lo que había leído sobre resiliencia. Y recordaba, en particular, la referencia de que la palabra viene de la capacidad de los metales de recuperar su forma después de haber sido sometidos a una gran presión. Regresar a la normalidad después de la enorme presión a la que estaba siendo sometido era, ya en sí mismo, un sueño casi inimaginable. Sabía que iba a ser muy difícil que mi vida pudiera ser igual que antes, y que las lesiones que dejaban las heridas internas y externas tendrían consecuencias que aún no podía imaginar.

Pero en esta ocasión me parecía que el reto era mayor. El objetivo no era solamente recuperar la forma perdida y regresar a la normalidad, sino salir fortalecido y aprovechar justamente la postura de los estoicos que había leído, para utilizar a mi favor la adversidad del accidente para lograrlo.

En cuanto regresé a México, y mi cabeza y debilidad me lo permitieron, retomé las relecturas de los grandes pensadores estoicos como Marco Aurelio y Séneca[3] que, aunque fueron escritos hace casi dos mil años, siempre me sorprenden por la actualidad de sus postulados. De las lecturas que retomé, hubo una que resumía bastante bien lo que pretendía lograr en este proceso. Fue el libro de Ryan Holiday[4], *El obstáculo es el camino*, basado en la filosofía de los estoicos, que divide en tres áreas muy prácticas su aplicación en la vida diaria, y que utilicé como guía personal para encontrar esos cómo que tanto necesitaba.

---

3 **Séneca** (4 a.C.-65 d. C.) fue filósofo, político y escritor romano, representante del estoicismo. Autor de obras como *Cartas a Lucilio* y *De la brevedad de la vida*.

4 **Ryan Holiday** (1987) es un autor y estratega estadounidense, conocido por popularizar la filosofía estoica en la actualidad. Autor de libros como *El obstáculo es el camino*, *El ego es el enemigo* y *La quietud es la clave*.

PRIMER ÁREA: PERCEPCIÓN

La percepción es la forma en que vemos y entendemos lo que nos sucede e interpretamos el mundo a nuestro alrededor. Este primer paso es esencial para ver las cosas como son, ni buenas ni malas, simplemente son, como es la realidad. Lo interesante de este postulado es que podemos aprender a ver las cosas de distinta manera y concentrarnos en ver la realidad sin miedo y controlando nuestras emociones, que se empeñan en calificar, de inmediato, a las circunstancias como buenas o malas.

Un buen ejemplo de esto lo refiere el propio Holiday: en el mecanismo de selección de los primeros astronautas norteamericanos, analizaban en ellos su capacidad de mantener la calma y no alarmarse. En el espacio, la diferencia entre la vida y la muerte estaba en la regulación emocional, no en la técnica. La manera de enfrentar los imprevistos, manteniendo bajo control sus emociones, era fundamental para elegir a los candidatos adecuados. Los griegos tenían una palabra para esto: *apathéia,* que no es otra cosa que la ecuanimidad. Ojo: no se trata de la ausencia de sensibilidad o mera apatía, se vale sentir, sino de la capacidad de dejar fuera las emociones que son dañinas e inútiles, como el miedo y la angustia. El ser capaces de observar los hechos, sin exageraciones o percepciones equivocadas, ya que estas nos dan información que nos estorba justo en el momento en que es indispensable centrarnos en lo que tenemos enfrente.

En el fondo, la filosofía estoica y la psicología cognitiva se basan en la premisa fundamental de que la percepción es todo. O sea que, en el fondo, nosotros decidimos cómo ver las cosas. De ahí la importancia de educar a nuestros sentidos para percibir las cosas como son. "No vemos las cosas como son, sino que las vemos como somos", dice un dicho conocido que utilizan los *coaches* de vida, y que, me parece, refleja muy bien la subjetividad que podemos enfrentar al percibir una situación en particular.

Hace poco, un amigo alcohólico me invitó a la reunión de Alcohólicos Anónimos para festejar su quinto aniversario de sobriedad. Escuchar la sinceridad, apertura y humildad con que los adictos de ese grupo reconocían la realidad de su adicción, no hizo sino aumentar en gran medida la admiración y reconocimiento que siempre he sentido por las personas que son capaces de salir adelante frente a una adicción que, aparentemente, es más fuerte que su voluntad.

En esa reunión escuché una presentación que me pareció la aplicación perfecta de la filosofía estoica en la vida práctica. Las reflexiones finales se centraron en concentrarse en lo que sí podían cambiar: ahí es donde podían hacer una diferencia. En su libro, Holiday explica una frase estoica de hace dos mil años que se traduce así: "Lo importante es separar lo que depende de nosotros, de lo que no depende de nosotros".

No sé si Keanu Reeves, el gran actor de Hollywood, habrá leído a los filósofos estoicos, pero, por sus antecedentes y decisiones en su vida, podría pensarse que sí. Reeves ha sido una estrella de Hollywood por más de tres décadas y se le conoce por mantener su vida privada, prácticamente como un misterio. Es uno de los actores más exitosos del cine. A sus cincuenta y cinco años, sus películas han generado más de tres billones de dólares y, a pesar de esto, permanece bastante humilde.

Justo cuando uno de sus grandes éxitos de la pantalla *The Matrix* salió a las salas, Reeves terminó su relación con su novia Jennifer Syme, con quien tuvo a su hija Ava. Dos años después de su separación, Syme perdió la vida al volcar su vehículo saliendo de una fiesta de Marilyn Manson, en Los Ángeles. Esta no era la primera pérdida personal de Reeves. En 1993, su gran amigo y también actor, River Phoenix murió de una sobredosis a sus veintitrés años.

Reeves también sufrió mucho en su niñez. Nació en el Líbano con su madre, Patricia Taylor, y su padre, Samuel Reeves, quien los abandonó cuando Reeves tenía tres años. Su madre tuvo que mover a su familia de Hawái, a Nueva York, Canadá y Australia, tratando de sacarlos adelante. Reeves asistió a cuatro escuelas secundarias antes de abandonar la última, a sus diecisiete años. La última vez que vio a su padre, tenía trece años. En una entrevista en 2002 dijo: "La última vez que lo vi, solo se quedó mirando al cielo, y no dijo nada. Al día siguiente nos llevó al aeropuerto, y no volví a saber nada de él por otros diez años".

A pesar de sus constantes tragedias, la adversidad lo ha hecho un tipo humilde y generoso. No es extraño que durante la filmación de sus películas se preocupe de que todos los asistentes y camarógrafos estén bien, y hay muchos relatos de la forma en que se ocupa de que coman bien y descansen sus horas en los duros procesos de filmación.

Su vida privada se mantiene como un misterio, pero lo poco que se sabe de él es que es una gran persona, con una calidad humana fuera de lo común y que aporta varios millones de dólares a distintas fundaciones e iniciativas sociales que no hace públicas.

No sé si sus vivencias son comparables a las del emperador filósofo, pero lo que sí sé es que la adversidad de ambos personajes

—uno que vivió en el año 170 d. C. y otro, en nuestra época—, dejan claro que las personas que reaccionan bien ante las dificultades de la vida, son capaces de catapultarse a otro nivel en lo personal y lo humano.

SEGUNDA ÁREA:
DISCERNIMIENTO Y ACCIÓN

Aunque el discernimiento no aparece de forma expresa en los pasos mencionados en el libro, asumo que es porque se da por sentado. Justo después de la percepción y antes de la acción, hay un momento de reflexión y análisis que es fundamental para definir cuál es el mejor curso de acción que podemos tomar ante la percepción de la realidad que nos rodea.

Una vez, habiendo percibido la realidad —sin los filtros— de nuestros juicios y prejuicios, habrá que ponderar, evaluar y sopesar las distintas vías de acción que se nos presentan. La cabeza clara que se requiere para tener la percepción adecuada es la misma que necesitamos para elegir la mejor de las opciones de acción que se nos presentan, justo en las circunstancias en que nos encontremos. Habrá que tomarse el tiempo que sea necesario para elegir el mejor camino, ya que una vez empezando a andarlo, necesitamos comprometernos a fondo con él. "Mide dos veces y corta una sola", dice un sabio dicho que todos hemos escuchado alguna vez.

El discernimiento da paso a la acción. Tú y yo hemos visto muchas veces que lo que realmente incide en nuestro entorno es lo que decidimos y en las acciones que tomamos. Si te das cuenta, antes de lanzarnos a la acción, es necesario percibir el entorno y discernir la mejor estrategia que consideremos bajo las circunstancias para lograr el objetivo deseado. Aquellos que se precipitan de la percepción a la acción sin pasar por el discernimiento son como caballos desbocados, cuya ley es la reacción pura o el instinto, y pueden elegir un camino que los aleje de su objetivo. Cuando se dan cuenta, no siempre es fácil desandar lo andado, en el sentido equivocado.

Cuando la vida nos presenta cambios drásticos en la normalidad de nuestra vida, a lo que los psicólogos llaman "quiebres" porque modifican el curso que llevaban los hechos antes de que se presenten, podemos caer en la tendencia de intentar reestablecer el equilibrio perdido, volcándonos de inmediato a la acción que, consideramos, se requiere para volver a la normalidad. Esto puede causar aún más daño si no se hace en la medida y con la dirección correctas.

Otra forma común y negativa de reaccionar para recuperar la estabilidad perdida es la de quienes afrontan los quiebres volteando hacia atrás, buscando culpables.

No hay mayor estrés que el de saber que debemos hacer algo y no hacerlo. El exceso de ansiedad, la parálisis por análisis o la simple indecisión pueden poner en jaque nuestra realidad, pues hay momentos en que la vida exige de nosotros no solamente una opinión, sino también una acción concreta. Es la diferencia entre dejar que las cosas pasen y hacer que pasen las cosas; pero raramente las piezas de dominó caen en el lugar correcto por sí solas: hay que acomodarlas de la forma en que favorezcan la estrategia de juego que hayamos elegido.

En el hospital estaba apenas digiriendo todo lo que había vivido, ni se me ocurría pensar en las acciones que debía tomar y menos en la estrategia que debía seguir. Aún las veía muy lejos.

TERCER ÁREA: VOLUNTAD

La voluntad es nuestra fortaleza, nuestro poder interior. Depende totalmente de nosotros, y no le debe nada a las circunstancias ni al mundo exterior. Ante una realidad que parece totalmente adversa, la voluntad es capaz de sacarnos adelante. Si bien podría no tener la capacidad de modificar nuestro entorno, sí es capaz de definir nuestra postura ante el mundo y convertir las adversidades en aprendizajes y lecciones de humildad. Es nuestro verdadero poder y, en muchos sentidos, lo que nos define como personas.

Un buen ejemplo de una persona que utilizó la fuerza de su voluntad para salir adelante de una situación muy dura, que la vida le planteó, es Sheryl Sandberg, directora de operaciones (COO) de Facebook hasta agosto de 2022 y fundadora de LeanIn.Org

Las acciones que tomó Sheryl Sandberg, siendo COO de Facebook, después de perder trágicamente a su marido en 2015, son un gran ejemplo de voluntad y resiliencia. Sandberg, después de una meteórica carrera profesional, ascendió, a los cuarenta y cinco años, al deseado puesto de COO de Facebook y se convirtió en el brazo derecho de Mark Zuckerberg. Hasta entonces, la vida le había sonreído, no solo en lo profesional, sino también en lo personal. Tenía un matrimonio muy sólido con Dave y dos hijos pequeños en edad de kínder.

La tragedia alcanzó a la familia Sandberg cuando, durante unas vacaciones en México, su marido falleció mientras hacía ejercicio en el gimnasio del hotel donde se alojaban, de una arritmia cardiaca producida por una enfermedad en una arteria coronaria, no diagnosticada.

Según reconoce Sandberg, se vio de pronto frente a una realidad que había aprendido a ignorar. Que el dolor es parte de la vida y que hay cosas como el sufrimiento, la vejez y la muerte, y que las pérdidas son inevitables. ¡Que fácil es ignorar el dolor ajeno por estar inmersos en el nuestro!

Apenas un mes después de la trágica muerte de su marido que considera la prueba más dura que la vida le ha presentado, Sandberg mostró señales de una resiliencia increíble cuando publicó en su cuenta personal de Facebook, en la que tiene más de dos millones de seguidores, un post que define muy bien su postura personal ante su propia tragedia: "Cuando se presenta la tragedia, esta te presenta una opción, puedes entregarte al vacío que llena tu corazón y oprime tu capacidad de pensar y respirar; o puedes tratar de encontrarle un sentido".

La forma como Sandberg actuó, después de su tragedia personal, nos da una buena idea de lo que se gestó en su corazón y del sentido que encontró en la adversidad. Unos meses después anunció: "En medio de la pesadilla de la muerte de mi marido, justo cuando mis hijos más lo necesitaban, tuve la oportunidad de vivir la flexibilidad y comprensión que la empresa me dio para permitirme manejar mejor mi duelo. Por eso hoy he decidido extender esos mismos beneficios a todos los empleados de Facebook que pasen por un duelo personal". ¿Los beneficios? Veinte días de permiso de ausencia pagado por un miembro de la familia nuclear que fallezca, diez días por parientes cercanos, seis semanas para cuidar a un familiar enfermo y tres días para cuidar a un familiar con una enfermedad leve.

Su ejemplo de acción no quedó ahí, decidió compartir su experiencia personal en su libro *Opción B*. Sus páginas han servido a muchísimas personas que pasan por tragedias similares.

En una entrevista con la revista *Harvard Business Review*, cuando le preguntaron que si haber expuesto su vulnerabilidad la hizo un tipo distinto de líder, Sandberg contestó: "Cuando regresé al trabajo estaba en un duelo profundo. Pensaba que en esas circunstancias no aportaba ningún valor a las juntas en las que participaba, de muchas tuve que salir entre lágrimas. Recuerdo una junta que me ayudó para empezar a recuperar mi confianza. En ella, Mark Zuckerberg, el CEO de Facebook, al salir me tomó del brazo y me dijo que le había gustado la perspectiva que aporté en un punto importante de análisis de la estrategia que se discutía. Desde entonces tomé conciencia de la importancia de apoyar la confianza de nuestros colaboradores que están pasando por una situación difícil. Esto me ha ayudado a implementar políticas más humanas para nuestros empleados que pasan por crisis personales".

Sabemos por experiencia propia o cercana que es muy poco probable que pasemos la vida sin algún sobresalto, mala noticia, enfermedad o duelo, simplemente porque la vida es así y nos puede traer tanto buenas noticias como hechos verdaderamente dolorosos.

Seguramente tú lo habrás vivido en carne propia y en tu historia personal la vida te ha dado grandes regalos. También te ha puesto pruebas que, muchas veces, has pensado están por encima de tus fuerzas. Hemos escuchado muchas veces que a todo nos acostumbramos, y, en este caso, no estoy de acuerdo. No sé tú, pero yo sigo temiendo mucho al dolor y al sufrimiento, y no creo que nunca lleguemos a acostumbrarnos a vivirlo de cerca. Aunque cada vez que llegan las grandes pruebas de la vida, vemos con sorpresa que cuando pensamos que no hay salida, recibimos la gracia suficiente para salir a flote. Lo que si tengo claro es que, para todos los avatares de la vida, la actitud y la voluntad son herramientas indispensables para hacerles frente y salir fortalecidos.

Por otra parte, si bien hay algunas cosas a las que nos acostumbramos, la pregunta pertinente es por qué deberíamos de acostumbrarnos, si tenemos opción de movernos. Quién dijo que acostumbrarte es la respuesta correcta. No somos árboles o rocas: tenemos manos y pies, inteligencia y voluntad y, aunque hay cosas inevitables, también hay muchas cosas muy evitables que podemos elegir cambiar. No hay por qué acostumbrarse a un ambiente tóxico, una relación destructiva, un trabajo indigno o una situación de abuso. ¡No te acostumbres! Mejor muévete.

Justamente eso es lo que hicieron Marco Aurelio, Keanu Reeves y Sheryl Sandberg. Aceptar la realidad como es, pero también construir, con sus acciones, lo que puede ser. Podrás pensar que, para reaccionar ante las adversidades de la vida como ellos, se requiere estar hecho de una pasta especial y creo que tienes razón. Su postura ante las crisis, y sus decisiones, nos muestran que desarrollaron una fuerza particular de la voluntad, que ha sido capaz de sobreponerse a los panoramas más adversos de los que pareciera que humanamente no se puede salir.

La buena noticia es que no nacieron así. Seguramente esta fortaleza y actitudes ante la vida las fueron desarrollando, en la medida que se enfrentaban a los problemas con que la vida los retaba. Por tanto, esa pasta, tú y yo también la podemos desarrollar. Se llama carácter y se desarrolla poniendo la actitud adecuada ante la adversidad.

Se dice fácil, pero crecerse ante los retos no solo es complicado, sino incluso contraintuitivo. Nuestras entrañas nos piden elegir el camino más fácil y tirar la toalla. Es nuestra voluntad la que debe imponerse para andar el sendero más empinado, más peligroso, más incierto. Y todavía más complicado resulta el ser capaces de crecernos ante las dificultades y perseverar hasta encontrar la forma de usarlas a nuestro favor. Sin embargo, la teoría es mucho más fácil que la práctica. E, incluso, estoy seguro de que estos personajes que hoy pongo como ejemplo, también tuvieron las dudas, errores y desánimo que experimentamos todos los mortales ante los problemas, con que la vida nos reta.

Lo que sí es un hecho, es que ninguno de estos personajes ni muchos otros que tu conoces, cuyas vidas pueden servir de testimonio y ejemplo de aplicación práctica de la filosofía estoica, hubieran llegado tan lejos ni serían lo que son hoy, si la vida no los hubiera retado, justa y precisamente, con esas dificultades, problemas, adversidades y tragedias que hoy son historia, pero que marcaron su vida y forjaron su carácter para convertirlos en las personas que hoy son: estoicos modernos.

LA PAZ INTERIOR

Si pudiéramos identificar una característica común de estos personajes, sería el hecho de que se concentraron solamente en lo que sí dependía de ellos, en su área de influencia, y no en su área de preocupación. Dejaron a un lado lo que estaba fuera de su control y aprovecharon la adversidad y los obstáculos a su favor. Podríamos decir con certeza que estos, y muchos otros personajes, hicieron vida la famosa frase de Séneca que resume con claridad esta postura: "No podemos controlar el mar, pero si podemos gobernar nuestro barco".

Para identificar si te topas con alguna de estas personalidades en la vida, y mejor aún, si tú eres capaz de gobernar tu barco en medio de las tormentas de la vida, hay una señal que no falla: observa si regularmente logras mantener la serenidad ante las dificultades y vivir en paz frente a la adversidad. Ojo: mi pregunta no es si aparentas mantener la paz, reprimiendo tus emociones, sino si tu espíritu y tu corazón se mantienen serenos, a pesar de la presión de un entorno adverso y unas circunstancias preocupantes. Yo, en mi caso, admito que, en circunstancias apremiantes, me sigue costando mucho trabajo mantenerme sereno.

Toda mi vida he estado convencido de que la paz interior es una batalla central, sobre todo cuando las circunstancias adversas nos ponen a prueba. Tener paz interior leyendo en una tarde lluviosa frente a una chimenea y un tequila, no es muy difícil. Mantenerla cuando los vientos de la vida azotan tu estabilidad y la de los que más quieres, no es fácil. Cuando la vida aprieta, se necesita mucha valentía para mantener las tensiones afuera y lograr un ánimo imperturbable, porque los problemas, en sí mismos, son capaces de robarnos la paz con mucha facilidad.

Una reconocida enciclopedia médica dice: "La reacción natural del cuerpo y la mente ante los desafíos de la vida es el estrés", y que este es "un sentimiento de tensión física o emocional que surge cuando la persona se siente amenazada, nerviosa o frustrada". También explica que hay dos tipos de estrés: uno positivo, que es el que nos ayuda a evitar un peligro, terminar en tiempo una tarea o cumplir con una asignación importante; pero, aun este estrés positivo, cuando se prolonga por demasiado tiempo, puede convertirse en una forma permanente de estar en el mundo, y empieza a cobrar factura en el cuerpo y en la mente.

Este estudio explica que la mayor fuente de frustración e impotencia que produce lo que llaman un estrés malo, ocurre cuando las personas se enfocan en cosas que están fuera de su control, y que este tipo de estrés se manifiesta en el cuerpo, a través de una presión arterial alta, insuficiencia cardiaca, diabetes, obesidad, depresión o ansiedad, migrañas, dificultad para dormir, etc. Sabemos que el manejo del estrés es importantísimo en nuestra vida, simplemente porque la vida moderna nos tiene metidos en cientos de circunstancias estresantes. En otras palabras, no podríamos pensar en nuestra realidad, sin asociarla con situaciones personales, familiares, profesionales, económicas o sociales que nos estresan.

La próxima vez que te sorprendas a ti mismo, dándole mil vueltas a los problemas en tu cabeza, perdiendo la calma, el sueño, el buen humor y sacando de proporción el problema que enfrentas, puedes tener la certeza de que estás frente al tipo de estrés que quieres evitar. Ese es el tipo de estrés que te hace perder la paz, te nubla la percepción, y te sume en el miedo y la angustia. Este tipo de estrés no solo no aporta nada, sino que te complica enormemente la vida, justo en los momentos en que requieres mayor claridad mental y serenidad para responder adecuadamente a los desafíos con que la vida te confronta.

En esta vorágine de vida que nos ha tocado vivir, dar paz al corazón se convierte en una necesidad vital. Esta aspiración ha acompañado al hombre desde siempre, y ya lo escribía Marco Tulio Cicerón en el siglo I a. C.: "Una vida feliz consiste en tener tranquilidad de espíritu".

Recetas para lograrlo hay muchas, y cada uno tendrá que elegir la que mejor le acomode. Desde visitar al psiquiatra, hacer ejercicio físico o meditar, desarrollar un *hobbie,* escuchar música relajante, aprender a respirar, distraerse con los amigos, engancharse con un buen libro o película, o abandonarse en la voluntad de Dios, que sabe más y no se equivoca.

En este último ejemplo, que es el abandono, quisiera adentrarme para abordar el tema de la paz interior. No sé si por intuición o por no tener otra opción, fue la que utilicé en el hospital para no volverme loco.

EL ABANDONO

La delicada situación de salud en que me encontraba y el laberinto de emociones que experimentaba desde la cama del hospital de Bérgamo pusieron a prueba mi paz interior como nunca. En esos momentos, todo lo que no fuera respirar y mantener la calma me parecía intrascendente y sin importancia.

Los enemigos con que debía luchar eran mis dragones de siempre: el miedo, la incertidumbre, la vulnerabilidad, el dolor y la angustia. Sin embargo, en la condición en la que estaba, estos tomaron una fuerza que superaba, por mucho, mis intentos por controlarlos. Si ya tenía claro que la búsqueda de la paz interior en mi vida era una de mis batallas centrales, tratar de pelearla en esas circunstancias, con todo en contra, se presentaba como una guerra mucho más allá de mis fuerzas.

Han sido muchos los autores, pensadores, filósofos y líderes de opinión que he leído y consultado en esa búsqueda vital: conjugar mi vida en términos de serenidad y sosiego.

Han sido muchas, muchísimas las horas de reflexión, lectura, oración y meditación que he dedicado a este apasionante tema. Con cierta frecuencia regreso a la pregunta inicial: ¿dónde reside nuestra paz? Después de un profundo análisis, llegué a una respuesta obvia: hay que empezar por descartar en donde no se encuentra nuestra paz. No está en las circunstancias externas (conozco personas que mantienen la paz en las condiciones más adversas); no está en nuestro cuerpo (muchos enfermos logran vivir en paz sus sufrimientos); no está en los demás (hay personas en ambientes tóxicos sin perder la paz) ni tampoco en los logros o éxitos humanos y materiales que logremos (personas que sin tener nada, tienen una paz envidiable).

La paz, por tanto, reside en nuestro interior, en nuestro ser íntimo, que es nuestro espíritu, o sea, en nuestra alma. Hay muchos autores que, al hablar de paz, siempre acompañan esta palabra con algún apellido: paz interior, paz mental, paz del alma, paz del corazón, etc.

Si compartes mi aspiración de vivir en paz, esta es una búsqueda personal que tendrás que abordar a tu estilo, conforme a tus propias circunstancias, principios y posturas personales ante la vida y el mundo. Yo, por mi parte, he concluido que la paz del hombre es de índole espiritual, y es por eso por lo que me he abocado desde siempre a encontrar en los autores espirituales, expertos en este delicado tema, respuestas concretas a la forma de aspirar a la paz interior.

Te comparto dos de mis autores favoritos que han acompañado muchas horas de oración y meditación en este tema. El primero es el sacerdote francés Jacques Philippe[5], quien incluso tiene un libro que dedica exclusivamente a este asunto: *La paz interior*, que se ha convertido en uno de mis libros de cabecera durante años. El autor hace una aseveración tajante al inicio del libro: "Primero tu paz mental. Nada se compara con tu tranquilidad personal.

---

5 **Jacques Philippe** (1947) es un sacerdote y autor francés, conocido por su enfoque en la espiritualidad cristiana contemporánea. Autor de libros como *La paz interior* y *La oración, camino de amor*.

Asegúrate que esta sea imperturbable. El medio más seguro de perder la paz es tratar de asegurar la propia vida, contando solamente con los medios humanos. Deja con confianza las cosas en Dios y en su providencia. Y para crecer en confianza recurre a la oración contemplativa, que es un dulce descanso en la misericordia y sabiduría de Dios".

En las etapas de terapia intensiva del hospital, en las que me debatía, justamente, en asegurar la vida con medios humanos, viviendo la mayor debilidad y vulnerabilidad posible, sin saber bien por qué, me acerqué a entender el abandono en Dios como nunca. Mi condición no me permitía hacer nada más que tratar de respirar y dejarme mirar, por una mirada de compasión que se hacía extrañamente presente con cierta frecuencia. No puedo poner en palabras la certeza con que sentía cómo un ser vivo me miraba con misericordia. Con el tiempo, mi memoria le fue dando forma a ese rostro que no sé si vi, pero que percibí como nunca lo había sentido. Por más inverosímil que parezca, se parecía a la imagen del rostro de Jesús, y esta mirada de ternura se instaló en mi corazón en distintos momentos de estancia en el hospital, de una forma que nunca seré capaz de explicar. Algunos episodios de esta sensación salieron a la luz en la terapia de palingenesia, a la que me sometí muchos meses después del accidente para tratar de despejar entre otras cosas esa enorme incógnita, de quien me miraba de esa forma y me aportaba una paz inconcebible, en las circunstancias en que me encontraba.

Aunque sé que esto que escribo no es fácil de creer, lo comparto porque sentía que entre más me abandonaba, más me invadía una extraña sensación de paz interior. En este proceso yo no tenía ningún mérito, ya que mi seminconsciencia no me permitía ser dueño de mi voluntad. Esta sensación no era estable ni permanente, porque muchas veces estos oasis de paz se veían interrumpidos por las pesadillas, terrores y angustias de circunstancias reales o imaginarias que me mantenían en vilo. Desde el punto de vista humano, se podrían tratar de explicar estos episodios como una más de mis alucinaciones. Desde el punto de vista sobrenatural, esta visión es totalmente posible. Yo no pretendo atribuir las razones de estas vivencias a una situación espiritual extraordinaria ni mucho menos, ya que como ya lo comenté soy bastante escéptico para estos temas. Simplemente pretendo compartir, con toda honestidad, una realidad que incidió de manera importante en mi paz interior, en la etapa de mayor vulnerabilidad que he vivido.

Philippe nos dice en su magnífico libro que no son las circunstancias exteriores las que han de alinearse para dotarnos de paz, sino que lo que debe alinearse es nuestro corazón aunque humanamente el panorama no tenga ninguna solución ni esperanza a la voluntad de Dios, con la absoluta confianza de que él solo quiere lo mejor para nosotros.

Entre más tiempo ha pasado después del accidente, veo con más claridad esos espacios de sosiego y profunda paz y percibo con sorpresa que fueron momentos en que yo no podía hacer absolutamente nada. Incluso he llegado a pensar que el abandono en la voluntad de Dios no fue en esos momentos una elección de mi parte, sino una gracia especial que recibí para hacerme sentir la paz que tanto había buscado con mis medios y para darme la lección de que esta dependía mucho más de él, que de mí.

Philippe corrobora esta sensación cuando nos dice que ese abandono no se da de forma natural y que es algo que, si decidimos emprender, con nuestras solas fuerzas no lograremos, ya que así como la paz interior es un regalo, también lo es la gracia de vivir el abandono que se requiere para llegar a la paz interior.

El concepto de la presencia divina en nuestro interior, acompaña al hombre desde tiempos inmemoriales. Séneca escribía en el año 65 que podemos reconocer la presencia de la divinidad en nuestras vidas y su poder sobre ellas; que lo divino es algo que está dentro de nosotros y reside en nuestras almas, y que estas no son propiamente nuestras, sino que pertenecen a la divinidad, y que esta se encarga de lo mejor para ellas.

Podría mencionar a muchos otros autores, pensadores filósofos y líderes de opinión que vinculan directamente la paz interior con el alma humana, pero correría el riesgo de extender demasiado este capítulo. Es por esto, que solo refiero brevemente a otro autor que me ha cautivado al hablar de paz interior. Un autor mundialmente desconocido: el misionero franciscano, Fray Juan de Bonilla[6], que en su *Breve tratado de la paz del alma*, una pequeña joya que prácticamente pasó inadvertida en la mística española del siglo XVI y que, según algunos críticos modernos, no existe otra obra que trate con tal intensidad la necesidad de la paz interior y el sosiego del alma.

Empieza con una pregunta contundente: ¿cómo es la Paz? Que el mismo responde: "Hay una paz que proviene de la benignidad, de la justicia, de la concordia entre los hombres. A esto se conoce como paz, en el sentido psicológico, y es una paz deseable, pero insuficiente. El alma humana requiere de una paz de más anchuras: si bien el sosiego físico es necesario, la paz interior y espiritual produce una quietud y una paz interior mucho más profunda. No es una paz como la del mundo, que viene como consecuencia de resolver un conflicto. Esta paz es compatible con la lucha, el dolor, la incomprensión y la injusticia". La paz de la que nos habla, no solo Bonilla sino todos los místicos, es la paz que procede únicamente del amor de Dios y requiere alejarse totalmente del amor propio y entregarse en un completo y confiado abandono. Para lograrla, nos dice Bonilla, hay que renunciar a la vanidad y soberbia.

---

6 **Fray Juan de Bonilla** (siglo XVI, fechas exactas desconocidas) fue un místico español, conocido por sus reflexiones sobre la paz interior y la espiritualidad. Autor de *Breve tratado de la paz del alma*.

En su obra, menciona varias etapas o grados de paz y en el último nos dice: "Se llega al sopor de la sombra de Cristo, donde se halla el termino y la paz de sentirse protegido por las alas divinas, y ahí ya no puede existir el dolor, ni el temor, ni la angustia". Al leer esto, pude reconocer la sensación que sentí en varios momentos estando en el hospital, entre la vida y la muerte.

Habiendo sido la paz interior una lucha constante en mi vida durante los últimos años, y habiendo puesto todo mi empeño y voluntad en conseguirla, reconocía que había logrado poco avance en esta batalla vital. Seguía viviendo a un ritmo que no era el que deseaba y seguía conjugando la vida en términos de prisas, hiperactividad y agenda desbordada. La paz interior era claramente una tarea inconclusa en mi proyecto de vida.

Claramente, llevaba muchos años buscando la paz por la puerta equivocada. Con la fórmula del voluntarismo y confiando en mis propias fuerzas, que tantos logros me habían supuesto en lo profesional, empresarial y humano. Una de las muchas lecciones que me dejó el hospital de Bérgamo, es que mi voluntad no serviría en la batalla por la paz interior, más bien, era un estorbo. Hasta ahora he caído en cuenta que, entre más quería yo avanzar en esta lucha, menos lo lograba, ya que en su búsqueda no conseguía deshacerme de mi amor propio, soberbia y vanidad.

Ahora veo con más claridad que, si de verdad aspiro a conseguir algún día esa anhelada paz interior (que se me permitió paladear por algunos instantes en el hospital), debo entender que es un regalo que viene de Dios y que, como todo regalo, es necesario saber pedirlo y, sobre todo, ponernos en la disposición de recibirlo, abandonándonos de verdad y por completo en su voluntad.

No sé si la vida te vaya a poner ante una situación en que te debatas entre la vida y la muerte, entre la cordura y la locura o ante cualquier otra preocupación o agobio que comprometa realmente tu estabilidad y paz interior, pero independientemente de que una situación como estas se encuentre, o no, en el itinerario de tu vida, es importante aprender a conducirnos con serenidad ante los contratiempos que vivimos todos los días. Esto, me parece, nos permitirá llegar mejor preparados para cuando lleguen las pruebas de verdad.

Y es que la verdadera paz interior solo se prueba a través de los golpes de la vida, que espera de nosotros una respuesta. Igual que Viktor Frankl en el campo de concentración; o Nelson Mandela en la oscura prisión; o San Pablo a minutos del patíbulo, tenemos la opción de dejarnos arrollar por las circunstancias o atravesarlas con paz interior y paso firme. Los barcos no se hunden por el agua que les rodea, sino por el agua que dejan entrar.

Hoy me queda claro que estas circunstancias tan adversas, mi accidente y recuperación, eran el obstáculo que necesitaba para entender mejor el camino para lograr esa paz interior que tanto he deseado. Ahora, como siempre, lo más difícil es hacerlo vida, pero estoy decidido a intentarlo mientras dure mi aventura en este mundo, porque hoy tengo más claro que nunca que si no tenemos paz interior, aunque tengamos todo, en realidad no tenemos nada.

3

LA VIDA ES CORTA

VUELTA A LA VIDA

No sé bien cómo ni cuándo, pero de pronto sentí que mi entorno había cambiado. En alguno de los *flashazos* de consciencia que tuve (cada vez más constantes), ya no estaba conectado a tantos tubos ni cables. Mi campo de visión ahora cubría un panorama diferente. Hacía menos frío y las tonalidades de la luz eran distintas. El sol tenue, de un día nublado, entraba por una cortina blanca a mi derecha; detrás de la que, adivinaba, había otra persona, porque alcanzaba a ver sus pies cubiertos por una sábana blanca. Me di cuenta de que ya no estaba en terapia intensiva, sino en un cuarto del hospital.

Era difícil identificar el día de la noche, porque las luces del techo estaban siempre prendidas, y una quedaba justo sobre mi cabeza. Las enfermeras entraban a todas horas parloteando en italiano y preguntándome cosas a las que cualquiera que fuera la pregunta yo siempre asentía con la cabeza. Después de un día en ese cuarto, ya identificaba todo lo que había a mi alrededor: un buró alto a mi izquierda y más allá, la puerta de entrada, una cortina blanca por la derecha y un crucifijo con el cuerpo de Jesús estilo griego, en colores ocres, frente a mí. Cuando me estaba acostumbrando a verlo ahí, se me fijó en la cabeza el nombre de

Yeshúa: Yeshúa, Yeshúa, me sorprendía repitiendo de cuando en cuando, en voz baja, sin saber bien por qué.

Apenas habían pasado unos días y en mis cada vez más largos lapsos de consciencia, ya tenía dos nuevas costumbres. La de esperar la visita de mi familia por las tardes, y la de mirar por horas el crucifijo frente a mí y repetir una palabra que no conocía y no sabía porque se había fijado en mi mente: Yeshúa. En una de esas visitas pregunté a mi madre, ¿qué quiere decir Yeshua? Se sorprendió por mi pregunta y me dijo que era el nombre de Jesús en el idioma arameo antiguo.

Me quedé pensando un momento y contesté: no sé por qué, pero tengo la impresión de que…, y ahí me detuve. Solamente lo pensé, pero no lo dije. Me parecía que decir que me sentía acompañado por él, sonaría extraño. En ese mundo alterno en que me debatía entre la consciencia, la realidad y los sedantes pasaban muchas cosas que aún no puedo ni entender ni explicar. Tal vez nunca podré.

Recuerdo, por ejemplo, una visita que me hizo mi hijo un día. Según yo, ya estaba consciente y cuerdo. Incluso empecé a pedirle mi celular para ver pendientes. Con distintos pretextos, me lo negaban. Claramente no me veían totalmente conectado a la realidad. De hecho, en esa visita, mi hijo llevaba mi celular para entregármelo. "Depende de cómo lo veas", eran las instrucciones que llevaba. Ese día le pregunté a mi hijo que cómo estaba, y le dije que me daba mucho gusto que finalmente hubiera formalizado su relación con su novia y saber que se iban a casar. Incluso me comenta que le daba unos consejos matrimoniales que abruptamente interrumpió: "No, pa, yo no tengo novia, sigo soltero y no tengo intenciones de casarme pronto".

Este tipo de conversaciones (que al parecer fueron varias), en las que mi desconexión con la realidad era evidente, le preocupaban seriamente y muchas veces llegó a pensar que su pa había quedado con una afectación cerebral. Me comenta que ese fue uno de sus mayores sufrimientos. Reprobé rotundamente la prueba de cordura de esa visita y en cuanto me distraje, tomó mi celular y se lo llevó al salir.

La insistencia de pedir mi celular se repitió en cada visita durante varios días, hasta que finalmente accedieron. Sin saber bien por qué, sentía que necesitaba conectarme con lo que pasaba allá afuera. Al tenerlo en mis manos (más bien en mi mano) puse la clave torpemente y al entrar al WhatsApp, me di cuenta de que tenía cientos de mensajes. Al intentar abrirlos y empezar a contestar algunos, noté que lo hacía muy torpemente y despacio. Esto me confundía mucho. Según yo, tecleaba bastante rápido y maniobraba la pantalla con mucha más destreza. Ahora todo era más lento y de movimientos torpes, ¿qué me pasaba? Por alguna medida de protección, el cerebro no registraba que estaba haciendo todo con la mano izquierda, y que el brazo derecho no se movía.

No le di demasiada atención a ese pequeño inconveniente. Me distraje de inmediato leyendo algunos mensajes sin importancia, hasta que llegué a uno que llamó mi atención.

Era de un buen amigo, José Luis, quien hacía poco había tenido un serio problema de salud. Me decía que había seguido muy de cerca mi evolución tras el accidente, y que estaba muy preocupado por escuchar que tenía una lesión seria en el nervio radial del brazo derecho. Me recomendaba a un terapeuta de nombre Marco, que estaba seguro me podría ayudar. Con el torpe movimiento de mi mano izquierda le contesté que no sabía de qué hablaba, que yo no tenía ninguna lesión en mi brazo derecho.

Al contarles el incidente a mis familiares, me cuentan que me volvieron a distraer con otros temas para no darme la noticia del diagnóstico de los médicos italianos: "Que ese brazo muy probablemente nunca se volvería a mover, pero ¡está vivo!", añadían, al ver las caras largas de mi familia ante ese terrible diagnóstico. Cada que se iban, se me apachurraba el corazón, no solo por la falta que me hacían, sino por lo que ocurría cuando ellos no estaban.

UN VECINO LLAMADO LORENZO

Al pasar los días, mis espacios de consciencia duraban cada vez más. Y en ellos empecé a escuchar ruidos, gritos y jadeos en la cama de al lado, detrás de la delgada cortina blanca que me impedía ver la cara de mi vecino. Fueron muchas las ocasiones en que yo dormitaba y me despertaba agitado por los gritos del vecino: "¡Por piedad! ¡Ayuda!". Gritos casi siempre acompañados del eterno y desagradable sonido de la chicharra que, para llamar a las enfermeras, teníamos todos en la cama.

Al principio, las enfermeras llegaban corriendo asustadas a arrebatarle el timbre; pero, como en el cuento de Pedro y el lobo, cada vez le creían menos a sus gritos y sus timbres. Lo malo para mí es que, al tardarse en aparecer las enfermeras, la tortura de los gritos del vecino era cada vez más intolerable. A mí ni se me ocurría quejarme, porque intuía que, si me quejaba, podía perder la escasa simpatía que ya sentía de las enfermeras y no me quería arriesgar a que bajaran los cuidados, que continuamente me daban. Bastaría que se tardaran un poco en cambiarme el pañal para que rozaduras y llagas no tardaran en aparecer.

A pesar de mi resignada actitud de aguantar todo sin quejarme, un día en que mi vecino me despertó a medianoche con unos gritos a todo pulmón, tuve la brillante idea de pedirle que se callara porque estaba durmiendo.

Su respuesta agresiva no se hizo esperar, al parecer en esa ocasión su grito era para que le cambiaran el pañal. Acto seguido, me empezó a gritar y a insultar diciéndome que yo no era italiano y que no tenía por qué estar ahí, y que si no me gustaba que me largara a mi país. Sus gritos e insultos no fueron lo peor, de pronto empecé a ver manchas cafés en la delgada cortina que nos separaba. Sí, adivinaste, eran pedazos de excremento que me estaba lanzando como parte de su ataque. Gracias a la cortina que nos separaba, solo algunos cayeron en la sabana que cubría mis pies.

Cuál sería mi estado mental, que incluso ante esa situación verdaderamente incómoda, decidí no quejarme para no perder la simpatía de las enfermeras, a quienes poco a poco empezaba a sentir menos indiferentes y frías.

Hoy me parece inconcebible haber tomado esa actitud pasiva, cuando normalmente mi carácter intenso me llevaba a buscar siempre el mejor asiento en el avión, la mejor mesa en el restaurante, el mejor lugar en el concierto. Y en esas circunstancias dramáticas, preferí guardar silencio y dejar pasar el incidente. No sé si fue por miedo, por resignación o por los efectos de los sedantes, pero lo que me quedó claro es que la vida enseña mucho cuando nos golpea. Y que la humildad seguía siendo para mí una asignatura pendiente.

Afortunadamente, unos días después, al llegar mi muy esperada visita familiar, se dieron cuenta que mi vecino estaba amarrado de las manos a la cama. "Pobre hombre", recuerdo me dijo mi esposa, "¿por qué lo tienen amarrado?". Lo pensé bastante antes de contarle lo ocurrido, porque anticipaba su reacción, pero justo antes de irse le dije: ¿quieres saber por qué está amarrado mi vecino? Y le conté lo ocurrido. Como era de esperarse, se lanzó como pantera con las enfermeras: "¡No me salgo de aquí hasta que lo cambien de cuarto!", escuchaba yo preocupado que les gritaba. Me preocupó más la respuesta: "Lo siento, el hospital está lleno y no tenemos más habitaciones, pero nos aseguraremos de que no vuelva a ocurrir".

En cuanto se fue mi esposa, vi llegar a las enfermeras y pensé que vendrían a reclamarme por andar de chismoso. Afortunadamente el tema no era conmigo. Se dirigieron directo a la cama de mi vecino a hablar con él, diciéndole que al próximo incidente lo tendrían que sacar del hospital. Yo escuchaba del otro lado de la cortina, con los ojos cerrados pensando: "¡Y ahora me toca quedarme solo con este, día y noche!".

Una de las visitas de ese día fue de Vittorio. Le pregunté que cómo me veía para salir, que estaba desesperado y que la situación con mi vecino de cuarto ya era insoportable. Fue muy directo, me dijo que todavía requería de cuidados médicos intensivos, que no estaba listo para salir, que no fuera necio y que eso era lo que me tocaba, que aguantara. De ahí pasó a ver a mi vecino y se quedó unos minutos platicando con él. Regresó frente a mí para decirme: "Tu vecino es una buena persona. Además, estás más loco tú que él", dijo entre sonrisas, con una ironía muy suya, cuando la enfermera llegó para decir que la visita había terminado.

Al verlo salir, cerré los ojos pensando: todavía falta para que termine esto. De pronto, la enfermera que había entrado abrió la cortina que me separaba de mi vecino y, por primera vez, vi su rostro. Un setentón de pelo blanco, bastante más viejo de lo que imaginé. Me lanzó una mirada rápida y evasiva: "*Scusa* (perdón)", dijo en voz baja y mirando al piso. Esos instantes de interacción fueron suficientes para darme cuenta de que probablemente padecía una enfermedad mental; y para bautizarlo como Lorenzo.

Al día siguiente, al abrir los ojos de madrugada con el típico piquete de la enfermera en el estómago, y la mirada instantánea al crucifijo, a quien me había acostumbrado a saludar con un incomprensible: Yeshúa, sentí el vacío de la cama de al lado. Después supe que, durante la noche, se habían llevado a Lorenzo. Su paradero, junto con la razón por la que de pronto decía palabras en arameo antiguo, entran en la lista de la infinidad de dudas que esta aventura me dejaba cada día.

PRIMEROS PASOS

Conforme avanzaban los días, aparentemente, reducía la sedación y tomaba cada vez menos pastillas. Cada vez tenía más consciencia del tiempo, lugar y espacio en que me encontraba. Los intensos piquetes de dolor en las costillas, brazo y clavícula eran cada vez más frecuentes, y me recordaban que no habían sanado del todo aún. Esos nueve días, con menos sedación y más consciencia me parecieron eternos.

Desde que salí de terapia intensiva, los cuidados personales y de higiene empezaron a escasear. La barba crecía cada vez más y me imagino que mi aspecto debe haber empeorado mucho, porque en cada visita de algún familiar, les pedían a las enfermeras más limpieza. Empecé a notar que mi cuerpo estaba pegajoso y que olía mal. Era más que lógico: las toallas húmedas y baños de avión que me hacían de cuando en cuando, no lograban sustituir la higiene de la ducha diaria. Además, al empezar a comer alimento sólido, me di cuenta de lo mala que era la comida del hospital. Mi esposa y mi madre me regañaban porque veían que dejaba el plato de comida casi intacto. Yo pedía que me llevaran latas de Ensure (proteína) cuando fueran a visitarme. En una de mis largas horas de soledad y ocio, me di cuenta de que tenía conectada una sonda urinaria. Y que mis piernas estaban mucho más delgadas que la última vez que las había visto. Para entonces ya había perdido doce kilos.

El proceso de cambio de pañal me molestaba tanto que, un día sin pensarlo demasiado, timbré a la enfermera y le pedí que me ayudara a pararme al baño. Me preguntó si el doctor lo había autorizado y le mentí, diciendo que sí.

Para mi sorpresa, sin mayor discusión, puso su brazo para que me apoyara en él y tomó con la otra mano el porta suero, al que me tenían conectado. Me incorporé con mucho trabajo para sentarme en la cama. No tenía en cuenta que esas piernas no habían sostenido mi peso por más de un mes. Cuando mis pies tocaron el suelo, sentí que este se hundía, y que mis piernas no me sostendrían. Me agarré con fuerza del brazo de la enfermera para no caer. Una caída hubiera sido terrible. Tenía aún muchos huesos y lesiones en pleno proceso de sanación. Afortunadamente mis piernas aguantaron los 69 kilos que entonces pesaba y dieron unos pasos vacilantes hacia el baño. Me sentó la enfermera en el WC y salió rumiando la instrucción de que, al terminar, le timbrara para que fuera por mí. ¡Por fin un momento de soledad e intimidad al ir al baño! Al terminar, mi instinto me llevó a querer usar la mano derecha para asearme. Fue cuando la vi: inerte e inmóvil. Tampoco ahí le di importancia al incidente y, sin pensarlo, lo intenté con la izquierda, que al pasar los meses fue adquiriendo habilidad para esa y muchas otras tareas más nobles.

El gusto de mi familia cuando me sacaron de terapia intensiva, poco a poco, se nubló al darse cuenta de que esta historia estaba lejos de terminar. Pasaban los días y no había fecha para darme de alta. Los estudios que necesitaba para confirmar que ya podía salir del hospital, a veces tenían que esperar varios días. Cuando por fin les dieron la noticia de que en tres días me podrían dar de alta, la emoción entre mi equipo no se hizo esperar.

Incluso, en uno de los días de visita de mi hijo, pidió una andadera para dar unos pasos. Ahora entiendo que lo que querían era prepararme, poco a poco, para caminar, ya que estaban haciendo reservaciones de vuelos de regreso a México. Cuando llegó la andadera, y con la ayuda de mi hijo, me puse de pie. Ya me fue muy evidente que el brazo derecho no respondía. Cuando lo quise subir para tomarme de la andadera, el brazo seguía colgando, inerte, al lado de mi cuerpo. Tuve que tomarlo con la mano izquierda para colocarlo donde quería ponerlo. Instintivamente le dije a mi hijo: flaco, este brazo no jala. No lo noté entonces, pero fingió no darle importancia a mi pregunta. La realidad es que ya les habían dado el diagnóstico de que, por la lesión de mi nervio radial, muy probablemente mi brazo derecho no se volvería a mover.

Para distraerme, me dijo: "¡Qué bien que ya puedas caminar, vente, vamos a dar una vueltita!". Con trabajos me puse de pie y sujeté la andadera para disponerme a dar mi primer paseo en muchas semanas. Cuando intentamos salir del cuarto vimos a un enfermero colocando en la puerta un letrero amarillo que decía algo así como cuarentena, y sin voltear a verlo le dijo a mi hijo:

—Por instrucciones médicas, el paciente no puede salir de la habitación.

—Solo vamos a dar una vuelta al pasillo —le contestó.

—Este piso es, a partir de ahora, de acceso restringido, porque hay un brote de estafilococo dorado. Quedará aislado algunos días para controlarlo. No podrá haber visitas ni salidas.

—Por favor, déjeme llevarlo a caminar un poco.

—Sí, pero sin salir de la habitación —contestó, visiblemente impaciente.

Mi esperado paseo duró unos minutos y apenas unos pasos antes de estar de regreso en mi cama. La mirada de preocupación de mi hijo me hizo adivinar que ahora él necesitaba mi apoyo. No te apures flaco, es cosa de días, daremos el paseo en cuanto se vaya el bicho. "Sí", me respondió , "pero checa que te limpien la herida de la traqueotomía que todavía tienes abierta, me preocupa que se te vaya a infectar con el estafilococo ese", contestó.

En ese momento llegó el mismo enfermero para decirle: "Lo siento, debe salir de la habitación, por instrucciones médicas quedan suspendidas las visitas a este piso hasta nuevo aviso, esperemos que pronto se controle el brote de estafilococo". Al despedirse, mi hijo me apretó la mano y se despidió sin decir nada, con lágrimas en los ojos.

Los días y las noches se empezaron a hacer cada vez más largos. Extrañaba cada vez más las visitas de mi familia. Me pasaba los días mirando al techo y las noches con una toalla en los ojos para tratar de tapar la intensa luz del foco que tenía arriba de mi cabeza.

Hubo muchos intentos de platicar con el paciente que había sustituido a Lorenzo. Este vecino nunca contestaba la conversación que le ofrecía desde mi lado de la cortina blanca. De pronto, caí en cuenta que nunca había escuchado su voz. Tampoco contestaba a la conversación de la esporádica visita de su esposa. Una cuarentona que llegaba muy perfumada y lloraba mucho cuando lo visitaba. En una de las visitas de rutina de las enfermeras, se recorrió un poco la cortina y me di cuenta de que mi vecino tenía una mascarilla de oxígeno y que por eso no podía hablar.

Durante esa cuarentena, que me pareció eterna, mi única visita era la de un sacerdote que me llevaba la comunión cada dos o tres días. Recuerdo muy bien que, al llegar, rezaba algunas oraciones en latín, que yo contestaba entre sollozos, porque cada que entraba no podía contener las lágrimas. Se ponía nervioso y me decía: "Todo va a estar bien. El señor no te abandona". Yo no podía contestar, pues mi garganta estaba cerrada por los sollozos. Así, después de recibir la comunión, me quedaba mirando a la única compañía que no me había abandonado desde que llegué al hospital. Yeshúa, Yeshúa, decía, mirando al crucifijo que se había convertido en mi consuelo en las horas más obscuras. Fueron muchas las horas mirando ese crucifijo. Poco a poco, sentía que al mirarlo se daba una especie de encuentro. Cada vez con más claridad, empezaba a tener la sensación de que me veía y me escuchaba. Las palabras sobraban en esas conversaciones. Yeshúa, Yeshúa, me limitaba yo a decir. Tranquilo, yo estoy aquí. Vamos a salir juntos de esta, intuía de cuando en cuando, por respuesta. Su compañía adquiría, poco a poco, la sensación de un diálogo. De hecho, durante las interminables noches y días que duró la cuarentena, lo más relevante que ocurría era esa conversación sin palabras, interrumpida por las enfermeras que por aquello del estafilococo dorado entraban con mucho menor frecuencia, disfrazadas de astronautas, a dar una medicina o tomar la presión.

Estando acostumbrado a hacer mil cosas en un día, en el hospital, la realidad me parecía cada día más pesada. No había distracción de ningún tipo y el tiempo parecía correr a un ritmo desesperantemente lento. En esas circunstancias, no tenía más remedio que entregarme al tiempo presente que se elongaba de una forma como nunca lo había vivido. Durante muchos años, me había propuesto instalarme en el presente para vivirlo en toda su magnitud e intensidad. Si normalmente mis esfuerzos eran para ralentizar el tiempo y tomar plena consciencia del lugar y entorno en el que estaba, ahora mis esfuerzos eran para acelerar el tiempo que pasaba con una pereza exasperante. Otro de mis defectos recurrentes es el de tratar de anticipar el futuro para tratar de adivinar lo que ocurriría. En el hospital, sabía que no debía hacerlo sin perder la paz, porque el futuro se teñía de colores oscuros y sombríos, por no saber en qué condiciones quedaría después del accidente. Procuraba no pensar en él para no alimentar los miedos y angustias que me provocaba un futuro de posible invalidez.

LA FUERZA DEL PRESENTE

A diferencia de los animales, que viven en un permanente presente, sin reflexión o conciencia, nosotros tenemos la capacidad de recordar lo ocurrido y planear el futuro. Estoy convencido de que, si los animales tuvieran inteligencia y voluntad, también vivirían igual que nosotros con la tentación permanente de regresar mentalmente al pasado, o de escapar al futuro con miedo o ilusión.

No sé a ti, pero a mí me sigue costando enormidades vivir en el presente, ya que mi carácter me impulsa constantemente a conjugar la vida en términos de futuro. La teoría respecto a la importancia de vivir instalado en el presente la conozco seguramente igual que tú a la perfección. ¿Cuántas veces hemos escuchado acerca de las bondades de vivir instalados en el instante presente? Son muchísimos los autores que nos han convencido, con sólidos argumentos, respecto a la importancia de hacerlo; pero como muchas de las cosas importantes de la vida, saberlas no es suficiente. "Entre el dicho y el hecho hay mucho trecho", dice un sabio refrán popular.

En mi caso, la batalla por vivir instalado en el presente ha sido continua y ardua. Podría decir que, junto con la de aprender a amar y a vivir en paz, son de las batallas que, intuyo, me acompañarán hasta la tumba. Seguramente tú también has leído a distintos autores y pensadores que plantean mil maneras de vivir en el presente. En lo personal, he acudido a muchos de ellos que sugieren formas concretas y prácticas de instalarse en ese tiempo presente.

Sé que somos muchos los que peleamos esta batalla. Lo sé porque en las conferencias en que trato estos temas, muchas personas me han expresado su intención de aprender a vivir en el presente. Es por esto, por lo que en este capítulo te comparto las ideas y planteamientos de mis autores favoritos sobre esta importantísima temática. Espero que conectes con ellos, y que sus postulados te ayuden a mejorar tu habilidad de instalarte en el presente como forma de vida. Esto, de lograrlo, te puede cambiar la vida.

Empiezo por C. S. Lewis[7], quien en su libro *Cartas del diablo a su sobrino*, simula una conversación entre un demonio mayor, a quien llama Escrutopo, y su sobrino, un demonio menor, Orugario, quienes sostienen el siguiente diálogo: "Los humanos viven en el tiempo, pero nuestro enemigo (así llaman, en este libro, los demonios a Dios) les destina a la eternidad. Él quiere, por tanto, que atiendan principalmente a dos cosas: a la eternidad misma y a ese punto del tiempo que llaman el presente. Porque el presente es el punto en el que el tiempo coincide con la eternidad, solo en el presente la libertad y la realidad les son ofrecidas".

De este breve diálogo, me parece importante rescatar que el presente es en realidad lo único que tenemos, y solo en este podemos actuar, decidir, gozar, pensar y, en una palabra, vivir. Siempre he imaginado la eternidad como un presente permanente en el cual, las personas que viven en ella agotan todas las posibilidades en el

---

7 **C. S. Lewis** (1898-1963) fue un escritor y profesor británico, convertido al cristianismo. Amigo cercano de J. R. R. Tolkien. Autor de libros como *Las crónicas de Narnia*, *Mero cristianismo* y *Cartas del diablo a su sobrino*.

preciso instante en que viven. Lewis confirma esta percepción y nos recuerda que solamente el presente existe, y que al exceso de pasado se le llama melancolía y al exceso de futuro, ansiedad. A pesar de que Lewis murió, tras una brillante carrera como escritor y profesor de Oxford en 1963, sus postulados son más actuales que nunca. Sobre todo, en esta época postpandemia, en la que vemos a tantas personas debatirse entre la melancolía y la ansiedad, precisamente, por no vivir en el presente.

Al seguir Lewis con este diálogo ficticio entre Escrutopo y Orugario, pone en sus labios otra interesante conversación: "Nuestra tarea consiste en alejarles de lo eterno y del presente. Es mucho mejor tentarles para hacerles vivir en el futuro que les es desconocido y hacerlos pensar en cosas irreales. En una palabra, el futuro es, de todas las cosas, la menos parecida a la eternidad. El pasado está petrificado y ya no fluye, y el presente está totalmente iluminado por los rayos eternos. La gratitud mira al pasado y el amor al presente; el miedo, la avaricia, la lujuria y la ambición miran hacia adelante".

Lewis aclara que es importante pensar en el futuro, pero solo en la medida en que sea necesario. Justo esto pienso yo sobre la muerte, esto es, no pensar en ella en términos de angustia, miedo o ambición, sino solo para planear el trabajo del día siguiente. En mi caso, he caído una y mil veces en la tentación de atormentarme por un futuro incierto, temiendo cosas que casi nunca suceden, y me he sorprendido a mí mismo con frecuencia viviendo el presente, como dice Lewis, "como un mero combustible con el que encender el altar del futuro". Si tienes un carácter como el mío y tiendes, igual que yo, al control, la planeación y la aprehensión, te invito a hacer una reflexión respecto a la manera en que impacta tu presente en tu forma de percibir el futuro. Y, sobre todo, si tu proyección del futuro te arranca del presente y te impide vivirlo en toda su intensidad.

De ninguna manera estoy queriendo decir que planear sea malo. Estoy convencido de que somos los arquitectos de nuestro propio destino, y que un altísimo porcentaje de las cosas que nos ocurren dependen de nuestra planeación; sin embargo, considero que un signo de madurez y de realismo, es el de reconocer que muchas de las cosas que planeamos están fuera de nuestro control y que las circunstancias que surjan en el futuro pueden incidir radicalmente en el resultado de nuestros planes y proyectos, sin que nosotros podamos hacer nada al respecto.

Curiosamente, en el hospital de Bérgamo, y justo cuando no podía hacer prácticamente nada por mí mismo, poco a poco empecé a entender que el preocuparme por lo que estaba fuera de mi control e imaginar cómo sería el futuro era una pérdida total de tiempo y solamente generaba angustia y frustración. Sabía, en teoría, que el miedo al sufrimiento nos hace más daño que el sufrimiento mismo y que, por eso, conviene no dejarse contaminar por las angustias de nuestra interpretación del futuro.

En el hospital tenía todo el tiempo del mundo para reflexionar este tema y analizar la forma en que me relaciono con la interpretación del futuro. Según mi autoanálisis que no siempre es de fiar, mi proceso mental es más o menos así: primero leo la realidad que enfrento y la analizo para identificar la gravedad del asunto que pretendo resolver. Luego trato de descifrar qué parte de la solución depende de mí (mi área de influencia) y lo que está más allá de mi alcance (mi área de preocupación). Después, hago un ejercicio de discernimiento y elijo la postura o solución más adecuada para, posteriormente, hacer un plan de acción, con el objetivo que tengo en mente. Una vez definido el plan, paso a la acción u ocupación para poner en práctica la acción que he elegido. Hasta aquí, todo suena muy lógico y lineal, pero te mentiría si no reconociera que, entre cada una de estas etapas del proceso, le doy mil vueltas al problema en la cabeza, imagino los peores escenarios y pierdo la paz y el sueño por las angustias propias de la (pre)ocupación.

Esta (pre)ocupación, como parte del proceso de toma de decisiones con el que tal vez tú también te identifiques, es lo que quisiera tratar de eliminar de mi vida, porque es la etapa del proceso que menos aporta a la solución del asunto, la que más angustia causa y la que más roba energía, serenidad y paz, para abordar de manera eficiente los problemas que la vida plantea. Como su nombre lo indica la (pre)ocupación no añade nada y solo distrae de la ocupación.

EL AQUÍ Y AHORA

Si eres igual de aprehensivo o preocupón que yo, seguramente te convendrá reflexionar sobre la inutilidad absoluta de angustiarnos al proyectar un futuro que no conocemos y que depende de mil factores que no controlamos. La realidad es que han sido muy pocas las veces en que las cosas terribles que hemos temido, han terminado ocurriendo. Al pasar en nuestra imaginación la película mental de lo que puede ocurrir, podemos estar sufriendo justo lo que Philippe llama: la representación del dolor; que no solo vivimos sin ser real, sino que lo hacemos sin la gracia del momento que Dios pone a nuestro alcance, cuando llegan las pruebas y tentaciones de verdad. Sería muy injusto que Dios permitiera que viviéramos pruebas que nos superaran, sin ayudarnos con la gracia del momento.

Otra cosa que me quedaba clarísima en esa cama de hospital era que, por más que me preocupara, no podría hacer absolutamente nada para mejorar mi condición. Ahora, asocio esa situación con un pasaje del Evangelio de San Mateo que había leído tantas veces; "¿Quién de vosotros, por mucho que se preocupe, puede añadir a su estatura un solo codo?".

En este ejercicio mental, me ha servido mucho otra lección que aprendí en el hospital de Bérgamo, que ha sido la etapa de mi vida en la que, con más claridad, he experimentado la importancia de vivir plenamente instalado en el presente. Desvalido y sin ser capaz ni de pararme solo de mi cama, solo podía concentrarme en recuperar, poco a poco, las escasas fuerzas con que mi cuerpo se mantenía vivo. Nada de lo demás tenía importancia, y veía con claridad que lo único que estaba en mi área de influencia era dejar que mi cuerpo se fuera recuperando, los huesos pegando, los órganos volviendo a cumplir sus funciones. Eso consumía mis largos días, mirando al techo en los que terminaba agotado después de según yo, no estar haciendo nada.

Estando totalmente a la deriva, sin poder controlar ni disponer de nada, tenía la sensación de vivir en un presente permanente, en el que el instante anterior era igual que el actual y sería idéntico del que vendría, y en ese estado tuve la extraña sensación de que todo lo que ocurría era parte de un plan preestablecido y orquestado. Que nada de lo que estaba ocurriendo o que iba a ocurrir en el guion de mi novela se apartaría de un misteriosa partitura que alguien estaba dictando, paso a paso, instante tras instante. Esa sensación me dio una paz que yo no conocía, y que desde afuera era totalmente incompatible con la dramática situación en que me debatía entre el dolor y el agotamiento.

En medio de la más absoluta falta de control, sentía que alguien tenía todo bajo control. Lo único que tenía claro era que ese alguien no era yo.

Jacques Philippe, escribió estas líneas que, me parece, describen a la perfección lo que yo sentía: "Aunque caminemos en la oscuridad y lo desconocido, presentimos que nuestra vida transcurre según un ritmo que nos excede y no dominamos, pero en el que nos abandonamos gustosos, que nos lleva más allá de nosotros mismos, y en el que todos los acontecimientos discurren de acuerdo con una sabiduría infinita".

No han sido pocas las ocasiones en que he escuchado la recomendación de abandonar nuestros planes y proyectos en manos de Dios. Mi reacción inmediata ante ese abandono es que lo asocio a la irresponsabilidad y el conformismo. La palabra que utilizan los anglosajones para este concepto se llama *surrender* o sometimiento ante una voluntad superior. Qué difícil para los voluntaristas como yo hacer vida este concepto, a pesar de que intuimos que es la única forma de mantener un estado imperturbable del alma, al que asociamos con la paz interior.

En el hospital, pude vivir esa extraña sensación de que sin mi control todo estaba bajo control, en la situación de mi vida en la que menos era capaz de controlar cualquier cosa. ¡Apenas era capaz de respirar! Los períodos de paz y sosiego se mezclaban con la angustia, cuando mi mente me traicionaba queriendo adivinar un futuro incierto y oscuro, postrado por días y días, mirando el techo de la habitación.

A botepronto no logro, aún, decidir en dónde hay que tender la línea divisoria ideal entre la planeación y el abandono.

A pesar de toda esta racionalización del tema, te mentiría si no aceptara que aún me cuesta, y mucho, llegar a ese abandono, y que aún son muchas las ocasiones en que caigo en la tentación de procurar resolver todo con mis escasas y limitadas fuerzas y recursos humanos. Ya entrando en el terreno de la propia conveniencia, considero que, si realmente hiciéramos vida este postulado, sería mucho más fácil instalarnos en el presente y centrarnos única y exclusivamente en aquello que depende de nosotros, dejando todo lo demás en manos de Dios, que sabe más, es omnipotente y no se equivoca.

Existen muchas otras corrientes de pensamiento que abordan bajo su óptica la forma de instalarse en el presente. Una de las más extendidas es la del *mindfulness*, que no es otra cosa que aprender a vivir el presente en toda su intensidad: anclar la mente en lo que está ocurriendo y en el lugar en que nos encontramos.

Uno de los principales exponentes de la cultura del *mindfulness* es Eckhart Tolle,[8] autor del *bestseller* internacional, *El poder del ahora*. Al leer una experiencia que relata en sus libros, no pude más que identificarme al estar tendido en la cama del hospital de Bérgamo: "A la edad de veintinueve años, acostado en su cama, sumido en una profunda sensación de desesperación, sintió que no podía seguir viviendo".

Esta realización lo llevó a cuestionarse: "¿Quién es el ‹yo› que no puede vivir? ¿Quién es el ser?" En ese momento, sintió como si su conciencia fuera atraída hacia un vacío y experimentó una profunda paz interior y un desprendimiento de sus pensamientos y ego. No sé, y nunca sabré, si la sensación que él relata de paz interior, se asemeja a la que yo viví al sentir que todo lo que ocurría alrededor de mi cama de hospital estaba siendo parte de un guion perfectamente orquestado.

Tolle describe esta experiencia como un cambio completo en la conciencia. El constante ruido mental que lo había atormentado durante años y le robaba continuamente la paz había desaparecido. Sintió una abrumadora sensación de presencia y conexión con el mundo que lo rodeaba. Entiendo perfectamente a que se refiere Tolle, ya que él sintió una "abrumadora conexión con el mundo"; y, en el hospital, mi realidad estaba abrumadoramente conectada a los cables y monitores que conectaban mi cuerpo a la vida.

Mi conclusión, después de leer a varios autores explicando a detalle el concepto del *mindfulness*, es que se trata de una interpretación actual de las teorías que muchos grandes pensadores de la historia han publicado, desde distintas ópticas, respecto a la

---

8 **Eckhart Tolle** (n. 1948) es un escritor y maestro espiritual alemán, reconocido por su enfoque sobre la conciencia plena y el momento presente. Autor de *El poder del ahora* y *Una nueva tierra*, sus obras han sido fundamentales en la popularización de la espiritualidad contemporánea.

enorme importancia de lograr una instalación plena y conciente en el presente.

Philippe plantea en la obra *El instante presente*, que una de las condiciones indispensables para conquistar la libertad interior, es la capacidad de vivir el instante presente, porque: "No podemos ejercer nuestra libertad, si no es en el instante presente". Su llamado se centra en la postura de que carecemos de toda influencia sobre el pasado, de que no podemos cambiar ni una coma y tampoco somos capaces de dominar nuestro futuro ya que, a pesar de nuestras previsiones y planes, basta muy poco para que nada salga como pensábamos. "Es imposible programar la vida, solo nos queda acogerla un instante tras otro", nos recuerda Philippe con su gran pluma. A fin de cuentas, lo único que nos pertenece es el momento actual: "Solo en ese instante nos podemos plantear actos libres, solo en el instante presente establecemos un auténtico contacto con la realidad".

Aunque había leído, varias veces, las obras de Philippe en las circunstancias en que me encontraba, la vida me estaba poniendo una prueba de fuego para ver si había aprendido algo al respecto; si me permitía caer en la tentación de pensar cómo podía haber evitado el accidente; o si sería capaz de sobrevivir a la situación en que me encontraba; o cual sería mi nueva realidad, y tantas otras cosas que pasaban como flashazos en mi cabeza. Sabía que podía caer en la desesperación y la angustia. Mi situación era, ya en sí misma, suficientemente angustiante como para cargarle la mano pensando en los hubieras o las consecuencias del accidente en el tiempo.

En retrospectiva, me parece que aplica perfectamente el pasaje bíblico: "Bástele a cada día su propio afán". Y yo apenas podía con el afán diario de mantenerme vivo.

UNA COSA A LA VEZ

Durante muchos años, me había sentido orgulloso de haber desarrollado la habilidad del *mutitasking*, que consistía según yo, en ser capaz de hacer varias cosas a la vez. Por primera vez en mi vida, no tenía opción más que de hacer una sola cosa y nada más: mantenerme vivo. En la medida en que he vuelto a instalarme en la normalidad, me sorprendo con frecuencia regresando al *multitasking*, que pensé había dejado atrás.

¡Al reflexionar sobre esto, me queda claro lo difícil que es aprender las lecciones de la vida! Philippe vino a restregarme nuevamente este error en la cara, recordándome que: "Dios no espera de nosotros más que una cosa a la vez. Nunca dos. Y poco importa que la tarea que hemos de desempeñar parezca secundaria (recoger nuestra habitación) o importante (pronunciar una conferencia ante miles de personas): es preciso hacer una y otra con calma, y no intentar resolver más de un problema a la vez". Al leer esto no pude evitar pensar que el autor me estaba escribiendo a mí y en la cantidad de ocasiones en que hago algo que considero de poca importancia a toda prisa, y con la impresión de estar perdiendo el tiempo, para tratar de pasar lo antes posible a algo que considero más importante. Cuántas veces, al menospreciar una acción por estar pensando en otra, hacía mal las dos y no me instalaba en ninguna.

Si miras ahora mismo tu agenda del día o de la semana, ¿cuántas cosas hay en cada día?, ¿y cuántas más en tu mente, y en tu corazón, y en tu imaginación? Como una operadora de teléfonos, pasas las horas cambiando cables, apretando botones, apagando fuegos. Haciendo todo y, al mismo tiempo, logrando nada. Sin hacer ni lo que debes ni lo que realmente quieres.

Es una batalla, no ya de cada día, sino de cada momento. Una fórmula sencilla pero muy potente que me ha servido como referencia para lograr una conexión intensa con el presente, es la que escribió el sacerdote español canonizado por el Papa Juan Pablo II, San Josemaría Escrivá, para recordar la importancia de vivir instalados en el momento presente: "Haz lo que debes y está en lo que haces". Frase, sin duda, de una enorme profundidad que nos puede servir para aprender a vivir, entregados a lo que debemos hacer y en lo que debemos poner toda la atención, la cabeza y el corazón. Justamente, en lo que estamos haciendo, sin que nada nos distraiga de la intensidad del momento presente.

En lo que ahora llamo: la escuela de Bérgamo, estaba viviendo sin apenas darme cuenta de otra lección. Siempre me ha dado mucho miedo sufrir, y, sobre todo, en temas de salud, hospitales, piquetes, inyecciones, dolores, cirugías, exámenes, etc. Pues en esa escuela, estaba viviendo a flor de piel una experiencia traumática que me estaba poniendo al límite en todos sentidos y, al parecer, no lo estaba llevando tan mal. Siempre había escuchado que cuando vienen las pruebas, las tentaciones y las penas de la vida, nos llega la gracia del instante para hacerles frente. Y que esa gracia no está presente en ningún otro momento, más que justo cuando estamos en la prueba misma.

Philippe tiene palabras muy elocuentes para explicar la gracia del momento cuando nos recuerda que: "La gracia, al igual que el maná que alimentó a los judíos en el desierto, no se «almacena». No se pueden obtener reservas de ella, solo se puede recibir instante tras instante. Forma parte de ese «pan de cada día» que pedimos en el padrenuestro".

Al escribir estas líneas, a dos años del accidente, de solo pensar en volver a vivir esa experiencia, se me revuelve el estómago y me dan escalofríos. No sé si sea miedo o angustia, pero me queda claro que sin haber contado con la gracia del momento no hubiera sido capaz de enfrentar esa prueba con mis solas fuerzas.

Sin saberlo, estaba haciendo vida la recomendación de Philippe, cuando nos dice que: "El empeño de vivir cada instante tal como se presenta, es más importante en momentos de sufrimiento, porque tenemos la gracia para sobrellevar el sufrimiento que nos corresponde hoy y ahora, y lo que normalmente acaba por hundirnos es la proyección del futuro. No el dolor, sino la representación que hacemos de él". Como previsor y aprehensivo empedernido, la vida me estaba gritando que la mejor manera de preparar el futuro no consiste en pensar en él todo el tiempo, sino en estar bien anclado en el instante presente.

Otro buen ejemplo de esto fue lo que me ocurrió cuando me llevaron a hacer un estudio para ver cómo estaban sanando las costillas. Se trataba de una resonancia magnética en la que me meterían al famoso aparato en forma de tubo, que es una pesadilla para los que, como yo, padecemos de claustrofobia. Un día cualquiera de hospital, todos me parecían iguales, llegó Cristina, la única enfermera de quien pude aprenderme su nombre, y me dijo con una sonrisa: "Gabriel (no sé por qué me llamaba por mi segundo nombre), *oggi facciamo lo studio* (hoy hacemos el estudio)". Yo no sabía a qué estudio se refería, pero al ir en la camilla por los pasillos del hospital y llegar frente al temido tubo, entendí de qué se trataba y le pedí al camillero me dejara hablar con el doctor para explicarle algo. Al llegar el doctor muchos minutos después, en mi parchado italiano, le quise explicar que yo era claustrofóbico y que, si hubiera otra forma de hacerme el estudio, se lo agradecería. Recuerdo perfectamente su cara y su mirada, no me contestó nada, solo desapareció de mi vista unos segundos y, al regresar, me apretó fuertemente de la cara con un pañuelo blanco en la nariz y la boca hasta que me desvanecí. Cuando volví a saber de mí, ya estaba de regreso en mi habitación; y al verme abrir los ojos, Cristina dijo: "Revisaron tus huesos y pulmón y las cosas van mejor". ¿Me durmieron?, le pregunté. Sonrió, contestándome que el doctor que me hizo el estudio es un experto, pero no es precisamente conocido por su paciencia. Yo hubiera hecho lo mismo, pensé para mis adentros.

La lección con la que me quedo de ese incidente es que la vida me estaba diciendo que no estaba listo para empezar a tomar control, ni decidir ni opinar, que lo que tocaba era seguir entregándome a las circunstancias, sin pretender modificarlas.

Como muchas de las lecciones importantes de la vida, yo estaba aprendiendo, a la mala, que querer controlar, lo que estaba fuera de mi control, y pensar en el futuro con angustia no solo no suma, sino que nos impide manejar la realidad de forma adecuada y que eso absorbe nuestras mejores energías. ¡Y vaya que mi situación no estaba para desperdiciar ni una pizca de la poquísima energía con que contaba! Aquí vienen a tono unas palabras que he leído varias veces del dalái lama[9]: "Estás tan ansioso respecto al futuro que no disfrutas el presente. Por eso no vives ni en el presente ni en el futuro, vives como si no fueras a morir y mueres sin haber realmente vivido".

---

9 **dalái lama** (Tenzin Gyatso, n. 1935) es un líder espiritual tibetano y premio nobel de la paz. Autor de obras como: *El libro de la alegría* y *La ética para el nuevo milenio*.

EL TIEMPO DEL CORAZÓN

Una de las lecciones más claras que estaba recibiendo era la necesidad de aprender a manejar mejor los tiempos en mi vida para lograr instalarme en el presente. Por eso, en cuanto mi recuperación me lo permitió, empecé un programa de *coaching* ontológico en la Escuela Internacional de Coaching de Barcelona, para asegurarme que estaba poniendo todos los medios a mi alcance, para aprender las lecciones que la vida me estaba dando con este accidente. Una de las materias del programa consistía, precisamente, en analizar a fondo la forma en cómo vivimos el presente. Al estar estudiando el tema, me dolió recordar la cantidad de situaciones importantes de mi vida que he vivido con prisa y en piloto automático, por estar planeando el futuro, perdiendo la capacidad de asombro y, sobre todo, la del disfrute.

Lo que me atrajo de ese programa fue que su plan de estudio incluía varios temas que necesitaba aprender: empatía, capacidad de escucha, paciencia, apertura, humildad, flexibilidad, vivir en el presente, etc. Fue un programa de 150 horas que cursé de forma híbrida (presencial y en línea) y que me sirvió muchísimo, no solo en estos temas, sino también en el aspecto empresarial, en mi función de liderazgo como director general de la firma de abogados que dirijo.

En ese programa tuve contacto con un concepto que desarrolla Philippe con maestría: que existen dos tipos de tiempos en los que vivimos. El tiempo psicológico y el tiempo interior. Esto me pareció un enorme descubrimiento.

Lo explica así: "Hay dos modalidades de tiempo: el tiempo de la cabeza y el del corazón. El primero es el tiempo psicológico, el tiempo cerebral, el que calculamos y repartimos en horas y días, el que intentamos manejar y programar. Ese tiempo que siempre nos falta y del que nunca tenemos suficiente, el tiempo que, o bien, pasa demasiado deprisa, o bien, demasiado despacio; pero existe también otro tiempo, ese que experimentamos en ciertos momentos de dicha o de gracia, pero que en el fondo existe siempre, el tiempo en el que deberíamos aprender, poco a poco, a instalarnos de modo permanente. Este tiempo es el tiempo de Dios, el de los hondos ritmos de la gracia en nuestra vida. No es un tiempo desmenuzado ni repartido en pedazos, está compuesto por una sucesión de instantes que se encadenan, unos con otros, armoniosa y apaciblemente. Cada uno de esos momentos es un todo en sí mismo y conlleva una plenitud que lo colma y hace que no falte nada, que sea suficiente porque está lleno. Lleno porque hago lo que he de hacer en comunión con la voluntad divina. Lleno de nuestra presencia ante tal o cual persona con la que nos encontramos, hablamos o coincidimos, lleno de nuestra presencia ante esta o aquella tarea que desempeñamos con calma y poniendo toda nuestra atención y nuestro corazón. Este tiempo es comunión con la eternidad, no lo programamos (de hecho, no podemos vivirlo a menos que procuremos desprendernos de nuestros planes), más bien, lo acogemos".

Han sido muchas las horas que he dedicado a tratar de entender e interpretar ese enorme concepto que acababa de descubrir: el del tiempo del corazón y desde que conecté con él, procuro sin mucho éxito aún hacerlo vida. Lo que no he sido capaz de lograr es lo que Philippe explica como una condición para poder vivirlo. Lo llama: "Un total desprendimiento de cualquier plan o voluntad personal. Es preciso estar dispuestos a hacer, en el segundo siguiente, lo contrario de lo que habíamos previsto; vivir el más completo abandono, sin inquietud y sin temor; estar siempre disponibles a las personas y acontecimientos que se nos presenten".

Esto, para mí, era una total revolución. Una mente estructurada y rígida como la mía, que tanto había predicado respecto a la importancia de la planeación estratégica en las empresas y la elaboración de un proyecto de vida para las personas, no podía concebir el toparme con alguien, de la estatura de Philippe, que viniera a decirnos que existía otro tiempo, el del corazón, que se medía de una forma totalmente diferente a la manera como normalmente medimos el tiempo. Y, más aún, que para instalarse en él era necesario renunciar a nuestros planes y estar dispuestos a hacer, en el segundo siguiente, lo contrario a lo que habíamos planeado. Si no hubiera sido un autor de su tamaño quien lo proponía, hubiera interpretado esta teoría como un llamado a la irresponsabilidad y la improvisación que nos llevaría a vivir a la deriva y a merced de los acontecimientos externos.

Tratando de conciliar este revolucionario concepto con mi visión de vida, llevé a discusión con los maestros del programa de *coaching* que cursaba, esta disyuntiva que percibía entre mi mente orientada a la planeación y la forma de vida que sugería Philippe, entregándose al tiempo del corazón.

Después de semanas de un debate interesante sobre el tema, nos pidieron abordar esta disyuntiva de una forma muy práctica y nos pidieron identificar formas en que podíamos hacer vida con esta instalación en el tiempo del corazón, para así anclar la mente en el momento y sacar el máximo provecho del presente. Sugirieron muchas recetas para lograrlo, y cada uno propuso la suya. A mí me sirvió el hacer una analogía con uno de mis *hobbies*: la música. Con la que conecto especialmente a través de los ritmos de las percusiones, ya que soy aficionado a tocar la batería desde joven. Lo hago con mucho más entusiasmo que talento. Uno de los consejos de mi gurú musical que más me ha servido para mejorar mis habilidades, es el entender que la música siempre se vive en presente. "Cuando estás tocando, lo único que importa es estar conectado, precisamente, con la nota que corresponde en el instante y no estar, ni adelante, ni atrás de la melodía para no desafinar o perder el ritmo". A mí me ha servido pensar en eso para intentar que mi ritmo de vida se ajuste a la armonía musical con que pretendo vivir.

A diferencia de los otros instrumentos que escuchas en una banda, un error de la batería se nota de inmediato, porque altera el ritmo natural de la canción. Por eso me gusta tanto la analogía de la batería para aprender a vivir el presente y tocar la vida al ritmo que pretendo. Si pudiera hacer una analogía del ritmo de la vida, con el ritmo musical al que pretendo vivir, esto sonaría como un rock progresivo que a veces se toca en calma, con música instrumental y voces suaves, y de pronto se acelera para dar paso a un ritmo intenso y casi estridente, y una vez que la cadencia y la letra lo requieran, volver sosegadamente a un ritmo pausado y sereno.

Por eso me gusta tanto el rock progresivo que proponen Pink Floyd o Genesis, grupos antiguos que, con sus grandes exponentes, como Peter Gabriel o Roger Waters, fueron capaces de transportar a muchas generaciones, a través de sus filosóficas letras y ritmos progresivos de rock.

Si pudiera seguir con esta analogía, me gustaría encontrar el balance perfecto entre la intensidad del ritmo de la vida cuando las circunstancias requieran una dosis de estrés para vivir al límite, y cuando las aguas se calmen, regresar al remanso del ritmo de un solo de guitarra o de voz, cuando la vida nos pide un tiempo sosegado de descanso, lectura o una conversación distendida con la familia o amigos frente a un buen tequila. Pero eso sí: viviendo totalmente instalados en el momento presente.

Si tu vida sonara como una canción, ¿cuál te gustaría que fuera?

Te invito a que te des la oportunidad de descubrir tu forma de conectar con el instante presente. Pueden ser los olores, la temperatura, la textura, los colores o, como en mi caso, la música. Lo importante es que encuentres los trucos que te aten a la realidad presente, que te lleven a tomar conciencia de quién eres, qué haces y dónde estás.

Te sugiero que no intentes capturar el presente como lo hacen muchas personas cuando están presenciando lo que consideran un momento memorable, en su intento de guardarlo en la memoria. Seguro has visto mil veces a tantas personas que en lugar de concentrarse en el momento presente que están viviendo, casi por instinto, sacan su celular para tomar una foto. Por absurdo que parezca todos lo hacemos, preferimos ver el instante a través del lente de la cámara, tomando una foto que probablemente no volvamos a ver, en lugar de intentar tatuar en nuestra mente ese instante en todo su esplendor. Entre más memorable sea el evento o situación que presenciemos, menos probable es que se repita, por lo que reducir nuestra visión de la situación a un *screenshot* o una *selfie* parecería ridículo. Pero todos lo hacemos.

He intentado muchas veces, algunas lo he logrado, al estar en una situación así, concentrarme con todos mis sentidos, en estar ahí y a asumir ese instante para instalarme en él, valorando su unicidad y procurando grabarlo en mi mente y mi memoria para siempre. En muchas ocasiones me sorprendo, demasiado tarde, con el celular en la mano después de haber tomado la foto y darme cuenta de que el instante memorable se ha ido.

CAPACIDAD DEL DISFRUTE

Otra de mis batallas personales con que te puedes identificar, y que también está muy ligada a la virtud de vivir en el tiempo presente, es la capacidad del disfrute.

La capacidad del disfrute es algo a lo que, me parece, no le damos la importancia que merece. En teoría, muchas de las filosofías antiguas y formas de pensamiento actuales como el hedonismo, el *carpe diem* y el *YOLO* (*You Only Live Once*) destacan por sobre todas las cosas la importancia de experimentar al máximo los placeres de la vida y de pasarla bien. El hedonismo (tan extendido en nuestro tiempo), por definición considera que la finalidad última de la vida es la búsqueda del gozo y placer.

Me llama la atención lo poco escrito que hay respecto a la capacidad de disfrute. Para hacer un balance atractivo, para ti, busque ejemplos de distintos pensadores y líderes de opinión, respecto a este tema y también ejemplos prácticos en que te puedas identificar.

Me parece que, aunque muchas de estas filosofías e ideologías postulan con claridad el placer y el disfrute como objetivos de vida, no nos dicen como lograrlo en las circunstancias que cada uno enfrentamos.

En su libro, *El libro de la alegría*, el dalái lama, quien toca recurrentemente el tema de la felicidad, nos pregunta: "¿Qué es eso que llamamos alegría? ¿Cómo es posible que esta palabra evoque tal cantidad de sentimientos? De alegría se pude llorar, reír a carcajadas o esbozar una discreta sonrisa al meditar. La alegría pareciera una gran sábana que contiene muchas emociones. Se asocia con sentimientos tan variados como el placer, la diversión, la excitación, el descanso, la sorpresa, la exultación, el éxtasis y la gratitud".

Me llama la atención que en ninguna de las variantes que se mencionan en este y otros libros que revisé que tratan el tema de las emociones, se vincule de manera directa a la alegría con la capacidad de disfrute, cuando me parece que ambas están íntimamente ligadas. Nadie puede medir el disfrute en porcentajes o intensidades, sino el que los vive. Somos solo nosotros, en nuestro interior, quienes sabemos qué tanto estamos gozando de una vivencia o experiencia.

No tenemos idea, en realidad, qué tanto están disfrutando los demás las vivencias que compartimos con ellos. Es muy fácil fingir entusiasmo, gozo y disfrute sin sentirlo. Basta revisar las redes sociales y ver como las personas pueden aparentar estar sumidas en un gozo profundo, para al terminar el video de apenas unos segundos, entregarse al tedio y frustración en que viven; pero, en este, como en muchos otros temas, lo relevante no es lo que vivan o finjan los demás, sino si nosotros mismos, en nuestro interior logramos conectar con nuestra capacidad de disfrute.

Te confieso que me costó mucho más trabajo de lo que pensaba encontrar bibliografía sobre el tema de la capacidad de disfrute, por lo que me pareció especialmente valioso incluir en este libro esta temática, por la importancia que tiene en nuestras vidas. En esta búsqueda tuve que recurrir a fuentes sólidas de pensamiento y de autores que aunque no hablaban directamente de este tema conocen la profundidad del alma humana como Miguel Ángel Martí García[10], entre otros.

Martí vincula fuertemente la capacidad de disfrute con la virtud de vivir en el tiempo presente. Comienza su libro, *El tiempo*, con una especie de reclamación: "Nunca he entendido por qué al tiempo presente se le valora tan poco y, en cambio, sí al pasado y al futuro. Miramos hacia atrás o hacia adelante, y lo que está ante nuestros ojos nos pasa inadvertido. Vivimos de recuerdos o expectativas, sin disfrutar del presente con la intensidad que deberíamos".

Una de las razones que sin justificarla puede explicar un poco esta actitud, en que todos caemos al vincularnos con el tiempo presente, es su fugacidad. Cuando empieza a ser, ya se ha ido. Hace algunos años escribí un cuadernillo de diez poemas que se publicaron en el libreto de pinturas, del pintor zacatecano Alejandro Nava, quien hizo diez pinturas con la temática de los poemas, en un trabajo que llamamos *Dualidad*. En el poema con ese nombre, me referí al presente como "un suspiro que vive preso entre lo que fue y lo que será". A la vuelta de los años, sigo pensando que la vida es un suspiro y que de nosotros depende darle la profundidad, peso y volumen para que sea uno memorable, en el que alcancemos la plenitud.

Dada su incuestionable fugacidad, Martí sugiere: "Remansar el presente, detenerlo, darle entidad para poder gozar de él". Por eso es necesario lograr una posesión pacífica del momento y el gran reto es: "Despojar al presente de su provisionalidad, instalarnos en el aquí y el ahora, resistiendo la tentación de vivir, permanentemente, escapando hacia el futuro". Nos invita a hacer del presente un tiempo de "prolongada distensión".

---

10 **Miguel Ángel Martí García** (n. 1949) es un filósofo español contemporáneo, autor de obras como *El tiempo* y *Una vida habitada*, enfocadas en la reflexión sobre la existencia.

En otro de sus libros, *Una vida habitada*, nos da más pistas sobre cómo entender la capacidad de disfrute, al aclarar un tema que damos por sentado: "Posesión y disfrute son dos realidades diferentes. El disfrute añade una dimensión afectiva a la pertenencia. No porque poseamos una casa, ha de suponerse que la habitamos". Tal vez sea útil ampliar ese ejemplo mucho más allá de una casa que habitemos y extenderlo hacia todo aquello que podamos poseer y a toda experiencia que podamos vivir. Estando físicamente en cualquier lugar o viviendo tal o cual experiencia, nuestra mente puede estar en otro lugar, evitando estar realmente en donde estamos. Sin ese posicionamiento total y reflexivo, tomando conciencia plena de dónde estamos, será difícil que logremos disfrutar a plenitud lo que nos sucede. En otras palabras, darnos cuenta de que nos estamos dando cuenta.

El disfrute tiene mucho más que ver con nuestra actitud y conexión interior, que con nuestra posesión o situación externa. Sin una toma de conciencia de estar física, mental y espiritualmente entregados a ese preciso momento y una disposición al disfrute, me parece difícil que aprendamos a conjugar la vida en términos de presente y, por lo tanto, a disfrutar de la vida.

Sigue Martí con su mágica pluma explicando: "Lo externo nos narcotiza de tal modo que llegamos a convencernos de que somos espectadores de la vida, en lugar de moradores de un hábitat interno que nos pertenece". Es tan pronto que nos acostumbramos a lo que tenemos, que muchas veces es necesario perderlo para valorar lo que teníamos. Mientras no pasemos las experiencias, vivencias y posesiones que nos rodean por el filtro del corazón, añadiéndoles una dimensión afectiva, va a ser muy difícil que logremos crecer en capacidad de disfrute. No seremos capaces de paladear el sabor de la vida y, tal vez, traguemos de un bocado como lo haría un perro los sabrosos platillos que la vida ofrece, a quien aprende a remansarla y a gozarla.

Si tenemos duda de la actitud apropiada en un momento en particular, la de agradecimiento por la fortuna y el privilegio de estar ahí nunca falla.

Una entrega total al presente, viviéndolo con toda su intensidad, nos permitirá convertir la fugacidad del instante en un paladeo de eternidad.

Es muy fácil identificar a las personas que han desarrollado su capacidad de disfrute y a las que han decidido ponerse los lentes oscuros para ver siempre el lado negativo de las cosas. ¿Cuántas veces hemos notado a una persona que puede estar en el mismo lugar y circunstancia que otra, uno totalmente instalado en el instante, gozándolo al máximo, y el otro pensando en los problemas de mañana? La diferencia entre ambos, claramente, reside en la actitud con la que cada uno elije enfrentar la vida.

Un autor, de nombre impronunciable, Mihály Csíkszentmihályi, profesor de psicología en la Universidad de Chicago y líder global en psicología positiva, lo plantea mucho mejor en su interesante libro *Fluir: una psicología de las felicidad* cuando dice: "Cómo nos sentimos respecto a nosotros mismos y la alegría que obtenemos al vivir, al final depende directamente de cómo nuestra mente filtra e interpreta las experiencias que vivimos. Si somos capaces de disfrutar, depende de nuestra actitud interna y no del control que intentemos ejercer frente a la fuerza del universo".

Estoy convencido de que la actitud con que enfrentemos la vida es fundamental en muchos aspectos. Si bien, es cierto que la actitud por sí misma no será capaz de cambiar la realidad que nos rodea, sí tiene una enorme influencia en la forma como interpretamos lo que nos ocurre, y la mayoría de las cosas que nos ocurren tienen aspectos positivos y negativos. Por lo tanto, una actitud correcta se encargará de dar más entidad a las cosas positivas y colocar en su justa medida las negativas.

Para los que aspiramos a una vida serena e interpretamos el gozo con los momentos de tranquilidad, *Fluir* nos lanza un reto interesante al plantearnos que: "Los mejores momentos de nuestras vidas no son pasivos ni relajantes. Los mejores momentos normalmente ocurren cuando el cuerpo o la mente de una persona es llevada a sus límites con un esfuerzo voluntario, para lograr algo difícil o valioso".

Como ya lo comentaba en este mismo capítulo, mi aspiración personal es ser capaz de disfrutar ambas situaciones de la vida. Aquellas que nos ponen al límite y exigen lo mejor de nosotros, y que, para enfrentarlas, necesitamos una fuerte dosis de estrés y temple; y aquellos espacios de remanso y serenidad que logremos conquistar en medio de nuestras apretadas agendas para dedicarlos a la reflexión, la contemplación o a, simplemente, perder el tiempo sin remordimiento, haciendo aquello que hayamos elegido en ese momento en particular.

Otro libro que consulté, y que llamó mi atención, por abordar el tema del disfrute desde una óptica novedosa y un tanto contraria a lo que siempre hemos escuchado se llama: *Morir con cero*. Lo escribe un administrador de fondos de inversión llamado, Bill Perkins[11]; y aborda el tema del uso del dinero, en relación con el disfrute, desde una óptica novedosa que te puede interesar.

"¿Cuántas veces hemos escuchado que lo que toca en la juventud es trabajar duro y ahorrar todo lo que se pueda, para aspirar a un retiro tranquilo? ¿Qué tal si esta teoría es un craso error que te haga desperdiciar toda tu vida?", nos pregunta Perkins, quien rompe el mito de la gratificación a futuro y un retiro confortable a los sesenta y cinco.

---

11 **Bill Perkins** (1969) es un empresario y autor estadounidense, conocido por sus enfoques sobre la administración del tiempo y los recursos. Autor de *Die With Zero*.

"Si trabajas duro y ahorras, puedes ganar más dinero, pero nunca podrás recapturar el tiempo para disfrutarlo. Puedes ser rico no solo de dinero, sino de experiencias, de aventuras, de viajes, de vínculos con los tuyos, y de otros dividendos que no se miden en dinero". Me llamó la atención el concepto que desarrolla, respecto a que las experiencias pagan dividendos en recuerdos y en el cariño de la convivencia con familia y amigos.

TIEMPO FINITO, TIEMPO INFINITO

Como ya podrás haber notado en este libro, mi postura está muy lejos de decirte lo que tienes que hacer, ya que estoy convencido que cada cabeza es un mundo y que nadie mejor que tú, podrá elegir las mejores posturas y decisiones que se ajusten a su visión y proyecto de vida. Mi intención es compartir contigo varios puntos de vista, para que puedas tomar tus propias decisiones de manera informada y habiendo sopesado distintos acercamientos a los temas que ocupan tu mente y corazón.

Un buen ejemplo del tema de la satisfacción diferida es mi amigo Vittorio, de quien te he hablado mucho, por la forma en que me acompañó en mi accidente. Un año después de que salí del hospital, recibió un diagnóstico de una enfermedad seria. Cuando platicamos de ese tema, con toda apertura, me cuestiona con su típico sentido pragmático, diciéndome: "¿Qué más da vivir unos años más o menos? Al final, todos los ríos desembocan en el mismo mar de la eternidad y, ¿qué importa si desembocas unos kilómetros antes o después?".

La realidad es que Vittorio, también en esto, me ha dado ejemplo. Desde que supo de su diagnóstico, no ha dejado de trabajar, remotamente, en su firma de 350 abogados y seis oficinas en

Europa; siendo, cada año, el socio más productivo y que mayores negocios ha traído a la firma. Y al hacerlo remotamente, también se ha dado tiempo para convivir mucho más con su familia y amigos y pasar temporadas en su casa de la Toscana.

Como ejemplo, hace algunos meses estuvo a cargo de la fusión de una enorme empresa multinacional de telefonía, en una compra de varios miles de millones de euros: la operación más grande en que su firma ha participado. Al mandarme la nota, que recogieron varios diarios de prestigio internacional, que incluían su nombre como abogado principal de la compradora, me dijo al pie de la foto: "Y pensar que yo solo quiero irme a mi casa de la Toscana a hacer el jardín".

Desde que éramos compañeros en la maestría, soñó con tener su huerto de olivos y hacer su propio aceite. Justo hace un año, me invitó a cortar las aceitunas del huerto con su familia, para llevarlas a prensar, para hacer su aceite Nosedoleo. La enorme sonrisa y placer con que veía las faenas de su olivar sobrepasaban, por mucho, los dolores de espalda que reconoció tener durante esos días con su típico argumento, "un poco de dolor solo nos hace más fuertes".

A pesar de la antigua amistad que tenemos, en esa ocasión me enteré de que cinco años atrás, Vittorio había quedado atrapado en una avalancha de nieve, mientras esquiaba en Sankt Moritz, en Suiza. Milagrosamente pudo salir de una espesa y compacta capa de nieve, moviendo durante más de dos horas solo tres dedos de su mano derecha, hasta hacer una especie de túnel por el que entró algo de oxígeno y luz. "Yo ya no me preocupo por la muerte", me decía cuando lo miraba atónito contando su aventura, "en teoría ya debería estar muerto, son muy pocos los sobrevivientes de avalanchas, ¡por lo que ya llevo cinco años extra de vida!".

Es por estas y muchas otras razones, que estoy convencido que nuestra relación con el tiempo, la importancia de instalarse en el momento presente, con la actitud y disposición adecuadas, tienen un enorme impacto en la forma como disfrutamos la vida y esta, a su vez, un impacto enorme en nuestra felicidad y plenitud. Vittorio había sobrevivido a una avalancha y tenía encima un diagnóstico serio, pero vivía con una paz que estaba muy lejos de conectar con el victimismo que muchos podían sentir en esas circunstancias.

Así de importante es la actitud para enfrentar los retos que la vida nos presenta a todos. A fin de cuentas, como alguna vez leí: "No es nuestra posición, sino nuestra disposición, lo que nos hace felices".

4

PENSAR EN LA MUERTE

ÚLTIMOS DÍAS EN BÉRGAMO

Este largo ayuno de visitas se interrumpió con la llegada de un rostro muy familiar. Para mi enorme sorpresa, Juan Pablo, mi hermano, apareció en la puerta de mi cuarto. Sí, el mismo a quien Vittorio había confundido con el otro Juan Pablo, cuando le llamó por teléfono aquel 18 de junio para avisarle de mi accidente.

En cuanto lo vi, le ofrecí mi brazo izquierdo para abrazarlo. Entre sollozos solo atiné a decir ¡qué bueno que viniste! La alegría que me dio su respuesta fue aún mayor, ya vas a salir del hospital. Ya nos vamos. ¿Qué?, respondí justo cuando vi entrar, detrás de él, a mi madre, mi esposa y mi hijo, todos con una enorme sonrisa en los ojos.

El tiempo pareció reanudarse. Mi corazón latió de una forma extraña, y no sabía cómo reaccionar ante la sensación de prisa que casi había olvidado. El enfermero que llegó detrás de ellos, con una silla de ruedas, se abrió paso hacia mí y me dijo: "*Andiamo* (vamos)". Ni lo pensé y empecé a quitarme la bata para vestirme. Al poner las piernas en el suelo, pude sentir su debilidad.

Me subieron a la silla de ruedas y, al cruzar la puerta del cuarto, dije sin pensarlo: espera, quiero despedirme de mi vecino. Por primera vez, lo pude mirar de frente: delgado, canoso, con una mirada profunda y cansada. Le dije: amigo, no sé ni tu nombre ni tu enfermedad, pero la vida nos puso en la misma habitación de este hospital. Deseo de corazón que te recuperes pronto y que, al igual que yo, puedas salir cuanto antes. No te preocupes —continué—, no te quedas solo, aquí está Jesús y señalé el crucifijo que había mirado tantas horas. No tienes por qué creerme, pero te aseguro que, si lo intentas, también harás una relación con él. Está vivo y ahora es mi amigo. Me miraba sorprendido. Quise pensar que dentro de su eterna mascarilla de oxígeno se dibujó una sonrisa, pero más bien tuve la sensación de que no le quedaba mucho tiempo de vida.

Por primera vez, recorrí el camino diario de mi familia hacia mi habitación. Largos pasillos llenos de pacientes, enfermeras, oficinas, médicos. Todo eran batas blancas y paredes de un verde claro. En uno de los pasillos me topé con una enfermera conocida, a quien reconocí de inmediato por su tatuaje de un león en el brazo. No sabía su nombre, pero desde que noté su amabilidad la bauticé como Cristina. Ciao, Cristina, atiné a decir. "Ciao, Hugo, ¡vas a ir a casa!", me respondió con una sonrisa. Le extendí el brazo izquierdo y se acercó para darme un abrazo de despedida. Nunca voy a olvidar lo que hicieron por mí, le dije en voz baja. Sonrió y me dijo: "Algún día iré a que me enseñes México". Le pedí a mi hijo, que empujaba la silla de ruedas, que le diera nuestra dirección por si algún día nos visitaba.

Después de esa breve y emotiva despedida, seguimos por el pasillo y llegamos al lobby de recepción. Al abrirse la puerta, vi una estatua con la imagen de la Virgen de Lourdes. En ese momento no reaccioné, me pareció incluso normal que estuviera ahí. Fue solo después, cuando me contaron la forma en que se había hecho presente con mi familia en las últimas semanas, que comprendí el impacto de su intercesión, en las Diosidencias de mi recuperación. Con estas y muchas otras anécdotas de personas que estuvieron orando por mí, entiendo un poco más la fuerza de la oración.

Después de muchas semanas de paredes blancas, al abrirse la puerta principal del hospital, me impactó el color del cielo, los árboles, las personas caminando y andando en bicicleta, los autos estacionándose. Al ver esto, me salió del alma un ¡hay vida!, ve nomás qué maravilla: el sol, los árboles, las bicicletas. Y nuevamente rompí en llanto. "¡Qué maravilla el mundo!", repetía entre sollozos.

Y pensar que hoy, a dos años del accidente, ya estoy otra vez acostumbrado a ver el mundo y sus encantos, sin apenas apreciar lo maravilloso que es. ¡Qué fácil perdemos la capacidad de asombro!

Después de un corto camino por calles internas, llegamos al hotel que había sido el hogar de mi esposa, mi hijo, mi madre y del hermano, en turno de visita. Cada uno de ellos fue un apoyo importantísimo en este proceso. El entorno del hotel era completamente distinto al del hospital. Había mucho movimiento, un restaurante y los cuartos eran mucho más amplios y cómodos. Sobre todo, ¡tenían luz natural! Después de estar muchas semanas con luz artificial de día y de noche, me di cuenta de cuánto había extrañado el sol y simplemente, ver lejos. El primer atardecer por la ventana del cuarto me cautivó. Era, seguramente, un atardecer normal, pero al no ver el sol durante tantos días, a mí me pareció maravilloso.

Mi ánimo estaba bien, pero todo el tiempo sentía mucho cansancio y dolor en el hombro y brazo derecho, que colgaba de un cabestrillo. Las primeras veces que mi esposa me bañó, eran una pesadilla mezclada con el enorme placer de sentir que el agua me caía en el cuerpo. La sonda urinaria dificultaba las maniobras en la pequeña regadera del hotel. La herida de la garganta, por la traqueotomía, seguía abierta y era importante protegerla del agua.

Las inyecciones anticoagulantes cada noche eran parte de mi rutina. Las llamadas con parientes, familiares y amigos las disfruté al principio; muy pronto me cansé de repetir la misma historia. La realidad es que todo me cansaba, tenía muy poca energía.

Una mañana, cuando estaba desayunando, mi hijo me preguntó: ¿cómo ves, pa? ¿Ya te paso tu celular? Ahí me di cuenta de que, después de haber desarrollado durante años una especie de adicción al celular, al WhatsApp y a Twitter, llevaba semanas sin verlos. Entre mi esposa y mi hijo revisaban mis correos y contestaban mis mensajes. Ahora que escribo estas líneas, pienso que es una tranquilidad poder compartir abiertamente nuestro celular con la gente que queremos, teniendo la conciencia tranquila y nada que ocultar.

Como sea, mis primeras interacciones con el celular fueron espaciadas y torpes. La mano izquierda no era, aún, tan hábil como para poder manipularlo como lo hacía antes, con la mano derecha.

Empecé a notar que mi familia tenía algunas conversaciones en voz baja. Los conocía demasiado bien como para darme cuenta de que estaban hablando de mí y de algo que no querían que me enterara. Curiosamente, sentí por primera vez en mi vida la extraña sensación de que en mi familia comentaban, discutían y decidían respecto a mis planes y mi futuro, sin preguntarme nada y como si yo no estuviera ahí. Una tarde, tratando de averiguar qué me ocultaban, le pregunté a mi hijo: ¿qué onda, flaco?, ¿cuánto nos está costando este chistecito?, ¿nos quebraron en el hospital o qué? "No te preocupes", me dijo. Lo traigo bajo control, he estado en contacto con el hospital y con el seguro y está casi todo cubierto. Fue un gran alivio saber que lo que ocultaban no tenía que ver con eso, porque intuía que este viajecito nos estaba costando un dineral.

En otra conversación, aparentemente ingenua, le pregunté a mi esposa: ¿qué onda, amor, todo bien? Me respondió nerviosa con otra pregunta: "¿Cómo andas para viajar?" Me entró una especie de angustia que no pude disimular. Claramente no me sentía ni remotamente listo para el vuelo trasatlántico de regreso a casa. La herida de la garganta sin cicatrizar, el pulmón recién recuperado, el brazo inmóvil y con dolor permanente en las costillas y el hombro, la poquísima energía, además de la sonda urinaria colgando, me parecían condiciones totalmente incompatibles con un viaje tan largo.

¡Eso era lo que comentaban!, pensé de inmediato.

Un día, apareció en el hotel un médico hablando español. Su cara me resultó conocida. Era un especialista en traslados de pacientes en estado crítico que habían traído de México, para que me acompañara en el viaje de regreso. "El regreso es inminente", pensé. Apenas podía caminar solo, dormía la mayor parte del día, había perdido 12 kilos, tenía algunas heridas abiertas y dolor constante. Al pensar en salir del hotel, tomar carreteras, documentar en aeropuertos, sentarme en un avión, hacer conexiones y un vuelo trasatlántico, me invadió una fuerte angustia que me robó el sueño. Por otro lado, pensaba: no tengo derecho a retrasar el regreso de mi familia después de que llevan tanto tiempo fuera de casa.

Finalmente expiró el plazo de cinco días de aviso previo que me dieron respecto al viaje. Intenté fortalecer las piernas lo más posible, dando pequeños paseos y con terapias de flexibilidad. Veía que me observaban con cara de preocupación, al notar que a los diez minutos de intentarlo, me cansaba y me mareaba. Uno de esos días, estuve a punto de desmayarme y me detuvo el brazo fuerte de mi hijo antes de volverme a poner en la silla de ruedas que habían comprado para el traslado.

Finalmente llegó el día. Mi hijo entró en la habitación y me dijo: "Ya hice el *check-out*, y en una hora nos vamos". Perfecto. Gracias, flaco, le contesté con una sonrisa fingida, para ocultar el terror que me daba el trayecto. Obviamente se dio cuenta y me miró como solo él sabe hacerlo, queriéndome dar tranquilidad con un apretón de hombro.

Tenía que fingir que estaba listo, pero en realidad estaba aterrado. Incluso llegué a pensar en quedarme en Italia, con Vittorio, unas semanas para estar más fortalecido antes de viajar. Lo descarté de inmediato porque era ponerle otra carga a Vittorio y su familia, que ya se habían portado como verdaderos hermanos, durante tantas semanas.

En cuanto me dejaron solo, pensé: faltan veintidós horas para llegar a mi casa y poder volver a acostarme.

Serían las veintidós horas más largas de mi vida.

OBSERVANDO AL OBSERVADOR

Estaba a punto de iniciar un viaje, como muchísimos otros que había hecho casi sin pensarlo. Los aviones, aeropuertos y cambios de horario habían sido parte de mi rutina profesional durante años; pero ahora, mis circunstancias personales, mi percepción del viaje y de la vida eran completamente diferentes. Al reflexionarlo, me di cuenta de cómo se distorsiona nuestra percepción de la realidad con base en los juicios, prejuicios y circunstancias con las que vamos por la vida.

Siempre que me topaba con personas nerviosas o con miedo en los aviones, me parecían débiles y asustadizas. Pues ahora, el que estaba aterrado de subirme al avión, era yo.

Esperando en mi habitación a que vinieran por mí, me noté temblando y me propuse observar el miedo que me tenía paralizado. Pensé lo extraño de la situación: el viajar —algo a lo que estaba acostumbrado— de pronto adquiría una perspectiva completamente diferente. Me costaba reconocerlo, pero me di cuenta de que, ahora, un viaje significaba para mi algo completamente diferente. Nunca había entendido con tanta claridad la sabia frase de Ortega y Gasset: "Yo soy yo y mis circunstancias".

Tuve que admitir que mi percepción de las cosas no siempre era objetiva, y que estaba impregnada de mi realidad y de mis prejuicios, de esos que todos tenemos. Empecé a comprender eso que se dice con frecuencia: que no vemos las cosas como son, sino como somos. Y para descubrir cómo somos, es necesario observar al observador.

Esta lección, la vida me lo estaba diciendo a gritos. Si vemos las cosas como somos, yo en ese momento era un guiñapo humano: frágil, vulnerable, delgado, con muchos huesos rotos, con un brazo paralizado, varios órganos en proceso de sanación y, sobre todo, con un miedo aterrador de no saber si sería capaz de resistir ese viaje. Mi condición psicológica postraumática, tampoco ayudaba mucho, me hacía llorar de todo y por todo. Tal vez por eso veía el mundo cuesta arriba, negro, difícil, pesimista.

De pronto, tuve que fingir una sonrisa al abrirse la puerta y ver a mi esposa diciendo: "Ya llegaron por nosotros".

UN VIAJE ETERNO

Fue un reto subirme a la van negra que, estacionada en la puerta del hotel, nos esperaba para llevarnos al aeropuerto de Milán. Prácticamente me cargaron entre mi hijo y mi hermano. Tampoco pude ponerme el cinturón de seguridad, porque el brazo derecho seguía inmóvil. Noté el ánimo emocionado de mi equipo por regresar a casa. El doctor sentado a mi lado me preguntaba continuamente con la mirada cómo me sentía. De cuando en cuando contestaba asintiendo con la cabeza, como diciendo: voy bien.

Después de ser yo, quien en los viajes familiares tomaba la iniciativa, caminaba al frente, coordinaba, dirigía y daba instrucciones, sentía una sensación extraña de ver a mi equipo hacerse cargo de maletas, registrarse en el vuelo, elegir los asientos y, luego, venir a empujar mi silla de ruedas, diciendo: "Listo, vamos". Todo para mí era difícil: ponerme de pie para pasar seguridad, esperar en la sala de espera la salida del vuelo a Madrid, donde haríamos una escala y conectar al siguiente vuelo. Me parecía una eternidad.

Más pronto de lo que pensé, el ajetreo cobró la primera factura. Al llegar al aeropuerto de Madrid, empecé a sentir un fuerte dolor en la espalda baja que solo desaparecía cuando me acostaba en posición fetal. Eso fue lo que hice en el aeropuerto. Era tan fuerte el dolor y tanto el alivio en esa posición que no me importaba nada las miradas morbosas de los viajeros que pasaban a mi lado.

"¿Y el doctor?", pregunté a mi esposa. Fue a comprar una inyección para el dolor. No sé porque no trae en su botiquín, añadió con un tono de impaciencia.

Las horas pasaban muy lentas, afortunadamente cedió un poco la punzada de dolor y pude incorporarme al escuchar el anuncio del vuelo a Guadalajara. Empecé a ver caras conocidas que tímidamente se acercaban a saludar a mi equipo, mientras me miraban curiosos, fingiendo no notar mi falta de peso, las cicatrices en mi cara y el tono de mi piel, blanca como papel.

Por suerte, fueron solamente unos minutos de interacción, y pronto me vi sentado junto al médico y mi esposa en el avión. Apenas me instalaba, cuando llegaron algunos pensamientos de autosabotaje: ¿y si tengo necesidad de ir a orinar? No puedo solo, y no caben dos personas adentro. ¿Y si falla el pulmón que apenas dieron de alta para viajar en avión? ¿Y si tengo una emergencia? ¿Y si por mi culpa tienen que desviar el vuelo? ¿Y si no llegan las maletas con las inyecciones anticoagulantes? Y muchos otros "y sí" que mi cabeza inventaba y me robaban la paz.

Mis pensamientos fueron interrumpidos por el rugir del motor que aceleraba, y por el comentario de mi esposa apretándome fuerte la mano: de regreso a casa.

Fueron dos las pastillas para dormir que me dio el doctor para hacer el viaje más corto, pero ni estas lograron doparme lo suficiente para pasar dormido el vuelo de once horas. Después de que mi cuerpo había estado sometido a cantidades industriales de sedantes, morfina y grandes dosis de medicamentos para el dolor, esas dos pastillas que, según el doctor, dormirían a un caballo, no me hicieron ni cosquillas.

Pasaba las horas viendo el reloj y mirando de reojo a mis parientes que también fingían dormir y me volteaban a ver con mucha frecuencia. Al cruzarse nuestras miradas, todos cerrábamos los ojos fingiendo dormir. Tres veces se llenó mi sonda urinaria durante el vuelo, y el doctor hacía peripecias para pasar la orina a otra bolsa y de ahí llevarla al baño. No pude dejar de notar las caras de asco de algunos pasajeros que nos veían pasar con la bolsa de orina.

Después de una larguísima noche llegó el esperado anuncio del piloto: hemos iniciado nuestro descenso hacia la ciudad de Guadalajara. Cuando eso ocurrió, se acercó una azafata (estuve a punto de escribir enfermera), y nos dijo: al pasajero lo van a bajar hasta el final.

DE VUELTA EN CASA

Cuando aterrizamos, era de madrugada y el cielo seguía oscuro. Empezó a amanecer al llegar a mi casa. Al entrar, sentí un vuelco en el corazón. Todas las paredes del recibidor, la sala y las escaleras estaban cubiertas de fotografías de mi familia y amigos, que mis sobrinas escogieron cuidadosamente, junto con mensajes de: Bienvenido a casa. Estamos contigo en las buenas y en las malas. Todo va a estar bien, etcétera. No quedaba ni un espacio de pared que no tuviera una foto o un mensaje. A mí tampoco me quedó ni una lágrima dentro.

A pesar del agotamiento, me detuve en cada foto pensando cómo es posible que me den este cariño que no merezco. Qué bendición estar rodeado de gente así. Qué haría sin ellos. Mi recorrido visual se detuvo, de pronto, frente a la imagen de la Virgen de Guadalupe que preside nuestra sala, y a quien tengo una gran devoción y había recurrido tantas veces en mi vida. Me quedé frente a esa imagen largos minutos y las lágrimas llegaron a mi boca con su ya conocido sabor a sal. En ese momento sentí, por fin, haber llegado a casa.

Fueron muchos los detalles de los primeros días de regreso a casa, pero no puedo dejar de expresar todo mi reconocimiento, agradecimiento y gran amor de mi familia. Siempre había sabido que era una bendición tenerlos, pero el sentirlos tan cerca, a mi lado en una situación tan dramática, ha sido de lo mejor que me ha pasado en mi vida. Estoy absolutamente convencido que el amor de mi familia y amigos, así como el regalo de la fe que hemos recibido, han sido fundamentales en este proceso, y lo más preciado que tengo en la vida.

Mi esposa, mi hijo, mi madre y cada uno de mis hermanos hicieron un equipo impresionante y estuvieron cerca de mi cada instante, haciéndome sentir su cariño y su preocupación. Cada uno, con su personalidad y carácter, me acompañó de una manera que nunca terminaré de agradecerles. Mis hermanos apoyándome en gestiones que no podía hacer, y mis hermanas con su consejo y cariño. La alegría, buen humor y optimismo de Mariana, mi hermana, fueron importantísimos para desdramatizar una situación, de por sí, dramática.

Mis primos, sobrinos, tías, grandes amigos, colegas, socios y conocidos han jugado un papel muy relevante en mi vida a lo largo de los años, pero especialmente pude sentir y palpar ese cariño inmerecido en esta circunstancia extrema con que la vida me retaba. Honestamente, creo que sin ellos ni este libro ni su autor estarían aquí, por lo que tú en este momento, seguramente estarías leyendo otra cosa.

Llegar a casa era un paso muy importante, pero pronto me di cuenta de que aún me esperaba un largo camino para regresar a mi nueva normalidad. Ese camino era una carrera de obstáculos lleno de incertidumbre. Mis prioridades en ese momento eran que cerrara la cicatriz de la traqueotomía en mi garganta sin infectarse, que mis pulmones recuperaran su capacidad, que mi próstata funcionara para poder retirar la sonda urinaria y que el nervio radial de mi brazo derecho no estuviera roto, para tener esperanzas de poder volver a moverlo.

A las primeras semanas de regresar a casa, mi rutina estaba muy lejos de ser normal. Me movía con mucha lentitud y dificultad, comía poco, no dormía bien, y mi mayor salida era bajar de mi habitación a la sala. Tuve que cambiar el colchón de mi cama, ya que no era suficientemente firme para poderme poner de pie solo. Las curaciones de la herida de la garganta y el vaciado de la orina de la sonda urinaria eran, prácticamente, lo único fijo que ocurría en mi día.

Pasaron los días y la compañía permanente de la sonda urinaria me molestaba cada vez más. Reuní las pocas fuerzas que tenía para llamar a nuestro médico de cabecera, pedirle recomendación de un urólogo, y hacer cita para revisión, esperando que pudieran retirarla.

Mi hijo me acompañó al hospital, en donde nos recibió un médico que había escuchado de mí, porque el dueño del hospital le había regalado mi libro, *La crisis de la mitad de la vida*. Me recibió diciéndome que se lo habían recomendado mucho y que lo iba a empezar a leer. Yo no estaba para socializar y lo único que me interesaba era que me dijera si podría retirar la sonda. Me pasaron a un consultorio y, al recostarme, me llenó la vejiga con un líquido con el que de inmediato me dieron ganas de orinar. Antes de intentarlo me dijo el médico: veo en tu reporte que en Italia intentaron quitarte la sonda y no respondiste. Solo se pueden hacer dos intentos de retiro. Este sería el segundo y, si no funciona, te la tendría que colocar nuevamente o hacerte una cirugía con láser para liberar las adherencias que se puedan haber formado en tu ducto urinario. ¿Qué quieres que hagamos?

Me apaniqué al solo pensar que otra cirugía estaba en el horizonte. Le contesté: no sé qué sea lo mejor, pero si me metes al quirófano me matas. Pedí que pasara mi hijo y le dije: flaco, este es el panorama, tú decide. Yo todavía no pienso claro. Salieron a hablar al pasillo y a su regreso me pidieron me relajara, porque iban a retirar la sonda. Al sacarla, no sentí dolor, pero sí que se me iba con ella la vida.

"Ahora viene lo bueno", me dijo mi hijo. "Tienes que poder orinar solo. Y sí vas a poder", me dijo con un guiño. "Espérate a tener muchas ganas". Para entonces, mi vejiga estaba a punto de estallar. Me paré al baño, cerré los ojos y empujé desde dentro con todas mis fuerzas. Un par de intentos y nada. Pasaron unos segundos eternos y no salía nada. Volví a empujar más fuerte y de pronto, junto con la orina, me salió un grito del estómago: ¡*yes*! Al que mi hijo, desde afuera, respondió con un: "¡Eso, ya la hicimos!". Nunca pensé que algo tan simple, como ir al baño, pudiera dar tanto gusto.

En el camino de regreso a casa, no podía esperar llamar a mi esposa para avisarle de ese gran paso. Al colgar, me puso mi hijo la mano en la pierna y me dijo: "Ahí vamos, pa, poco a poco, pero ahí vamos".

Para variar, se me vinieron las lágrimas a los ojos y no pude hablar por unos minutos, hasta que rompí el silencio diciéndole: flaco, no me lo vas a creer, pero a pesar de todo lo que hemos pasado, tengo la certeza de que esto me tocaba, que la vagoneta gris de Giovanna llevaba mi nombre y apellido, y que todo será para bien. Que estamos viviendo una prueba necesaria y hecha a la medida para hacernos mejores personas. Más humanos, más humildes. Y a ustedes, que la han pasado durísimo, también los va a fortalecer y hacerlos mejores. No te lo puedo explicar, pero tengo la claridad de que Dios está detrás de todo esto, y de que las lecciones que quiere que aprenda de esta aventura son las de la humildad, la paciencia y la empatía. El resto del trayecto a casa transcurrió en silencio. Cada uno se entregó a sus propios pensamientos.

No sé los de él, pero los míos se fueron a tratar de definir la postura y actitud que tenía que tomar en estas circunstancias y la realidad en la que me encontraba.

¿VÍCTIMA O PROTAGONISTA?

Desde mi regreso a México, fueron muchos los pensamientos, ideas, propósitos y preocupaciones que se agolpaban en mi mente y mi corazón; pero, poco a poco, se fueron abriendo paso, entre ellos, dos posturas radicalmente diferentes entre las que tenía que elegir: tomar el papel de víctima de mi accidente o de protagonista de mi recuperación.

En esas circunstancias, apenas podía distinguir la diferencia, pero con el tiempo, estas dos posturas se fueron definiendo con mayor claridad, presentando rutas diametralmente opuestas entre sí. Durante los largos meses de lenta recuperación, revisité estas dos posturas con frecuencia. Fueron muchas las lecturas a las que recurrí, y por la dificultad de maniobrar los libros solo con la mano izquierda, prefería leer en el iPad o escuchar audiolibros.

Por esas lecturas desfilaron varios personajes de los que sabía algo, pero que fueron apareciendo en el momento adecuado para fortalecer mis reflexiones.

El primero que me apareció en la búsqueda en Google de resiliencia, fortaleza interior, estoicismo, recuperación, fue el gran emperador romano Marco Aurelio, a quien ya, durante otras etapas de mi vida, había utilizado como referente. Ahora se volvía a hacer presente para seguir orientándome y servirme de referencia.

Su vida y su ejemplo me ha atraído desde hace años, y ahora su figura volvía a aparecer en mi vida, en unas circunstancias en las que necesitaba un referente y un norte, de hacia dónde dirigir mi actitud ante esta dura prueba de la vida.

Marco Aurelio en dosis, circunstancias y latitudes totalmente diferentes, enfrentó el dilema que todos enfrentamos cuando la vida nos reta: elegir entre dos posturas ante la adversidad, la de víctima o la de protagonista.

Razones para hacerse la víctima tenía y muchas. Como nosotros lo hemos vivido muchas veces, cuando enfrentamos los retos de la vida esas que según la filosofía estoica nos hacen crecer, hay una prueba irrefutable para distinguir si nos estamos poniendo en el papel de víctima o de protagonista.

Como ya lo comenté, esta prueba es la pregunta que nos planteamos frente a la adversidad. Si te preguntas ¿Por qué a mí?, ya de entrada estás instalado en el papel de víctima, con todos los riesgos que eso implica. Por eso es tan importante que la pregunta que surja del corazón ante las pruebas de la vida sea más bien: ¿para qué a mí?

La conversación que acababa de tener con mi hijo, abriéndole mi corazón para compartirle que tenía la certeza de que estas circunstancias difíciles eran necesarias para lograr un bien mayor, me empujaba con fuerza a inclinarme a que la pregunta que debía plantearme fuera: ¿para qué a mí? Intuía que, al hacerlo, estaba dando un gran paso, porque eso significaba asumir la actitud del protagonista de la solución de mi problema. Esta postura me ayudaba a entender que, detrás de esa adversidad, había una razón y que estaba en mí, no solo descubrirla, sino usarla para convertirme en una mejor persona.

La mentalidad de víctima tiene terribles consecuencias y genera una actitud de inacción y lamentación inútil. Las personas que eligen jugar el papel de víctima, de entrada, se rinden ante sus problemas y los enfrentan buscando culpables, maldiciendo a la mala suerte o viviendo como meros espectadores de su destino.

Incluso he llegado a pensar que, inconscientemente, buscan causar lástima para que otros se ocupen de sus problemas, porque internamente se reconocen incapaces de resolver su vida. Esto nada tiene que ver con la madurez necesaria para pedir ayuda cuando la necesitamos, pero me parece que la gran diferencia entre la postura de víctima o la de protagonista, radica en que la persona víctima enfocará su atención, energías y actitud en buscar buenos pretextos que justifiquen su lamentable situación, y no a discernir la mejor solución y entregarse a las acciones que lo ayudarán a resolver los problemas con que la vida lo reta.

Claramente hay circunstancias de la vida en las que no podemos solos y necesitamos recurrir a los demás para poder salir adelante. Pedir ayuda me parece un signo, no solo de humildad, sino de madurez. La ayuda es fundamental, pero siempre y cuando entendamos internamente que el tema sigue siendo nuestro y que no podemos endosarles a los demás la solución de nuestros problemas.

EL UNDÉCIMO MANDAMIENTO

Es verdad que hay muchas cosas mal en el mundo. Que las situaciones, problemas y dramas que enfrentamos pueden llegar a ser muy duros, incluso trágicos, y que es normal sentir angustia, dolor y miedo. Me parece que por más que hayamos sufrido, no podemos siquiera imaginar el dolor de vivir una guerra, de tener a un familiar desaparecido, de vivir de cerca una enfermedad mental de los nuestros, la pérdida de un hijo o tantos otros dramas que aparecen en las vidas de algunos. Eso es totalmente lógico, somos humanos, no robots. Hay pruebas de la vida que duelen y mucho. Lo importante es que cuando llegue la adversidad llega tarde o temprano no la dramaticemos de más y seamos objetivos, para darles a los problemas la importancia que realmente tienen y no sobre reaccionar cuando se presenten.

En mi libro anterior, *¿De qué se trata la vida?*, dedico un capítulo a la capacidad de calificar la gravedad de nuestros problemas, a través de un problemómetro. Problemas pequeños, como perder un vuelo o una ponchadura de llanta tienen un lugar bajo en la escala del problemómetro. Otros más graves, como una quiebra económica, la pérdida de un empleo o, peor aún, de una persona querida, ocupan un lugar más alto en esa guía, hasta llegar al nivel más alto del problemómetro, en que aparecen tragedias parecidas a las que acabo de mencionar. Sin embargo, vemos a muchas personas que hacen un drama por situaciones comunes: esa pérdida de vuelo o ponchadura de llanta puede llegar a generar la misma angustia o miedo que una quiebra o la pérdida de un empleo. En ese libro me refiero, de broma, a un onceavo mandamiento, que me parece todos debemos observar. El undécimo mandamiento es: no hacerla de tos. Traducido, significa aprender a no dramatizar o agrandar la escala de los problemas que enfrentamos. El darles a los problemas la importancia que realmente tienen, es un primer paso, muy eficiente, cuando de resolverlos se trata.

Para ilustrar la postura del protagonista y el concepto de ese onceavo mandamiento al que me refiero como no hacerla de tos, me parece oportuno compartir el ejemplo de Novak Djokovic. Hoy por hoy, el tenista número uno del mundo, y a decir de los expertos, el más grande que ha existido hasta ahora. Más allá de su personalidad polémica, vale la pena adentrarse en su vida personal y en su extraordinario ejemplo de vida. Su camino hacia el éxito como el de muchos grandes hombres y mujeres de la historia estuvo marcado por desafíos extraordinarios.

Desde joven mostró un talento fuera de serie para el tenis y a sus seis años comenzó a trabajar con su entrenadora, Jelena Genčić, quien reconoció su potencial de inmediato. Pero pronto, nubes grises aparecerían en el horizonte. Serbia, su país natal, vivía circunstancias muy complejas. En 1999, cuando Novak tenía doce años, la OTAN bombardeó Belgrado, y su familia tuvo que refugiarse en los bunkers antiaéreos.

En medio de la guerra, jugar tenis era un lujo impensable. Sin embargo, Novak y su entrenadora encontraron, en una alberca vacía y abandonada, todo lo que necesitaban para improvisar una cancha de tenis. Mientras que otros tenistas jóvenes entrenaban en canchas de arcilla o césped con medidas reglamentarias y recogebolas, Novak lo hacía, literalmente, en el fondo de un agujero. La tensión de la guerra fue la compañera constante de Novak durante esos años. La guerra dejó en él, como en todos sus compatriotas contemporáneos, una profunda huella emocional y psicológica que utilizó para aprender a ser resiliente y a valorar la paz y la libertad. Según reconoce, ahí aprendió a no dramatizar y a darle a los problemas la importancia que realmente tienen. Desde esas circunstancias adversas, estaba forjando ese fuerte carácter de personalidad y mentalidad ganadora que nunca se rinde y sabe cómo sobreponerse a la adversidad.

La carrera profesional de Novak despegó rápidamente, y se ha convertido en un referente mundial del tenis. Sus logros, hasta hoy, en la cancha son impresionantes:

- 24 *Grand Slams* (récord mundial).
- 428 semanas como el No. 1 del mundo (récord mundial).
- Más puntos como No. 1 del mundo con 16 950 (récord mundial).
- 98 títulos ATP.
- 10 *Australian Open*, 3 Roland Garros, 7 Wimbledon, 4 *US Open* (además de muchísimos otros torneos en distintos países que omito mencionar por ahorro de papel).
- Medalla de Oro, en tenis de *singles*, en las Olimpiadas de Paris 2024.

A pesar de no ser el favorito de la prensa internacional, Novak ha sido un referente. Entre muchos de los deportistas y entrenadores existe una especie de ética del deporte, un mantra motivacional que, con distintas palabras, dice siempre lo mismo: "Ganar es lo más importante, lo único. Es todo". Pero para Novak, ganar no es lo más importante. Hay cosas mucho más importantes. Sus padres, Srdjan y Dijana, hicieron enormes sacrificios para que pudiera seguir su sueño. Desde entonces, comprendió que la familia sería su gran pilar de vida. Criado en una familia Serbia Ortodoxa, su visión de la espiritualidad y de Dios ha jugado un papel central en su vida personal, profesional y familiar.

Después de conocer más sobre su persona y su vida, me llama mucho la atención su congruencia. En muchas circunstancias y ejemplos de su biografía, aparece con claridad esa personalidad fuerte y decidida que ha estado dispuesta a pagar el precio, de mantenerse fiel a sus creencias y principios. Saber más de su trayectoria e historia de vida, solo ha incrementado mi admiración por él, ya no solo como deportista, sino como persona.

Esa admiración puede estar alimentada por haber presenciado, hace unos días, uno de los momentos más destacados de su carrera. En los Juegos Olímpicos de Paris, en 2024, donde Novak, a sus treinta y siete años, ganó la medalla de oro ante el gran tenista y promesa mundial, Carlos Alcaraz, en un partido de alarido que, creo, no voy a olvidar en años.

Su historia de superación personal demuestra que Novak es más que un atleta y que, ante su historia marcada por la guerra, el sacrificio, la disciplina y la adversidad, decidió convertirse en el protagonista de su vida. En cada oportunidad reitera que sin el apoyo insustituible de su fe y de su familia, no habría podido llegar ni cerca del lugar en el que hoy se encuentra. En esto no puedo estar más de acuerdo.

Su vida es un testimonio del poder del espíritu humano para superar adversidades y para personificar, con claridad, la actitud de protagonista a la que me refiero en este capítulo. Aunque Novak no lo dice, me imagino que durante la guerra y durante su vida tuvo cerca a muchas personas que se entregaron como víctimas a las circunstancias adversas que vivían, y que a ellas atribuyeron su fracaso en sus vidas. Él, en cambio, decidió utilizar esa adversidad como plataforma de lanzamiento y como muestra te dejo una de sus frases más célebres que, sin duda, ha hecho vida: "El dolor es temporal. Rendirse es para siempre".

DE VÍCTIMA A PROTAGONISTA

La transición de la postura de víctima, a la de protagonista no es sencilla ni automática, requiere un cambio radical hacia una actitud proactiva y responsable. Asumir el papel de protagonista implica de nosotros tres pasos perfectamente delimitados:

1. Reconocer y aceptar la realidad. Un paso que debería ser obvio, pero que cada vez lo es menos en el mundo actual. Implica adecuar nuestra mente a la realidad, y no la realidad a nuestra mente. Esto, que parece obvio, goza de poca popularidad en nuestros días, en donde los conceptos mismos de realidad y verdad parecen desdibujados y confusos. Ambos conceptos han sido, desde siempre, motivo de análisis y estudio. Se ha escrito mucho al respecto. Los grandes filósofos alemanes, Hegel y Nietzsche, afirman que el hombre es la medida de todas las cosas y que, por lo tanto, por encima de la verdad misma está la percepción del hombre de la realidad. Es por esto por lo que, desde el siglo pasado, el relativismo se ha instalado en nuestra sociedad con carta de identidad propia. De ahí que no es poco frecuente escuchar el concepto de tu verdad y mi verdad. Si el concepto de que cada uno tuviera su propia verdad fuera legítimo entonces, ¿qué importa la realidad? A fin de cuentas, puedo rebatirla con un simple, yo

tengo otros datos. Esta frase, tristemente célebre, me parece, es la concepción moderna de aquella que escuchábamos hace años que decía: "Nada es verdad ni mentira, todo depende del cristal con que se mira". Y con base en esta filosofía relativista que permea en nuestra época, han surgido otros conceptos aberrantes como el de la posverdad. Según este concepto, es legítimo disfrazar de verdad —por lo tanto, de realidad— cualquier cosa que nos acomode. Esto ha llegado a un punto tan absurdo que estamos viviendo lo que Chesterton anunció hace más de cien años: "Llegará el día que será preciso desenvainar una espada por afirmar que el pasto es verde". Cualquier proyecto que emprendamos en la vida, o parte de un reconocimiento y aceptación de la realidad tal cual es y no como nos gustaría que fuera, o no tendrá mucho futuro. No se trata de negar las dificultades ni de mantener un optimismo simplista o ingenuo, sino de afrontarlas con determinación.

2. Discernir el curso de acción. Significa elegir entre las opciones disponibles para afrontar el problema que nos aqueja. Para discernir, es necesario evaluar objetiva, y serenamente, todas y cada una de las alternativas que se nos presentan para definir nuestra postura ante el problema que enfrentamos y diseñar nuestra estrategia para resolverlo. Este plan de acción, que parte del discernimiento, debe tener un objetivo muy claro y realista. Y ese objetivo se identifica con claridad al hacernos una pregunta puntual, ¿qué debe de ocurrir en este tema para que al final pueda decir que logré lo que buscaba? La respuesta debe ser un medidor o punto de referencia, concreto y fácil de identificar, con el que asociemos el éxito de esa estrategia o proyecto que hayamos elegido, para resolver el problema o situación que enfrentemos.

3. Actuar en consecuencia. De nada sirven las buenas intenciones ni los planes, por más brillantes que sean, si no les ponemos pies y los convertimos en acciones. Sin acciones concretas y constantes no hay ningún problema que se pueda resolver. Estoy

convencido de que una vez que elijamos el plan de acción, la acción misma es la única respuesta y que si la acción que elijamos está bien orientada, y tiene objetivos claros, concretos, medibles y alcanzables, será cuestión de paciencia y de tenacidad para que sus efectos se vean reflejados en la solución del problema que tenemos enfrente.

En su libro *Los 7 hábitos de la gente altamente efectiva,* Stephen Covey afirma que existen dos tipos de personas: aquellas a quienes las cosas les pasan (víctimas), y aquellas que hacen que las cosas pasen (protagonistas). El ser protagonista significa tomar el control de tu presente para poder construir tu futuro. Esto no significa que todo lo que hagas estará siempre bien, o que todos tus planes funcionarán. Pero esperar, por el contrario, que las cosas pasen como quieres, sin hacer nada al respecto es, en la mayoría de las ocasiones, una receta segura para el fracaso y la frustración. Que al final, perpetúan el ciclo vicioso de la víctima, que cree que el mundo entero está en contra suya, simplemente porque no pasan las cosas, por arte de magia, justo como ella las ha imaginado.

Una conclusión importante con la que me gustaría te quedaras en este tema, es que, una actitud realista, positiva y enfocada a resolver los problemas tiene un poder enorme sobre los problemas mismos. Ser protagonistas no implica ser ni tontos ni ciegos. Significa darnos cuenta de que nadie va a venir a salvarnos si no lo hacemos nosotros mismos.

Por esto, y muchas otras razones, te invito a que la próxima vez que enfrentes la adversidad, no te preguntes ¿por qué a mí?, sino ¿para que a mí?

ESCUELA DE MAGIA

Así lo hizo J. K. Rowling, la escritora inglesa, que antes de saltar a la fama mundial con sus libros de *Harry Potter*, estuvo clínicamente deprimida y pensando seriamente en el suicidio.

En 1990, cuando regresó al Reino Unido, después de un corto e infeliz matrimonio que la dejó como madre soltera, Rowling duró muchos años debatiéndose ante la dura problemática de su situación: "Estaba deprimida, desempleada, y lo más pobre que se puede estar en el Reino Unido, sin vivir en la calle", dijo en una conferencia de graduación en Harvard.

Durante este período, su depresión tomó un giro más serio, y cuando pensó que la vida no le ofrecía ya ninguna razón para seguir viviendo, recibió la ayuda psicológica necesaria y encontró en el escribir una terapia que daba sentido a su vida. Había concebido la idea de las series de *Harry Potter*, años antes, en un tren de Manchester a Londres. Su terapeuta le recetó escribir como terapia ocupacional, por lo que decidió retomar ese proyecto. Terminó los primeros dos libros estando aún bajo ayuda de la seguridad social del gobierno británico. La historia de Harry Potter es mundialmente conocida y su autora, rica y famosa. Pero no todos saben lo que hay detrás de su creación: Rowling tuvo que resurgir, casi de la muerte, para encontrar la inspiración, para darle vida a su obra.

Esta historia ejemplifica con claridad la diferencia entre una persona víctima y una protagonista, y la actitud con la que enfrentó la adversidad nos puede servir como un marco de referencia. La autora, en varias entrevistas, deja constancia de su filosofía de vida: "Como consecuencia de mi severa depresión, muchas veces dejé de reconocer las oportunidades y solo me enfocaba en el tamaño del problema y en mi fracaso. No podía ver que tocar fondo era, precisamente, la base para escribir mi nueva historia y por eso confundía mi trágica situación con mi destino".

Sigue contando Rowling: "El caer al suelo y tocar fondo me llegó con una extraña sensación de liberación. Ya no tenía nada más que perder y sabía que el fondo en el que estaba, debía ser el piso firme sobre el que podía reconstruirme. De ahí vino una fuerte sensación de que, para lograrlo, debía aceptar mi situación y creerme la posibilidad de salir adelante con la actitud correcta".

Rowling no tenía en esas circunstancias muchas opciones. O escribir o vivir condenada a la depresión y la pobreza. Incluso atribuye al no tener muchas opciones como un elemento fundamental que tuvo para salir adelante. Como lo dijo en otra entrevista: "Tenía todo el tiempo y energía para dedicarme solamente a escribir, sin tener la cantidad de distractores que encontraba en mi vida antes de la depresión".

Si nos detenemos a pensar en esta frase, nos damos cuenta de que tiene razón. En nuestra sociedad tenemos demasiadas opciones para elegir. En medio de nuestro hiperactivismo cotidiano, muchos planes compiten por nuestro tiempo y vivimos ante el dilema de elegir bien, la forma de invertirlo.

Hay muchos psicólogos que opinan que el tener tantas opciones puede ser paralizante. Entre ellos, el psicólogo Barry Schwartz nos explica en *La paradoja de la elección*, que por más que la sociedad moderna está obsesionada con la libertad de elección, el tener tantas opciones para elegir no necesariamente es algo bueno. Sus investigaciones concluyen que entre más opciones tengamos, más energía y distracción requiere el tomar las decisiones correctas y mayor es la posibilidad de errar en ellas.

Cuando Rowling regresó al Reino Unido, estando desempleada y deprimida, y prácticamente sin ninguna otra alternativa en su vida, produjo muchos más textos que en sus últimos años como escritora. ¿Será esto un buen ejemplo de la eficiencia que genera el enfoque? Ella lo atribuye a la simpleza de su vida, que entonces se reducía a despertarse e irse a un café en que le permitían escribir, mientras cuidaban a su hija. "Esa simpleza y la dureza de mi situación solo dejaba, ante mí, la necesidad de ser creativa y disciplinada".

De J. K. Rowling me sigue impresionando su actitud positiva y persistencia. Sobre todo, porque terminar de escribir su novela no fue el final de su calvario. Al querer publicarla, esta fue rechazada por doce editoriales en el Reino Unido hasta que, un año después, *Harry Potter y la piedra filosofal* recibió una oportunidad para darse a conocer al mundo. Hoy, el primer libro ha vendido más de cien millones de ejemplares, y la serie completa más de cuatrocientos millones, convirtiéndose en una de las sagas más vendidas en la historia.

Su autora, antes de convertirse en la escritora más exitosa de la actualidad, tuvo que sobreponerse a su enfermedad mental, la depresión y la pobreza. Su actitud nunca fue de víctima, sino de protagonista. Su vida es un testimonio más del concepto de que, con la actitud correcta y la persistencia necesaria, se puede pasar del fracaso personal, a convertirnos en protagonistas de nuestra propia vida.

Cada uno de nosotros tenemos nuestra propia realidad, con circunstancias y adversidades. No sé si las mías o las tuyas puedan llegar a ser más o menos duras que las que enfrentaron Djokovic o Rowling, pero la realidad es que las adversidades de los demás son solo anécdotas, y que las nuestras nos duelen en carne propia. Y pueden llegar a doler mucho.

Y HABLANDO DE REALIDAD...

En mi caso, mi realidad, aunque no me gustaba, se imponía en cada respiración. Mis pulmones habían perdido su capacidad, los músculos estaban atrofiados por la falta de uso, los hueso y costillas rotas me recordaban, con frecuencia, sus lesiones con punzadas de dolor. Mi vejiga tenía que acostumbrarse a funcionar sola, y dependía para casi todo de los demás; pero, sobre todo, desde que tomé consciencia de que mi brazo derecho no se movía, me costaba pensar en otra cosa que no fuera volver a moverlo. La lesión o fractura del nervio radial me impedía levantar la muñeca y los dedos y producía una permanente sensación de entumecimiento de todo el brazo. Esta incertidumbre me angustiaba más que cualquier otra cosa y estaba muy lejos de acostumbrarme a vivir así.

A pesar de que mis circunstancias físicas eran deplorables, y que la incertidumbre y el miedo me carcomían por dentro, al solo pensar en la posibilidad de no poder valerme por mí mismo, por alguna extraña razón, lograba mantenerme en paz. Las voces internas de, vamos a salir juntos de esta, se habían vuelto parte de mi rutina y cada vez me sorprendían menos. Me daban serenidad cuando mi imaginación volaba a escenarios trágicos.

Mi esposa, al verme así, me pedía que me distrajera con otras actividades, pero no tenía energía para nada. El solo pensar en ir a revisiones médicas y hacer rehabilitación me agotaba. De ir a la oficina ni hablar. Estaba muy lejos de estar listo. Entre tanto, pasaban las semanas y las sugerencias para recibir visitas aumentaban. No tenía interés de ver a nadie, y menos que me vieran así de disminuido.

Los primeros que me visitaron fueron unos terapeutas, enviados por nuestro médico de cabecera, para hacerme una revisión general. Su diagnóstico confirmó los anteriores. Primero, debía fortalecer, urgentemente, la capacidad pulmonar con unos ejercicios que, después de cinco repeticiones, me dejaban agotado; segundo, que el nervio radial de mi brazo derecho estaba muy dañado o posiblemente fracturado. ¿Se puede recuperar?, me apresuraba a preguntar. Mi preocupación no hacía sino aumentar al notar la pausa para responderme, y el típico suspiro del terapeuta en turno, antes de mascullar un hipócrita: "Necesito hacer un estudio más a fondo, pero el cuerpo humano es una máquina maravillosa, todo puede suceder".

A pesar de mi debilidad, reuní fuerzas para ir con un médico cirujano amigo a pedirle su opinión. Mata más la duda que el desengaño, le comenté a mi esposa cuando le pedí me acompañara. Y el desengaño llegó brutalmente. Después de una prueba sencilla con un clip que deslizó por mi brazo, y que yo apenas sentía, mi amigo médico concluyó que el nervio radial no conducía nada. Me lo dijo con lágrimas en los ojos: "Hugo, ese nervio está roto, no creo que ese brazo se vuelva a mover. Pero te garantizo que traeremos al mejor cirujano de México para intentar un trasplante de nervio".

A pesar del diagnóstico demoledor, y de que mi esposa intentó esconder sus lágrimas, en ese momento no sé por qué no me angustié. Mantenía una paz interior extraña, difícil de explicar. Ante el silencio del trayecto de regreso a casa, fue muy evidente el mantra interno que escuchaba de cuando en cuando: vamos a salir juntos de esta.

Durante ese día, logré mantener la calma ante las malas noticias, pero durante la noche me vencieron el miedo y la incertidumbre. Me daba pavor el pensar que estaba condenado a no mover el brazo derecho y a no ser autosuficiente. Me preguntaba cómo podría bañarme, vestirme, rasurarme, conducir, teclear en la computadora y el celular con la mano izquierda y tantas cosas que antes hacía y que, ahora, eran totalmente inaccesibles al no contar con el que, hasta el 18 de junio anterior, había sido mi brazo dominante durante cincuenta y seis años. Ni siquiera me atrevía a preguntarme si recuperaría los *hobbies* que tanto me apasionaban, como jugar golf y tocar la batería. Eso ya me parecía una vanidad extrema. Al menos te va a quedar el *hiking*, me decía mi esposa para consolarme.

Solo esperé a que amaneciera para hablar con Marco, el terapeuta que había atendido a mi hermano y a quien le teníamos toda la confianza. Recuerdo muy bien lo que le dije: Marco, hemos visto tu profesionalismo y ética al atender, durante años, a Fernando, mi hermano, y quisiera ponerme en tus manos para intentar recuperar todo lo que se pueda ese brazo. Tú dime qué procede y cuenta, desde ya, con que yo haré todo lo que esté de mi parte para lograrlo. Su respuesta no fue muy alentadora: "Claro, Hugo, pero todavía no. Necesitas recuperar energía y fuerza para no lastimarte. Dale dos semanas más a la terapia pulmonar, para que cuando vengas, podamos trabajar mejor".

La paciencia nunca había sido una de mis fortalezas, de hecho, una de las lecciones importantes que estaba aprendiendo, era la de hacer un maridaje entre la paciencia y la instalación en el tiempo presente. Aprender a esperar y a soltar.

Al ver mi esposa el trabajo que me costaba simplemente esperar, sin dedicarme de cuerpo entero a la terapia, un día me comento:

"tranquilo, vas muy bien, pero este proceso es muy largo. Has mejorado muchísimo desde el accidente, mira cómo estabas". Y me mostró una foto mía en terapia intensiva. Verme así fue un *shock*: conectado al respirador y varios cables con sensores eléctricos en todo el pecho, con cicatrices en todo el cuerpo, la más aparatosa era la de más de treinta centímetros en el brazo, así como un hematoma morado, casi negro, que cubría toda la parte posterior de mi cuerpo desde el cuello hasta las rodillas. Por supuesto, en la foto, me hallaba inconsciente.

No dije nada, pero las lágrimas me llenaron los ojos y sentí otra vez el sabor a sal cuando llegaron a mi boca. Curiosamente, el sentimiento que brotaba, junto con las lágrimas, no era de tristeza ni de dolor, sino de agradecimiento por estar vivo.

Pasaban los días y, parecía, duraban cada vez más. Todo era mucho más lento y difícil: levantarme de la cama, ir al baño, intentar quitarme la pijama, etc. Bañarme era imposible, no podía hacerlo sin sentarme con la ayuda de mi esposa. Tratar de hacerlo con la mano izquierda, era frustrante. Cada día estaba más agradecido por tener su ayuda y su apoyo, pero internamente hice un pacto conmigo: antes de pedir ayuda para lo que sea, lo tengo que intentar tres veces, y solo si no puedo, pediré ayuda. Creo que habiendo sido tan independiente toda mi vida, la sombra de depender de alguien era lo que más me costaba.

Uno de esos días, durante la comida (que también era muy lenta, por hacerlo con la mano izquierda), mi hijo me comentó: "Pa, me preguntan los socios de la firma que cómo vas, quieren saber qué les dicen a tus clientes respecto a la fecha de tu regreso. Han estado preguntando mucho por ti". A lo que respondí: todavía falta, flaco, apenas hace un mes que llegamos de Italia y, antes de verlos, quisiera estar más entero. Todavía traigo algunos cables internos que conectar y me parece que presentarme así, generaría más dudas que certezas.

Mi esposa notó cierto tono de nostalgia en mi respuesta e intervino: "¿Y qué tal para recibir visitas?". Bueno, depende de quién. Obviamente, además de mis hermanos y sobrinos que habían estado entrando y saliendo de casa todos los días, y a quienes les tenía toda la confianza para no bajar a recibirlos cuando no me sentía bien, supe de inmediato que al primer grupo que recibiría sería a mi querido Foro 1, mi grupo de amigos íntimos, con quienes había compartido ya veinticuatro años de amistad íntima y se habían convertido en el consejo de administración de mi vida.

Así que, planeamos esta primera visita a la que llegaron juntos los ocho miembros del Foro, quienes se habían reunido a comer antes, para ponerse de acuerdo. Los esperé parado en la puerta y, tan solo verlos llegar, me conmovió profundamente. Sentir su cariño en el delicado abrazo de cada uno fue una sensación parecida a compartir con ellos el peso que traía. "No sabes cómo he rezado por ti ca… bezón", me decía uno. "Que regalo verte", me decía otro. A los demás, el llanto y los sollozos en medio del abrazo no los dejó decir nada. Yo fui el que más tardé en reponerme para poder decir gracias, gracias, gracias, gracias. No pude decir más. La voz simplemente dejó de salir.

La visita fue intensa y me dejó agotado emocionalmente. Hubo ratos de silencio, pero no del silencio incómodo, como el que se da cuando se acaba la plática entre desconocidos, sino silencios de cariño, simplemente agradeciendo el momento de volver a estar juntos. Estoy seguro de que, después de mi familia y parientes, este grupo era de los que más había rezado por mí. Les pedí que no aflojaran, porque todavía faltaba mucho camino. Un par de horas después, cuando nos despedimos entre abrazos, yo me sentía como si hubiera corrido un maratón. Ahí aprendí lo que cansan las emociones profundas.

Me drenó tanto ver a mis amigos íntimos, que en cuanto se fueron, dormí quince horas seguidas. Esta primera visita abrió la puerta a muchas más, cada una con su estilo, pero haciéndome sentir su cariño, que yo siempre sentí inmerecido. A menudo me asaltaba el mismo pensamiento recurrente, cómo es posible que me hagan sentir esa profundidad de cariño, siendo yo tan distante.

Las semanas pasaban y la ansiada normalidad seguía sin llegar. Las comidas en casa eran también diferentes. Al tener que comer y tomar todo con la mano izquierda, me tenían que ayudar (después de intentarlo sin éxito, al menos tres veces) a partir la carne, servirme ensalada y sopa. No fueron pocas las ocasiones en que tiraba la comida, los vasos, el agua y algún cubierto que no podía sostener por la falta de pericia de la mano izquierda. Veía que mi gente se desesperaba un poco, y me sentía muy mal al no ser capaz de valerme por mí mismo ni siquiera para comer bien. *Sorry*, decía varias veces en cada comida, y por un lado agradecía las ayudas, y por otro me chocaba sentirme inútil.

Entre menos cosas podía hacer, más entendía y admiraba a mi hermano Fernando quien, desde su accidente ocho años atrás, seguía necesitando ayuda para casi todo. La dignidad, el humor y la gracia con que se dejaba ayudar era, entre otras cosas, un gran ejemplo para mí, y un duro golpe para mi soberbia natural, que estaba siendo sometida por una humildad forzosa de saberme dependiente de los demás.

Justo cuando recordaba a Fernando, se me venía a la cabeza la primera vez que lo vi después del accidente, cuando nos fundimos en un fuerte abrazo lleno de lágrimas. Me miró a los ojos y me dijo unas palabras que nunca voy a olvidar: "Mira, Barba, en esta familia solo hay lugar para un enfermo, y yo ya te lo gané, o sea que más vale que te alivies". ¿Así o más clara su categoría humana? Hasta la fecha no me canso de aprender de él, y si ya desde antes de mi accidente era un referente para mí y toda la familia, a partir de que me asomé un poco a su mundo de vulnerabilidad y sentí en carne propia la necesidad de los demás, mi admiración y respeto por él se multiplicó.

Las terapias pulmonares estaban haciendo su función, y las proteínas me daban cada vez más fuerza. Ahora podía subir las escaleras solo y pararme en la noche al baño sin ayuda.

Finalmente me aceptó Marco en su terapia y empecé a ir todas las tardes. Me quedé impactado de su gran labor. Junto a mí, asistían a su terapia muchos otros lesionados, minusválidos y personas con movilidad reducida. El ánimo que nos daba y el profesionalismo con que nos atendía nos hacía salir fortalecidos.

Recuerdo un pequeño pizarrón a la entrada de su local, en que aparecían los logros de cada paciente. "Esteban ya se pudo parar solo". "Juliana dio una vuelta al parque". "Juan Luis se pudo subir a la bicicleta", etcétera. En las esperas de mi turno de terapia miraba fijamente el pizarrón pensando: ¿algún día veré que en ese pizarrón se anuncie: "Hugo ya pudo firmar documentos" o "Hugo ya pudo teclear en la computadora", "Hugo ya pudo jugar golf", "Hugo ya pudo tocar batería", y tantas otras cosas que antes me parecían normales y hoy estaban totalmente fuera de mi alcance?

Fiel a mi personalidad intensa, en cuanto fui tomando fuerzas, quise llenar mi agenda de terapias de todo tipo. Tenía la firme intención de hacer todo para recuperar el movimiento de mi brazo y mi hombro derecho. Por las mañanas iba con Marco y por las tardes, a unas terapias para estimular la conducción del nervio radial.

El agotamiento llegaba cada vez más temprano. Había días en que me dormía profundo a las cuatro de la tarde y despertaba a las seis de la mañana del día siguiente. Al darse cuenta, Marco me llamó la atención: "Si sobreestimulas al nervio y quieres acelerar su recuperación, lo puedes quemar y hacerle más daño que bien". Me prohibió tomar más de una terapia al día.

Entre tanto, iba una vez a la semana con el traumatólogo que me había atendido de la fractura de los dedos antes del accidente.

Su postura era mucho menos optimista que la de Marco. Cada cita me recordaba lo que me habían dicho ya varios médicos: si pasaban más de cuatro meses sin que la muñeca se moviera, los músculos del antebrazo se morirían por falta de movimiento. Las semanas pasaban y la muñeca seguía muerta. La ansiedad subía y no había un minuto del día que no pensara en ella. Curiosamente, no perdía la paz.

Después de mucho intentarlo, me dieron la ansiada cita en el Hospital Metodista de Houston, con el doctor Collins. Tal vez es pariente de mi ídolo el músico y baterista Phil Collins, pensé cuando escuché su nombre. La cita era para tres semanas después de que me llegó la confirmación. En esa fecha se cumplirían tres meses de mi regreso a México. Faltaría un solo mes para que se cumpliera el fatídico plazo de los cuatro meses.

Tratando de distraerme lo más posible, aceleré mi regreso a la oficina. Me llevé otro golpe duro de realidad, en una de mis primeras salidas de trabajo. Era urgente que firmara unas escrituras que estaban por vencerse. Quise aplazar lo más posible la cita, pero la insistencia era mucha y las consecuencias de no firmar eran graves. Obviamente yo no podía firmar, por lo que sugerí que se firmaran con un notario amigo (uno de los *brothers bikeros* que iba conmigo al viaje del accidente). Nos conocíamos y apreciábamos desde hacía tiempo y podía dar fe que era yo quien comparecía a la firma. Intenté firmar con la mano izquierda y la firma no se parecía nada a la original. Noté que el notario no lo quería sugerir, pero al final lo hizo. "Basta con que pongas tus huellas digitales, Hugo". De todas formas, ya tenían prevista esa situación para Fernando, mi hermano, quien tenía también que firmar junto a mi madre. Pude adivinar nuevamente el dolor de mi madre, al comparecer ante un notario, con dos de sus hijos limitados, que no podían utilizar las manos para firmar. Pretendí minimizar el asunto haciendo una broma pidiéndoles a mi madre y mi hermano que también firmaran con huellas para estar todos parejos. Al ver sus sonrisas fingidas, me di cuenta de que mi broma no fue muy graciosa.

Aunque había superado la prueba de la firma de la escritura, salí de la notaría bastante preocupado, porque el poder teclear contratos y documentos en la computadora y poder firmar era esencial en mi trabajo. "¿Cómo le haces para suplir el movimiento de la mano, le pregunté a Fernando, mi hermano, que con su típico optimismo desdramatizó la situación con un: "Tranquilo, Barba, te voy a enseñar varios trucos para poder hacer muchas funciones sin la movilidad de la mano. Hay varias formas de dictar a la computadora y utilizar a *Siri* en el celular, que te van a hacer la vida más sencilla".

Después de la experiencia de la notaría, por la tarde había agendado una de mis primeras visitas sociales. La de mi grupo de amigos del golf, la Concafat, (por aquello de su bajo nivel golfístico y del creciente volumen del estómago, que todos acumulábamos con los años). El estilo del grupo siempre había sido el de las bromas, la carrilla y las ocurrencias. Esa visita no fue la excepción. Al verme tan disminuido, en lugar de tomarlo con seriedad y lamentos, me hacían bromas de mi bajo peso y de mi aspecto y falta de movilidad. Incluso al verme caminar chueco, con el hombro caído, recuerdo me dijo uno: "Ve nomás, pareces Quasimodo, a ver si ya te vas aliviando para que regreses al campo los sábados".

Lejos de molestarme, me dio gusto que me trataran con la misma normalidad de siempre y que desdramatizaran la situación en que estaba. Me levantaron mucho el ánimo y, sobre todo, me hicieron dejar de pensar en mi brazo derecho durante dos horas. "A ver si así te puedo ganar", me dijo uno entre risas al despedirse.

Había empezado a recuperar peso y fuerza en todo el cuerpo, salvo en el brazo derecho, que estaba totalmente flácido, ya que ni el hombro ni el brazo se podían mantener en su lugar. Recuerdo bien las caras de preocupación, tanto de mi hijo, como de mi esposa, al verme intentar saludar a algún conocido con la mano derecha, y ver que hacía un ademán descoordinado y torpe para tratar de tomar su mano con la mía, que estaba totalmente flácida. Percibía les daba entre tristeza y pena verme así, al punto que me decían en voz baja: "Mejor saluda con la mano izquierda". A lo que yo contestaba, esta es mi realidad, no me gusta para nada mi condición, pero es mi realidad y a ella me tengo que ajustar.

Y en esta realidad y también en la tuya, solo nos quedan dos opciones: ser víctimas o ser protagonistas.

5

LA MUERTE, COMPAÑERA DE VIDA

UNA NOTICIA DEVASTADORA

Antes de que empieces a leer estas líneas, me parece importante decirte algo. Estás por iniciar la lectura de uno de los capítulos esenciales de este libro. Tal vez el más profundo, rico, trascendente, por qué no decirlo, difícil de escribir, y tal vez de leer.

Las razones que hacen este capítulo especial son varias, pero destaca una: a diferencia de los otros capítulos, en donde es claro lo que ocurre y relato la historia como la estaba viviendo, con experiencias externas y comprobables; en este, mucho de lo que ocurre y que intentaré compartirte, ocurría dentro de mí. Estaba transitando de una batalla física, a una mental y espiritual. Esta transición se manifestaba a través de reflexiones, silencios, miedos, dudas, certezas y, sobre todo, una profunda introspección que, en muchas ocasiones, desembocó en ratos de oración y meditación.

Estás por leer —como ya lo habrás notado por el índice— sobre el tema de la muerte y del más allá.

Temas que, si ya son difíciles de digerir, entender y afrontar, imagínate la dificultad de escribir sobre ellos de una forma ágil, práctica y, espero, interesante.

Es por eso por lo que te pido —si he tenido el privilegio que me acompañes hasta esta página— tu atención, apertura de mente y paciencia para que me acompañes en estas reflexiones que, estoy seguro, van a tocar alguna fibra interna que te lleve a cuestionamientos personales muy reveladores de tu persona y tu forma de ver la vida y la muerte.

Para documentarme adecuadamente para escribir este capítulo, consulté veintiún libros de distintos autores, corrientes filosóficas, épocas y religiones que hablan sobre estos temas. También recurrí a gran cantidad de notas, apuntes, recortes, ideas, anotaciones al margen de libros, secciones subrayadas, así como cuestionamientos y recuerdos de lo que pensaba, y que había venido recopilando durante años.

Estos autores, notas y recursos me han ayudado a interpretar y aterrizar lo que ocurría en mi mente y mi corazón. Finalmente, pude sentarme unos días, sin interrupciones, para poner en orden mis ideas y espero, de verdad, lograr presentártelas de forma que te sirvan, en lo concreto y lo práctico, para aplicarlas en tu vida.

Empecemos entonces.

El haber salido del hospital y estar de vuelta en casa eran sin duda dos grandes avances. Sin embargo, mi condición era aún tan frágil que estaba muy lejos de aspirar a regresar a mi vida habitual. El camino no solo era largo, sino lleno de bruma, dudas, incertidumbres y miedos, pues había muchas interrogantes de salud. Hasta dónde podría llegar mi recuperación seguía siendo un enigma.

Las prioridades en mi vida habían cambiado radicalmente. Por el momento no había nada más urgente que fortalecer la capacidad pulmonar e ir recuperando peso, energía y fuerza en el cuerpo y estabilidad en la mente. Mi brazo derecho era la gran incógnita y, peor aún, con malos pronósticos.

Yo todavía no estaba en posibilidad de captar todas las consecuencias que eso podía tener, pero el diagnóstico del médicoamigo resultó demoledor para mi esposa, que después me confesó que ya le habían dicho algo parecido en Italia. Mientras yo me mantuve sorprendentemente sereno creo más por inconciencia que por otra cosa, ella trató de esconder sus lágrimas. El doctor esperó un poco antes de intentar matizar esta noticia y, acercándose un poco a nosotros, dijo: "Melissa, da gracias de que está vivo".

El médicoamigo quería tranquilizarnos y lo intentó de muchas formas. Su estrategia era poner en perspectiva la realidad, haciéndonos ver que el no poder mover un brazo era un mal menor, en comparación con la posibilidad de haber muerto y es que, por los diagnósticos de los médicos italianos, nos confirmó que mi muerte fue una posibilidad muy cercana. Mi esposa comentó después que fue hasta ese momento, en esa cita, cuando procesó el hecho de que realmente pude haber muerto.

En conversaciones posteriores descubrimos, sorprendidos, que, durante las semanas de espera y sufrimiento en el hospital de Bérgamo, el pensamiento central de Melissa no era Hugo se va a morir, ni siquiera Hugo se puede morir, sino, sobre todo, Hugo tuvo un accidente y hay que hacer todo para que se recupere. Para mi sorpresa, mi hijo Hugo comenta la misma situación: durante todo el proceso, su mente no estaba conectada con la posibilidad de mi muerte, sino en la cantidad de cosas que tenía que hacer en ese momento: viajes, hoteles, hospitales, gestionar el seguro médico, contestar mis correos, dar seguimiento a mis asuntos profesionales, coordinar temas con mis socios, reportar avances a los parientes y amigos y todos los pendientes que se sumaban a la lista con un papá inconsciente. Tanto mi esposa como mi hijo adoptaron —no por decisión, sospecho, sino por evasión o protección— una posición práctica y anclada en lo que tenían que hacer, más que en lo que podría pasar.

No sabría decirte si esta postura era cuestión de su carácter un tanto germánico —como les decía en broma— o un mecanismo de defensa ante algo que los superaba. Probablemente, un poco de ambas cosas; pero no deja de ser impresionante cómo podemos estar tan cerca de la muerte, sin atrevernos a mirarla a los ojos como una posibilidad cercana y real.

Después de esa cita médica, y a pesar de la noticia, mi realidad seguía siendo ver pasar los días y semanas mirando al jardín y esperar al terapeuta pulmonar, sentado en la terraza, tratando de digerir lo que había dicho el doctoramigo y de adivinar un futuro que se presentaba brumoso y gris.

Mi esposa no fue la única que a partir de esa cita empezó a procesar con mayor angustia lo cerca que estuve de morir. A mí me pasó un poco lo mismo, y ahora que tenía todo el tiempo del mundo para reflexionar y meditar, el tema de mi muerte comenzaba a surgir cada vez con más fuerza de entre las brumas de mis recuerdos y mi confundida mente. Sentado en el jardín, detenido en una burbuja de tiempo y de aparente inactividad, mientras el resto del mundo seguía girando a máxima velocidad, intentaba armar el rompecabezas de mis recuerdos y reflexiones, tejiendo los pedazos de la historia y las emociones, visiones y sensaciones que, poco a poco, surgían de la memoria de mi accidente.

Todas las piezas de ese rompecabezas llevaban a las mismas preguntas: ¿pude haber muerto?, ¿qué hubiera pasado si hubiera muerto?, ¿qué hay más allá de la muerte?, ¿mis creencias respecto a Dios y al más allá son reales o he vivido engañado? Y la más punzante y dolorosa: ¿dónde estaría hoy si hubiera muerto?

Por las preguntas que salían a borbotones de mi corazón, me di cuenta de que la crisis que pasaba era de un calado completamente distinto a mi gran crisis anterior: la de la mitad de la vida. En aquella, las dudas eran quién soy, a dónde voy, para qué estoy aquí, cuál es el sentido de mi vida, etcétera.

Esas dudas son propias de alguien que sabe que tiene futuro y vida para responderlas. Esta crisis era totalmente diferente. Las preguntas que me hacía ahora eran propias de alguien al que se le había agotado el tiempo de vivir y que enfrentaba ahora su destino trascendente. Que se cuestionaba que sería de él al morir.

Las primeras eran claramente preguntas existenciales, propias de una crisis existencial, y las segundas eran preguntas trascendentales, propias de una crisis trascendental, en la que miraba una realidad que había aprendido a ignorar: la muerte y el más allá.

El hecho de que mi esposa y mi hijo no hubieran pensado tanto en la muerte durante ese período, no deja de parecerme sorprendente. ¿Cómo es eso posible? Mi madre, quien estuvo con ellos todo el tiempo en Italia, me comenta que ella sí que pensó en la muerte y de hecho no pensaba en otra cosa, y los miedos de mi fallecimiento la asaltaban a cada instante. ¿Hay algo peor, para una madre, que sufrir la perspectiva de la muerte de un hijo?

¿Será que nuestra perspectiva de la muerte cambia con la edad? ¿Será que mi madre, al haber perdido a mi padre, hace más de veinte años, a dos hermanos, a sus padres y a muchos primos, tíos y amigos, entiende mejor que la muerte es una realidad constante?

En su libro *La muerte y sus ventajas*, Marcelino Cereijido y Fanny Blanck-Cereijido[12], nos comentan que: "El modo de concebir la muerte va cambiando con la edad. Entre el primer y el tercer año de vida, la muerte equivale a partir. El niño teme a los muertos, a su retorno y a su venganza, igual que los hombres primitivos. Para él, la muerte es siempre la muerte de otro. La noción de muerte personal aparece apenas entre el quinto y el noveno año de vida, alrededor de los diez años, la concepción del niño de la muerte ya es semejante a la del adulto".

---

12 **Marcelino Cereijido** (1933-2022) y **Fanny Blanck-Cereijido** (1938) son escritores y científicos argentinos, conocidos por sus reflexiones sobre la ciencia y la filosofía. Coautores de *La muerte y sus ventajas*.

Estos autores nos explican que alrededor de los cuarenta años, la noción de muerte pasa de una idea abstracta, a un problema personal. Antes de estas edades, medíamos nuestra vida en términos de los años que habíamos vivido, y a partir de este cambio de perspectiva que conocemos como la crisis de la mitad de la vida (título de mi primer libro), la persona aborda la problemática de la vida y de la muerte desde una óptica más madura y empieza a medir la vida también en los años que nos quedan. Se admite y asume la fragilidad y la finitud de la vida propia y la de los seres queridos. El miedo a la muerte aparece también bajo la forma de temor a las enfermedades y a la vejez.

Así como para el niño la muerte es siempre la muerte de otro, para el adulto maduro la muerte de otro siempre refiere a la propia.

Estas reflexiones me llevaron a buscar libros con la temática de cómo pensar en la muerte nos puede ayudar a vivir mejor, y para mi sorpresa, en México, en España, Estados Unidos, Italia y Francia hay poco escrito sobre este tema. Recuerdo muy bien que al llegar a las librerías a preguntar por libros sobre pensar en la muerte para aprender a vivir, la respuesta era similar: "Mmm…, déjame ver, hace tiempo que nadie pregunta por esos títulos, creo que por aquí debo tener algo". Fue por eso por lo que tuve que ampliar mi búsqueda para refugiarme en autores de todos los tiempos, épocas y corrientes de pensamiento. Finalmente, pude conseguir una bibliografía bastante sólida. En esas lecturas caí en cuenta cómo ha cambiado el modo de concebir la muerte, desde la antigüedad hasta nuestros días.

Hasta la Edad Media, la actitud dominante frente a la muerte era de espera tranquila, familiar y resignada. Hasta el siglo XIX, el que iba a morir, casi siempre lo sabía, tomaba sus disposiciones, se despedía de sus seres queridos y presidía, incluso por anticipado, la ceremonia de su muerte; pero desde la primera mitad del siglo XX, la muerte comenzó a desaparecer de la vida pública, por alguna razón ya eran pocos los que manifestaban su duelo con vestimentas negras. Apareció un cierto circulo de silencio en torno a la muerte. En Occidente, domina una concepción que puede designarse como una muerte invisible. Esta conducta se debe al deseo de negar la existencia de la enfermedad y la muerte, y a la incapacidad de tolerar la muerte del otro, que nos recuerda la inminente posibilidad de la propia.

En nuestros días, la participación de la familia en la muerte se reduce bastante cuando el enfermo es hospitalizado. Se percibe al hospital como el lugar adecuado para morir. Eso representa que el hospital coloca, físicamente, a la muerte fuera del hogar y permite mantenerla a distancia. El duelo también desaparece como práctica, los funerales se hacen breves y la cremación se vuelve frecuente.

Al pensarlo y repensarlo, caigo en cuenta que en nuestros días se ha gestado una especie de vergüenza frente a la muerte y esta ha pasado de ser algo tan natural como la vida misma, a un tabú. A pesar de que los medios miden los accidentes, desastres naturales y epidemias en número de muertos, esto se lee como mera estadística y cada vez se habla menos de la muerte individual y se trata como un tema políticamente incorrecto. ¿Será porque hablar de la muerte es como aceptar un fracaso del modelo de felicidad actual que está ligado a la juventud, la salud, la riqueza, el éxito económico o la belleza? Claramente, la muerte representa todo lo contrario a lo que, hoy, nuestra sociedad reconoce como valioso. Y más aún, ante las corrientes existencialistas y hedonistas que hoy dominan a nuestro pensamiento actual, la muerte tiene el enorme inconveniente de ponernos frente a las preguntas trascendentales ante las que yo justo me encontraba: ¿hay más allá?, ¿qué va a ser de mí al morir?, ¿existe Dios?, ¿es nuestra alma inmortal?, ¿hay cielo e infierno? O: ¿ es más bien el Nirvana o el Tao? ¿Existe la reencarnación?

¿Y yo? ¿Qué tanto realmente estuve consciente de la posibilidad de mi propia muerte? Debo de confesar, con vergüenza, que mucho menos de lo que hubiera debido. Pero admito que desde que enfrenté seriamente no desde la teoría, sino como una posibilidad real de haber muerto, este tema y estas dudas trascendentales no me han dejado de dar vueltas en la cabeza, y desde entonces empecé a concebir la posibilidad de escribir un libro con esta temática. Y es el que hoy tienes entre tus manos.

Creo que la mayoría de nosotros pasamos los días ocupados, trabajando, haciendo, inventando, resolviendo, proyectando, viajando, como si el futuro fuera infinito. Lo que sea con tal de no enfrentarnos al abismo oscuro de una realidad llana, tan mundana como trascendente: que todos vamos a morir, y que un día tal vez no muy lejano, simplemente no estaremos aquí.

Sé que no te estoy diciendo nada nuevo, que sabes perfectamente que, pocos o muchos, tus días están contados, pero lo que pretendo hoy es que te detengas un momento a pensar seriamente en esto y compartir contigo las grandes ventajas que eso puede tener en tu vida.

Por eso, desde estas páginas hago un llamado a plantarnos frente a la realidad de que la vida es pasajera, que se pasa volando, que estar vivo es un regalo enorme, y una invitación a que al tomar conciencia de que un día no estaremos aquí, esto nos lleve a vivir a plenitud, a instalarnos en el presente, a gozar de los regalos que la vida nos ofrece, y, sobre todo, a prepararnos para el paso al más allá, y que al llegar el momento de la muerte, tengamos la tranquilidad de estar preparados para el final de esta vida, y para enfrentar el más allá.

La pregunta es qué tiene que pasar en tu vida para que te caiga el veinte. Ojalá que no sea como en mi caso un accidente cuasi fatal.

MEMENTO MORI

¿A quién le gusta pensar en la muerte? No solamente en lo general, sino en la propia muerte.

En la antigua Roma, donde los emperadores tenían poder absoluto, casi divino, existía la costumbre de hacerse acompañar por un siervo en sus desfiles, tras sus grandes victorias. Mientras que el pueblo les gritaba y vitoreaba como héroes inmortales, el siervo le susurraba al oído: *"Memento Mori"*, es decir, recuerda que has de morir. Esta era una forma de poner en perspectiva su grandeza y de ayudarles a tener a raya la soberbia. Me parece que esta práctica nos haría mucho bien ante nuestros éxitos mundanos, como una receta útil para combatir a la soberbia y arrogancia que nos asalta detrás de cada logro.

Hoy, muchas personas evitan a toda costa pensar en su muerte. Tal vez por miedo a reconocerse vulnerables y mortales, a perder el poder, o a enfrentar lo mucho que les falta por hacer. Aunque duela reconocerlo, es un hecho que nuestro paso por este mundo es un suspiro.

En las conferencias que he dado sobre el tema en varios foros, utilizo una lámina que, al explicarla, causa risas nerviosas en el auditorio. Aparece la imagen de una tumba que dice: "Tu nombre aquí". Utilizo esa herramienta como una forma de forzar al auditorio a pensar en lo que nadie quiere: en su muerte.

Mientras los participantes sonríen nerviosos en sus asientos, leo unas líneas del filósofo y escritor español José Ramón Ayllón, que describen con crudeza lo que será de nuestro cuerpo al morir: "En cuestión de tiempo, serás un cadáver en descomposición, una esquela, un certificado de defunción, una vacante, y para la historia: nadie".

¡Qué fuerte! Por más importantes que nos creamos, en el tiempo seremos nadie. Tal vez leer esa descripción de lo que ocurrirá con nuestro cuerpo al morir, pueda hacer las veces del siervo romano que nos diga al oído en medio de la euforia de nuestros éxitos humanos: *Memento Mori*.

Con esa perspectiva, imagina tu funeral y que desde tu gélido féretro puedes ver y escuchar lo que ocurre:

¿Tu esposa(o) está realmente triste de haberte perdido? ¿Y qué me dices de tus hijos? ¿Adivinas en su mirada el orgullo de haberte tenido como padre o madre? Si no percibes esa mirada, no sé qué es lo que habrás logrado en la vida, pero me parece que habrás fracasado.

¿Quiénes de tus amigos están ahí? ¿Qué te gustaría escuchar de ellos?

¿El mundo realmente pierde algo con tu partida? ¿O serán más los que respiren aliviados cuando ya no estés?

¿Qué hiciste con aquello que recibiste? Recuerda que "al que mucho se le diere, mucho se le pedirá".

En estas conferencias, por la reacción del público confirmo que nada pone la vida en la perspectiva correcta, como pensar en la muerte. Así que te sugiero que, con cierta frecuencia y, sobre todo, en la cumbre de tus logros humanos, escuches a tu conciencia que te susurra: *"Memento Mori"*. Y verás cómo, ante este recordatorio, las cosas en tu vida adquieren la importancia que realmente tienen frente a la eternidad.

Ese susurro al general romano no era solo una nota sombría, sino una declaración profundamente humana sobre la fragilidad de la vida. Imagina estar en la cima de tu carrera, rodeado de aclamaciones y éxitos. En ese mismo instante de gloria, alguien se inclina y te recuerda que no eres más que carne y hueso, que en cuestión de tiempo serán polvo y cenizas, y que todo lo que hoy vives, por grandioso que parezca, es temporal.

¿No era yo, acaso, como aquel general romano, acostumbrado a la salud, la familia, los amigos, los viajes, el trabajo, la sensación de ser eterno, y necesitado de una llamada de atención urgente? ¿Será que todos necesitamos que una persona cercana muera, o que un golpe brutal de la vida nos obligue a pensar en la muerte?

Tal vez ese sea el caso, y el libro que tienes entre manos esté llegando a tu vida para hacer esa función. Espero de verdad que escuches lo que tu mente y tu corazón tienen que decirte al respecto.

PRIMERA LLAMADA,
SEGUNDA LLAMADA...

Estamos tan alejados del concepto de la muerte de nuestra propia muerte, que, aunque nos lo susurren, o nos lo griten a la cara, la sordera que hemos desarrollado sobre este tema nos hace incapaces de escuchar.

A fin de cuenta, fue el accidente el que me obligó o tal vez debería decir, me dio la oportunidad, con toda su violencia, a hacer un alto total y contemplar con seriedad el tema de mi propia muerte.

No era la primera crisis que vivía. Ya otras crisis me habían llevado a buscar respuestas en lugares lejanos y caminatas en el Camino de Santiago, en España; el Camino Inca, en Perú; a la Vía Francigena, en Italia. Había encontrado otros momentos de iluminación en distintas etapas y lugares, pero este me trajo de vuelta a mi casa, de la que no podía salir. Esto lo interpreté como una señal para indicar que el viaje que había que hacer ante esta nueva crisis no era exterior, sino interior: al fondo de mi alma y de mi corazón. Mucho tardé en comprender que esta quietud obligada era otro regalo que la vida me hacía.

Sí, pude haber muerto. Simplemente si el auto de Giovanna hubiera avanzado cincuenta centímetros más, me hubiera prensado contra la barrera de protección. Las fracturas, la neumonía, el covid-19, el estafilococo dorado, las infecciones pulmonares, el entubamiento o cualquier complicación en el hospital pudieron haberme costado la vida. Una idea que tomó cada vez más fuerza fue que cada día vivo después del accidente, era un regalo que debía utilizar para aprender a vivir y preparar mejor mi propia muerte.

LA MUERTE EN MÉXICO

Hago un paréntesis especial para analizar el concepto de la muerte en nuestro querido México, la tierra que me vio nacer y que (casi) no me ve morir. Al escribir estas líneas no puedo dejar de pensar en la canción que todos hemos cantado: "México lindo y querido. Si muero lejos de ti, que digan que estoy dormido, y que me traigan aquí…". El haberla cantado mil veces, nunca me hizo pensar que algún día iba a estar muy cerca de morir lejos de mi querida patria, y que pudieron haberme traído de Italia en un cajón diciendo que estaba dormido.

El caso de cómo abordamos la muerte en México es, por demás, interesante, ya que al menos en apariencia, la muerte ocupa un lugar preponderante en nuestra cultura, en la que las calaveras, el día de muertos y otras celebraciones aparentan ser una aceptación filosófica de la muerte. En realidad, me parece, son exactamente lo opuesto: otra vía de escape. En México nos comemos a la muerte en forma de pan, la dibujamos, nos la tatuamos, la bailamos y cantamos. Nuestro gran Octavio Paz[13] reflexiona al respecto, de una

---

13 **Octavio Paz** (1914-1998) fue un poeta, ensayista y diplomático mexicano, ganador del Premio Nobel de Literatura, en 1990. Autor de obras emblemáticas como *El*

forma muy interesante y mexicana, al decirnos en *El laberinto de la soledad*: "El culto a la vida, si de verdad es profundo y total, es también culto a la muerte. Ambas son inseparables".

Hacemos de todo, salvo una cosa, pensar en la muerte como una causa de reflexión personal. Paz lo relata con su mágica pluma de esta manera: "Adornamos nuestras casas con cráneos, comemos el día de los difuntos panes que fingen huesos y nos divierten canciones y chascarrillos en los que ríe la muerte pelona, pero toda esa fanfarronada familiaridad no nos dispensa de la pregunta que todos nos hacemos: ¿qué es la muerte?". Y cada vez que aparece en nuestra vida, nos encogemos de hombros y damos media vuelta.

Ya en un tono más serio, en *El laberinto de la soledad*, Paz explica que: "Nacer y morir son experiencias de soledad. Nacemos solos y morimos solos. Nada tan grave como esa primera inmersión en la soledad que es el nacer, si no es esa otra caída en lo desconocido que es el morir. Una civilización que niega la muerte acaba por negar la vida".

Las fiestas de Día de Muertos, en general, se parecen más a un carnaval que a un miércoles de ceniza: mucha música, mucho canto y color. En cambio, nada de silencio y mucho menos, reflexión. Como dice el cardenal Sarah[14] en *La fuerza del silencio*: "En el cénit del silencio, todas las cosas quedan sumergidas en la calma. Porque, si quieres que Dios hable, hace falta que tú calles".

---

laberinto de la soledad y *Piedra de sol*, es conocido por explorar la identidad mexicana, el amor y el tiempo.

14 **Cardenal Robert Sarah** (1945) es un sacerdote y teólogo guineano, reconocido por su profundo pensamiento sobre la espiritualidad y la liturgia. Autor de libros como *Dios o nada: Entrevista sobre la fe* y *La fuerza del silencio*, es defensor de la tradición católica y de una vida centrada en la oración y la contemplación.

¿POR QUÉ EVITAMOS PENSAR
EN LA MUERTE?

No recuerdo otra época de mi vida en que la muerte haya estado de manera generalizada tan presente como durante la pandemia global del covid-19, en 2020.

Hubo histeria colectiva, angustia, ansiedad, terror y pérdidas muy dolorosas. En esa época me preguntaba con curiosidad cómo reaccionaría la humanidad de nuestro tiempo ante una situación como esta. Las condiciones estaban dadas para vivir una era de reflexión y de redescubrimiento de lo espiritual y lo trascendente, y fuera de algunas partes, en el mundo con mayor tradición religiosa fueron las búsquedas principales en Google, que incluían temas como ¿Cómo aprender a rezar? Sin embargo, esta situación terminó por convertirse en una oportunidad de oro para la industria de la distracción. Más que reflexión, se buscaba entretenimiento. Baste para muestra un botón: solamente Netflix triplicó sus suscriptores entre marzo de 2020 y 2022, pasando de treinta a más de noventa millones.

Las personas que no podían distraerse con su trabajo y sus actividades diarias eligieron distraerse con series, películas y otros programas. La vida nos obligó a encerrarnos y pudimos tomar varios caminos: el de la introspección y la reflexión, que derivaban en un cuestionamiento personal de, ¿para qué está pasando esto en el mundo? ¿Qué me está queriendo decir la vida? A pesar de que el camino de la evasión y la distracción, a través de las pantallas y las redes, fue el más transitado, si hubo un gran número de personas, que al sentir en carne propia su vulnerabilidad y la posibilidad de morir, recurrieron a la introspección y a la reconexión con sus raíces religiosas, por tantos años olvidadas.

Cuando la vida aprieta y nos damos cuenta de que no podemos solos, es cuando volteamos al cielo a recurrir a la ayuda divina. En esa época, aunque se habló poco de eso, se multiplicaron las cadenas de oración, se buscaron recursos en línea para conectar con Dios, la participación en misas transmitidas de manera virtual tuvo un enorme incremento y muchas personas escucharon la llamada a la reflexión y la oración que toda situación extrema provoca.

"En el fondo —dice Montse Esquerda[15]—, la pregunta por la muerte y el morir es la pregunta por la vida, por su sentido y significado". Si la vida tiene un fin en la muerte, y la muerte es el inicio de una nueva vida, ¿cuál es el sentido de la vida y de la muerte?

No sé si sea una ilusión de mi parte, pero después de llevar años observando la confusión en el mundo actual respecto a conceptos tan básicos como la persona, la realidad, la verdad, la vida y la muerte y la enorme dificultad que muchos enfrentan simplemente para diferenciar el bien del mal, he percibido en muchos entornos una nueva toma de conciencia sobre el camino al que nos llevan las ideologías hedonistas, existencialistas y relativistas que hoy vivimos, y que no es ni atractivo ni deseable.

---

15 **Montse Esquerda** es una médica y bioeticista española, reconocida por su trabajo en cuidados paliativos y ética médica. Es coautora de obras como *Afrontar la muerte y el duelo* y defensora de una aproximación compasiva y ética al acompañamiento de pacientes terminales y sus familias.

En muchas conversaciones con amigos, conocidos, compañeros, colegas de distintos países, alumnos y por muchas lecturas de blogueros, *influencers* y artistas (que hoy son quienes más influyen en la cultura), percibo señales de inconformidad con el mundo actual y una intención velada de querer regresar a lo básico: retornar a lo fundamental de la persona, a llamarle a las cosas por su nombre, a reconocer la realidad tal como es, a privilegiar la verdad por encima de la mentira y dejar de seguir a los manipuladores de nuestro tiempo que, desde sus posiciones de poder, nos plantean modelos de vida que solo a ellos les convienen. Esas señales incluyen indicios de regresar a Dios al centro de nuestras vidas, reconociendo que haber puesto al hombre en ese lugar fue un error garrafal, y que en el mundo actual estamos viendo las consecuencias. Percibo una incipiente, pero creciente toma de conciencia de que ese hombre que ha querido ponerse en el centro del mundo, no ha podido superar ese anhelo de Dios que lleva en el corazón.

Al notar esto, no puedo dejar de recordar la advertencia que hizo a Europa el cardenal Ratzinger[16]: "¡Europa, vuelve a tus raíces cristianas!", decía en un discurso en Roma, "¡de no hacerlo, perderás no solo tu fe, sino tu identidad!".

Me parece que una de las razones por las que el mundo de hoy destila odio, rencor, falta de sentido, frustración, vacío y angustia, es porque hemos dejado de pensar en las verdades trascendentes como Dios y el más allá, que son temas que están intrínsecamente ligados a la muerte.

Admito que la muerte no es un tema atractivo ni disfrutable, pero sí necesario. En mi caso, había evitado enfrentarme seriamente

---

16 **Joseph Ratzinger (Papa Benedicto XVI)** (1927-2022) fue un teólogo, cardenal y papa de la Iglesia Católica (2005-2013). Reconocido por su profundo conocimiento teológico, es autor de obras como *Introducción al cristianismo* y *Jesús de Nazaret. Desde el bautismo en el Jordán a la transfiguración.*

al tema, hasta que la vida y Giovanna, con cuyo vehículo estrellé mi moto en Italia, me pusieron un alto total. A fin de cuentas, tuve que toparme con la muerte de frente, para sentarme a reflexionar seriamente sobre ella.

TRES POSIBLES RAZONES PARA NO PENSAR

A diferencia de otras realidades dolorosas, como la enfermedad, la pobreza o la soledad, la muerte es la única que les sucede a absolutamente todas las personas, sin excepción. Aun sin la admisión de los elementos sobrenaturales, como la existencia de Dios o del más allá, la muerte es una realidad natural, biológica, que no ofrece escapatoria alguna: la muerte es el gran límite de nuestra propia existencia. Frente a ella, no hay argumento que valga. El que muere para efectos de este mundo deja de existir y todo de él se convierte en pasado.

De las conversaciones con distintos psiquiatras, psicólogos y filósofos, con quienes consulté las posibles razones para evitar pensar en la muerte, destacan las siguientes:

Todo termina. Pensar en la muerte nos enfrenta con la realidad de que nuestra presencia en este mundo es temporal y que en algún momento dejaremos de existir. Esto resulta doloroso para una sociedad como la actual, al reconocer que las personas, por más importantes que sean, mañana van a desaparecer, y esto es un golpe duro para la postura egocentrista que se cultiva en nuestra sociedad actual.

Vulnerabilidad. A pesar de los avances tecnológicos y médicos, el ser humano sigue siendo vulnerable ante la inevitabilidad de la muerte. Aceptar esta vulnerabilidad implica reconocer que la muerte está totalmente fuera de nuestro control. Quisiéramos vivir para siempre, o que aquellos a quienes amamos vivan para siempre. Si hemos dominado la ciencia, la medicina, la economía, la naturaleza, etcétera, no nos cabe en la cabeza que un día simplemente seremos un puño de cenizas.

Miedo a lo desconocido. Cuando somos niños, tememos a muy pocas cosas porque nos falta conocer el mundo y sus peligros; pero hay un miedo primordial más allá de todo aprendizaje: el miedo a la oscuridad y a lo desconocido.

La muerte y, en especial, el más allá es uno de los mayores misterios de la vida. Este desconocimiento provoca ansiedad, porque el ser humano tiende a temer lo que no puede entender o conocer.

Además, sabemos que la muerte llega después de un proceso de enfermedad, accidente o vejez, que son etapas previas a la muerte que, lógicamente, generan angustia y temor. Tal vez no sea tanto a la muerte a lo que temamos, sino al dolor y sufrimiento que asociamos con ella.

Justo Luis R. Sánchez de Alva y Jorge Molinero[17] nos dicen en su libro *El más allá. Iniciación a la escatología* que: "Por un lado, se oculta la muerte, y por otro, sobre todo con la televisión, la muerte se ha convertido en espectáculo. Ambos intentos van a lo mismo: impedir que, en la vida personal, por la ventana de la muerte, se cuele Dios, la trascendencia, lo infinito y el más allá".

Cierran los autores con un decreto potente. Aunque la cultura lo intente, "no es tan fácil «matar» a la muerte: es un intento inútil".

---

17 **Luis R. Sánchez de Alva** (1936) **y Jorge Molinero** (1972) el primero, sacerdote; el segundo, ingeniero y académico; ambos españoles. Son escritores y académicos que exploran temas de espiritualidad y vida cristiana en obras conjuntas.

En las lecturas respecto al tema de la muerte, me reencontré con un autor al que le había perdido la pista desde hace tiempo. José Ramon Ayllón[18], gran filósofo y escritor, con quien he tenido el privilegio de comentar estas líneas que están impregnadas de su profundidad y visión. En estas conversaciones he tenido la oportunidad de ampliar mi comprensión respecto a la profundidad de los conceptos, sobre los que Ayllón hace una descripción cruel, tremendamente real y descriptiva del hombre, que viene muy a tono con la visión puramente física de la muerte.

"El hombre es —dice en *En torno al hombre: Introducción a la filosofía*—, para las diferentes ciencias, un trozo de carne capaz de moverse y hablar, trabajar, ponerse enfermo, comprar, pagar impuestos".

¡Tómala! Dirían algunos al leer esto y pensar en aquellos que siguen pensando que el hombre es el ombligo del mundo.

Ayllón habla así de crudo para explicarnos que solo la muerte sabe plantear seriamente las preguntas trascendentales de la vida: ¿quién me ha puesto aquí?, ¿qué significa morir?, ¿cómo debo vivir?, ¿qué debo esperar después y que pasará conmigo tras la muerte? Y por eso admite que la filosofía es, en el fondo, una meditación sobre la muerte. Coincido tan plenamente con él, que es a partir de esta y de muchas otras lecturas y conversaciones por las que estoy convencido de que la muerte puede ser nuestra gran maestra de vida.

La muerte es un recordatorio irrefutable de nuestra fragilidad, nuestra pequeñez y nuestra temporalidad, por eso, pensándolo así, no extraña que el hombre actual esté tan empeñado en matar la muerte y evitar, a toda costa, el pensar en ella, para así poder seguir viviendo narcotizado con la inmediatez, absorto en la hiperactividad y creyendo que es el centro del universo.

---

18 **José Ramón Ayllón** (1955) es un filósofo y escritor español. Autor de obras como *En torno al hombre: Introducción a la filosofía* y *Desfile de modelos: Análisis de la conducta ética.*

¿VALE LA PENA PENSAR EN LA MUERTE?

A pesar del mal cartel que tiene el pensar en la muerte, desde estas líneas pretendo reivindicar la importancia de pensar en ella como una herramienta fundamental para aprender a vivir mejor y prepararnos para la felicidad eterna en el más allá.

Como podrás haber visto, han sido muchas las reflexiones que he venido gestando desde que la vida me dio la oportunidad de mirar la muerte de cerca y de vivir muchas semanas de *time out*, sin poder hacer nada más que intentar recuperarme y enfrentar las dudas trascendentales que surgen cuando te das cuenta de que bien podrías ya no estar vivo.

En mi caso, esa era la receta perfecta para plantarme frente a esta realidad y meditar sobre mi propia muerte. Espero tu encuentres también el espacio y las condiciones necesarias para rodearte de silencio y logres la introspección que se requiere para plantarte, sin miedo, a la postura que elijas tomar frente a tu propia muerte y la de tus seres queridos. Y, sobre todo, que definas de una vez por todas tu respuesta a la gran pregunta: ¿qué va a ser de ti al morir?

Después de mucho reflexionarlo, estoy absolutamente convencido de que vale la pena y mucho pensar en la muerte; pero ni con frecuencia ni con miedo. Lo importante de la pregunta no es si vale o no la pena pensar en la muerte, sino cómo pensar en la muerte, de qué modo, para qué y con qué frecuencia.

Me parece que, como muchas cosas en la vida, lo importante es encontrar el balance, el punto medio. Y, si bien, estoy convencido de que pensar en la muerte vale la pena, también lo estoy de que pensar en la muerte de más, puede ser perjudicial. Pensar en ella sirve básicamente para tres cosas: para apreciar la vida, para aprender a vivir, y para preparar nuestro paso al más allá.

Tan dañino me parece el no pensar en la muerte, como el pensar en la muerte de más o con miedo. Pensar sanamente en la muerte, y entenderla como un proceso natural por el que nuestro cuerpo pasará en algún tiempo, puede ser también una catapulta para enriquecer nuestro mundo espiritual. Ese que habita nuestra alma que, al ser inmortal, prevalecerá por muchísimos años después de que nuestro cuerpo haya sido sepultado. Tantos años como la eternidad misma.

En lo personal, el pensar en la muerte generó, entre otros beneficios, el aumentar mi capacidad de disfrute, al instalarme con toda intensidad en el momento presente y cultivar mi vida interior, avanzando en mi aspiración de llegar a la oración contemplativa, que es en la que buscamos dejarnos amar por Jesús y llamarlo amigo.

Como recordarás, ya te relaté la impresionante experiencia de sentir la mirada amorosa de Jesús durante mi estado de seminconsciencia. Experiencia que después confirmé, a través del procedimiento al que me sometí en la terapia de palingenesia que relato con detalle más adelante. Fue una experiencia de una naturaleza y profundidad tal, que no me ha permitido plasmar toda su intensidad en palabras, y considero que ha sido otro enorme regalo que he recibido: el haber podido palpar de forma sensible que el amor de Dios existe, que es real y que proviene de una persona viva, que te mira de una manera que engendra el amor mismo, de una forma que me es imposible describir.

Te cuento ahora más detalles de esta experiencia que no terminó en Bérgamo. Después de dar incontables vueltas al tema en la cabeza, decidí mandar a hacer una pintura con la imagen del rostro que vi en mi interior. Para esto contacté a Yolanda Carvajal, la directora de arte de la Cámara de Comercio, que conoce a muchos artistas. En particular uno de ellos había pintado, para un amigo, un rostro de Jesús.

Busqué muchas imágenes que se parecieran al rostro que vi, y la que más se asemejaba era una con la que se representa al Sagrado Corazón de Jesús. Se la envié y le pedí que pintara algo parecido a esa imagen, procurando poner en sus ojos, una mirada de amor profundo y una mano extendiéndose, invitando a acercarse a Él sin miedo.

Después de varios bocetos, me mandó lo que llamó el proyecto final que, debo admitir, estaba muy bien logrado y superaba con creces mi expectativa.

Recibí el boceto con un mensaje de la directora (es importante decir que al artista nunca lo conocí, y con la directora solo hablé por teléfono): "¿Se parece esto a lo que usted quiere?". Al verlo físicamente me impresionó profundamente, porque no solo era muy parecido casi idéntico a la imagen que yo recordaba, sino que extrañamente tenía un ojo con un color más claro que el otro. Los que me conocen personalmente saben que, como consecuencia de una infección en el ojo izquierdo hace veinte años y del tratamiento que me aplicaron, perdí un tanto la pigmentación y el colorido del ojo izquierdo, que me quedó de un tono más claro que el derecho. Justo como la pintura que me enviaba un pintor al que nunca conocí. ¿Puede ser esta otra de las muchas coincidencias con las que me he topado en este proceso? Tal vez.

LA MUERTE COMO LIBERACIÓN

¿Qué sería de nosotros si nunca muriéramos? ¿Si la ciencia avanzara tanto, que se nos permitiera no morir a los setenta o noventa, sino a los doscientos, cuatrocientos o a los mil años?

La cultura y la literatura no ignoran estas preguntas y han imaginado distintos personajes con estas características, desde los elfos de Tolkien, hasta Dorian Grey o Drácula. Una pregunta que vale la pena hacerse sería: si tuvieras la opción de elegir vivir doscientos o cuatrocientos años, ¿de verdad lo harías?

Ojo, no estamos hablando de una eterna juventud. Este ejemplo pretende ilustrar que vivir más de cien años en la tierra podría ser, en sí mismo, un suplicio. Aquí hablamos de vejez y decrepitud. ¿Has pensado cómo se vería una persona viva de trecientos años? ¿Te gustaría serlo tú?

Imagina que los heridos de muerte, los desahuciados, los enfermos, los que padecen males de todo tipo o los que viven en una agonía dolorosa estuvieran condenados a vivir en esa condición por siempre. ¿No sería esta su mayor condena? Imagina ahora cómo esas personas, en su condición, aspiran a un lugar donde se descansa en paz.

La muerte es el gran límite, que pone punto final a nuestra vida en la tierra y, por tanto, a nuestra oportunidad de aprender, crecer y conocer quiénes somos y podemos ser. Ese límite, la muerte, nos permite poner las cosas en perspectiva, y reconocer que el tiempo, nuestro principal recurso, es un recurso finito. Que no tenemos millones de días a nuestra disposición, sino apenas unos miles. Y esto nos puede ayudar como despertador, para tomar conciencia de que debemos vivir saboreando al máximo los días que la vida nos regale, para llegar a la meta siendo lo mejor que podamos ser, y en su momento, entregar nuestra alma, habiendo vivido una vida plena, intensa, llena de sentido y, sobre todo, feliz.

Fedón es uno de los diálogos más importantes del gran filósofo griego, Platón. Aborda como tema central la cuestión de la muerte y la inmortalidad del alma. Esta obra se sitúa en el último día de la vida de Sócrates, quien plantea la idea de que la muerte no es un final absoluto, sino la separación del alma y el cuerpo. Según su visión, el cuerpo es una carga para el alma. Por eso veía la muerte como una liberación del alma, para acceder a su verdadero ser, ya que, al ser liberada de las limitaciones y corrupciones del cuerpo físico, le permite alcanzar un estado de pureza y sabiduría.

Tal vez sea por eso por lo que Sócrates muestra tal serenidad ante su propia muerte, antes de beber la cicuta que lo mataría al decir: "Es hora de irme, yo a morir, ustedes a vivir. ¿Quién de nosotros estará mejor? Solo los dioses lo saben".

Quienes se aferran a esta vida como la única, no tienen duda de que se está mejor aquí que allá. Al haber recibido el regalo de la fe, a pesar de amar la vida profundamente, tenemos la certeza, de que, al terminar el tiempo de merecer en esta vida, si fuimos capaces de perseverar hasta el final, no tenemos duda de que la vida de allá será mejor que la de acá.

LA MUERTE COMO REGALO

Todos sabemos, en el fondo, que algún día moriremos, pero como hijos de nuestro tiempo, hemos aprendido a ignorar la muerte, pretendiendo que no existe.

Hablando con varias personas, que ya sea por su edad, por alguna enfermedad terminal, o por su condición vulnerable, perciben con cercanía el final de sus vidas, podríamos pensar que manifiestan melancolía, tristeza o depresión. Si bien, es el caso en muchos enfermos terminales, también hay otra forma de aceptar su propia mortalidad y muchos más suelen encontrar un renovado sentido de la propia existencia, enfocándose en el amor, la bondad y la calidad de sus relaciones personales.

Al respecto, el propio Sigmund Freud, celebrado fundador del psicoanálisis, nos hace una curiosa advertencia: "Si quieres soportar la vida, prepárate para la muerte". Se dio cuenta de algo que muchos psiquiatras han observado repetidamente: para vivir al máximo, hay que resolver el problema de la muerte. Si se deja sin resolver, se gastan demasiadas energías negándola o llegando a obsesionarse con ella.

En marzo del 2023, el *show* de Oprah Winfrey presentó un episodio especial llamado *The wisdom of the dying* (la sabiduría de los que van a morir). En él, la famosa conductora dialoga con distintas personas que han estado cerca de, o que están en camino franco hacia el fin de sus días.

Entre las doce entrevistas que realizó, surgieron frases y conceptos valiosos como el hecho de que todos ellos manifiestan sentir una inmensa paz, al haber aceptado su propia muerte, lo que los abre a rescatar el poder de sus relaciones, redefinir sus prioridades y un nuevo encuentro con el valor de la simplicidad. "La cercanía de la muerte te permite poner atención en las cosas que realmente importan", dice un hombre con una enfermedad grave e incurable; mientras que otra persona que sufre de cáncer terminal afirma que: "La importancia de aprender a amar es lo más importante que he aprendido de esta experiencia".

Al ver estas entrevistas, no pude dejar de pensar en un gran amigo, a quien recientemente le diagnosticaron un cáncer terminal. Desde que tuve conocimiento de su diagnóstico, he procurado estar cerca de él y visitarlo cuantas veces he podido. En una de nuestras conversaciones recientes al respecto, me impactó su pragmatismo y serenidad.

"Mira, Hugo, tengo una gran ventaja sobre ti. Lo más probable es que muera de esta enfermedad y que lo haga en los próximos meses. El saberlo me ha permitido prepararme mental y espiritualmente para mis últimos días, por lo que hoy vivo con una profunda serenidad. Y tú, mira, después de haber estado tan cerca de la muerte, no tienes idea cuándo vas a morir y, aunque sé que te has estado preparando, te aseguro que, al no tener una fecha de caducidad definida como yo, no has terminado de entender la fugacidad del tiempo y la brevedad de la vida". Admito que no tuve más respuesta que pensar que era un privilegio tener amigos como él.

Lamentablemente en mi caso, tal vez igual que el tuyo, había vivido cincuenta y seis años, prácticamente, ignorando la muerte y viviendo como si fuera eterno. Tuve que vivir un accidente, que casi me roba la vida, para volver a plantearme estos temas. Dichosos aquellos que son capaces de plantearse el tema de la muerte, sin estar enfermos de gravedad o tener un accidente casi mortal.

Hoy, tengo la claridad que si hubiera muerto, hubiera sido en un instante, ya que el auto de Giovanna, contra el que me estrellé, se puso frente a mi moto en apenas un parpadeo. Tan rápido que ni siquiera alcancé a tocar el freno de la moto. De haber muerto ahí, tal vez ni cuenta me hubiera dado de mi tránsito al otro mundo.

Yo antes pensaba, como la mayoría de las personas, que preferiría morir sin darme cuenta, rápido y sin dolor, aplicando a la muerte el sabio dicho: "Al mal paso, darle prisa". Hoy pienso más como lo hacían en la época medieval, en la que una buena muerte se consideraba aquella que anunciaba su llegada. Las personas que mueren repentinamente quizás no encuentran el momento de prepararse, de arrepentirse y pedir perdón. Tal vez esta sea otra de las profundas razones por las que decidí escribir este libro, para rescatar el valor de la conciencia de la muerte, esperando que retomar esta conciencia nos ayude a prepararnos mejor, no solo para dar el paso definitivo, sino para aprender a vivir a plenitud, y estar listos para dar, cuando Dios lo disponga, el paso al más allá. A nuestra verdadera patria.

Por esto aún me carcome la duda: ¿Estaba yo preparado para morir? Me temo que no. Entre otras cosas, aún me falta un largo recorrido para aprender a amar.

PENSAR EN LA MUERTE
NOS INVITA A CAMBIAR HOY

Hemos leído mucho respecto a la importancia de vivir en el presente y de lo valioso de cada día. Entonces, podrás preguntarte por qué en este libro se insiste tanto en la importancia de pensar en la muerte, de qué nos sirve pensar en la muerte cuando se ha insistido tanto en el vivir en el presente.

Estoy convencido de que los dos conceptos muerte y presente son sorprendentemente complementarios. Si lo pensamos bien, el pensar en la muerte puede ser el ingrediente necesario que nos motive a vivir el presente en toda su intensidad y agradecer cada día de vida, porque al pensar en ella, tomamos conciencia de que la vida es un bien finito y temporal, que hoy tenemos y después ya no tendremos. "Hoy respiramos y mañana dejamos de respirar", nos dice el cantautor Serrat entre cantos. Me parece que el vivir de esta manera podría compararse con alguien que camina por un sendero y tiene un ojo puesto en el siguiente paso (el presente), pero sin dejar de ver a lo lejos su destino (la muerte).

La filosofía estoica enfatiza la importancia de concentrarnos en aquellas cosas y solo en aquellas cosas que podemos controlar, que son nuestros propios pensamientos y nuestra actitud ante la vida. Entonces, qué sentido tiene pensar en la muerte cuando claramente es algo que supera nuestro control y que inevitablemente no está en el presente, sino en el futuro.

Pensar en la muerte tiene su valor, al poner hoy las cosas en perspectiva y es un enorme estímulo para aprender a aprovechar el tiempo y a vivir mejor. Al hacerlo de forma sana y natural, será un resorte que nos mueva a vivir totalmente instalados en el presente, exprimiendo de la vida todo lo que esta puede ofrecernos, sabiendo que algún día simplemente ya no habrá más tiempo que exprimir.

6

¿EXISTE EL MÁS ALLÁ?

LA SESIÓN DE PALINGENESIA

A pesar de que muchas de las cosas que me ocurrieron en Bérgamo se han ido aclarando, admito que aún me carcomía la duda de lo que había pasado durante el *blackout*, al momento del impacto con el auto de Giovanna y durante las tres semanas que estuve inconsciente y en coma.

Me recomendaron varias opciones para recuperar, del subconsciente, las memorias de esos períodos de inconsciencia y tratar de entender los trances inexplicables que tuve en terapia intensiva. Entre esas recomendaciones desfilaron procedimientos de regresión, hipnosis, duermevela y otros que rayaban en lo esotérico. Considerando que soy bastante escéptico para este tipo de temas, me llevó más de un año hacerme la idea de que la terapia de palingenesia era la más adecuada, para tratar de descubrir lo que mi inconsciente ocultaba.

La palingenesia (palabra griega que significa volver a nacer) es una terapia utilizada por algunas corrientes psicológicas que implica un viaje al interior de la persona y le permite, a través de un proceso de duermevela, acceder a un conocimiento profundo de sí mismo y entrar en contacto con lo que lleva en el subconsciente y en el corazón. Me acerqué con cautela a este proceso, buscando cualquier pretexto para desistir de esta locura, hasta que meses después, decidí hacerlo bajo la premisa de que: si no me sirve, tampoco creo que me haga daño. Busqué a una terapeuta que conocía de toda la vida, y su prestigio y reputación me dieron el toque de confianza que necesitaba para explorar con ella mi subconsciente y mi corazón.

Llegué a la cita con más dudas que certezas y, apenas llegar, me pidió recostarme en un sillón en una habitación a media luz, hacer ejercicios de respiración profunda y relajación, repasando cada parte de mi cuerpo, hasta llevarlo a una condición que llaman duermevela, en el que estás medio dormido, pero consciente.

Sin apenas darme cuenta, en cuestión de minutos, ya estaba en otra dimensión y, desde mi estado de profunda relajación, escuché que me pedía conectara con algunos símbolos e imágenes que me guiarían por el camino hacia mi interior. Debo admitir que, al menos en tres ocasiones, tuve que aguantar la risa ante lo que me parecía un método bastante ridículo, pero, poco a poco, desapareció mi lado escéptico y controlador, al empezar a ver y sentir cosas que me sorprendieron.

Al parecer, mi subconsciente se resistía a dejarme entrar, ya que me tomó muchos minutos plantarme con claridad en el entorno del accidente y del hospital. Lo primero que abordé fue el *blackout* al momento del impacto. Mi visión de lo que ocurría venía de una ubicación en la que yo no estaba. Veía las cosas como si estuviera fuera de mi perspectiva óptica. Después, caí en cuenta de que, así es como ocurre en todos los recuerdos, no los vemos desde nuestro campo visual, sino desde otro ángulo, desde fuera.

Vi, en cámara lenta, cómo la llanta de mi moto se estrellaba con la vagoneta gris de Giovanna, y cómo mi cuerpo salió proyectado por encima de la moto. Percibí cómo mi costado derecho se estrellaba con el marco de la puerta de la vagoneta, mientras que tres barrotes de acero negro (que no logro identificar), se proyectaron hacia mi pecho, encajándose en el peto de protección que recibió la mayor parte del golpe. Ahí entendí por qué no estallaron mis vísceras: el peto me salvó la vida, pero al no cubrir mis costillas, diez de ellas tronaron junto con el húmero, la escápula y el hombro, haciendo un crujido que, de solo recordarlo, me da escalofríos.

Me vi volar por encima de la vagoneta, golpear en el cofre y estrellarme de cara contra la barrera de protección (de ahí la cicatriz que llevo en la mejilla izquierda), para caer en el asfalto frente a la vagoneta. En mis piruetas en el aire escuchaba el rechinido de las llantas frenando en el pavimento, hasta que en un instante me vi atrapado entre la barrera de protección, la moto y a centímetros de la defensa de la vagoneta gris de Giovanna.

Admito que esas imágenes desfilaron de manera difusa y con velocidad por mi mente, por lo que sigo sin estar seguro si realmente así ocurrieron o, si en ese viaje al subconsciente, hubo influencia de mi imaginación. Lo que añadió credibilidad a la experiencia fue la sudoración fría y el acelerado ritmo cardiaco que se dio al plantarme frente a ese recuerdo. Lo mismo ocurrió al momento de la primera cirugía: me vi con claridad recostado en la camilla. Mi visión venía de los focos del quirófano mientras me operaban el brazo. Un par de pinzas grandes de acero separaban mi piel a la altura de mi bíceps, y vi mi brazo abierto como res en el matadero, mientras un médico sostenía una placa y la colocaba cuidadosamente en mi húmero, apretando cada uno de los tornillos que llevo en mi brazo derecho.

Poco a poco desfilaron otros recuerdos, pero no tan claros como los de la cirugía. Vi a la enfermera que me había gritado "¡eso no se hace!", reconectando minuciosamente los tubos que me había arrancado y desactivando las alarmas que se activaban al desplomarse mi oxigenación para, justo después, hacer un nudo y jalar con fuerza el extremo de la tela con que me amarraba las piernas y el brazo izquierdo a la cama. Ella no notaba mi mirada de odio y desprecio, pero en el relato salió a borbotones mi sensación de impotencia, frustración, odio y desesperación que produjo la inflamación de las venas del cuello cuando relataba lo ocurrido.

También apareció la otra enfermera (más joven, de pelo negro y ojos claros, con un tatuaje de un león en el brazo derecho), que llegaba furtivamente en el turno de la noche a inyectarme los anticoagulantes, y que me producía ese pavor que yo atribuía a que me sacaba sangre para un rito espiritista.

Lo que me impresionó mucho fue que, durante mi duermevela, sentí con claridad el tubo que me ahogaba la garganta, y en dos ocasiones sentí la angustia de faltarme el aire cuando me lo arranqué. Un fuerte entumecimiento de la muñeca y el brazo derecho empezó a subir de tono hasta el punto de querer abortar la terapia, al darme cuenta de que no podía mover el brazo derecho. Esa sensación de entumecimiento era exactamente igual a la que sentí durante muchos meses.

Hubo en este trance muchos momentos en que me envolvía la misma soledad, oscuridad, angustia, desasosiego y miedo que había sentido estando en terapia; pero también hubo varios episodios de paz que no logro aún descifrar, y que las notas de la terapeuta pueden ayudar a entender.

Aquí comparto las notas que me dio al terminar la sesión:

- *¿Cómo te sientes?* Desvalido.
- *¿Qué sientes?* Angustia.
- *¿Dónde lo sientes?* En pecho y garganta. No puedo respirar. No tengo control de nada. Desesperado.
- *¿Estás con alguien?* Sí, una enfermera, pero está dormida, no puedo respirar. Tengo un tubo en garganta, no la puedo despertar. Todo oscuro. No puedo respirar.
- *¿Tienes los ojos cerrados?* Sí, muy pesados.

- *¿Hay alguien más ahí?* Sí, no sé quién. Me mira.
- *¿Es otro enfermo?* No, es una luz tenue. Azulosa. Una mirada.
- *¿Es la mirada de la enfermera? ¿Ya despertó?* No, viene de adentro, me da paz.
- *¿Quién te mira?* El rostro de Jesús.
- *¿Jesús te está mirando?* Sí, en silencio, con amor.
- *¿Qué sientes?* Asombro. Paz. Amor inmerecido.
- *¿Dónde lo sientes?* Dentro, en el pecho.
- *¿Qué te nace hacer?* No me quiero mover, no quiero que se vaya.
- *¿Qué más ves?* No me quiero mover de ahí, no quiero que me deje de mirar.
- *¿Qué más te llega?* Déjame ahí. No quiero ir a otro lado.
- *¿Qué más ves?* Otras miradas, vienen de fuera.
- *¿Quiénes son?* Giovanna, mi esposa, mi madre, mi hijo, mis hermanos, Vittorio, Danilo.
- *¿Qué ves en esas miradas?* Angustia, dolor, preocupación.
- *¿Qué les quieres decir?* Arrepentimiento. Perdón. Que no se preocupen. Jesús me dio paz, mucha paz, estuvo conmigo.
- *¿Dónde estás ahora?* En terapia.
- *¿Es de día o de noche?* No sé.
- *¿Estás con alguien?* Estoy muy solo. La mirada sigue ahí, me acompaña, me da paz.
- *¿Qué más te llega?* Confusión, gritos. Me quiero ir de ahí.
- *¿En dónde estás ahora?* Chocando con un coche gris.
- *¿Qué sientes?* Conmoción, incertidumbre, angustia.
- *¿Qué más sientes?* No sé.
- *¿Qué ves?* Los barrotes del coche se estrellan contra mi pecho. Se encajan en el peto.
- *¿Te duele algo?* No, pero se rompen mis huesos.
- *¿Nada de dolor?* No hay dolor, estoy aturdido.

Dejo aquí las notas de la terapeuta que relatan la conversación que, en voz muy baja, casi imperceptible por la sensación de tener un tubo en la garganta, le fui respondiendo en un estado de duermevela.

Al entregarme las notas, la terapeuta, que me observaba con detenimiento durante mi trance, me hizo notar que en la narración del accidente se aceleró mi ritmo cardiaco, que durante los recuerdos de la cirugía tuve sudoración excesiva y que, al referir mi entubamiento, bajé tanto la voz que casi no me podía escuchar.

Independientemente de sus observaciones, lo que sí pude constatar es que las sensaciones que tuve durante la terapia fueron muy similares o idénticas a las que viví al estar tirado en el pavimento y en terapia intensiva. Me extrañó mucho también perder, durante la terapia, la movilidad del brazo derecho y la clara sensación de falta de aire, que era idéntica a la que sentí en terapia intensiva.

La mirada de paz, a la que me referí, me acompaña desde entonces de una forma sutil y aparece en intervalos. Más que recordarla como un recuerdo físico, la percibo como una sensación que se anida en alguna parte de mí que no logro identificar. No te puedo explicar por qué, pero esa mirada me dejó marcado de una forma que no puedo descifrar aún.

Al terminar, me quedó claro que esa terapia en la que confiaba tan poco fue capaz de transportarme a vivir los momentos que llevaba en el subconsciente, algunos recuerdos guardados en partes recónditas de mi corazón y experiencias en las puertas de la muerte que desafían a quienes se preguntan: ¿este mundo material es todo lo que hay?

LA ETERNIDAD Y EL MÁS ALLÁ

Si hablar de la muerte no es fácil, créeme que la siguiente reflexión tampoco es sencilla. Representa, de hecho, un reto mayor para mí como escritor, el lograr plantearte de manera práctica e interesante algunas de las realidades filosóficas y teológicas profundas que implica el más allá.

Casi sin excepción, todas las culturas y filosofías de la historia abordan el concepto del más allá, es decir, un lugar o un estado al que accede el hombre —o al menos una parte de el— tras su muerte en la tierra.

La mayoría de ellas, a su vez, coinciden en ideas de gran importancia para nuestra reflexión: la noción de vida después de la muerte, de la inmortalidad del alma, de la eternidad, del premio y castigo en el más allá y de que lo que hacemos aquí, resuena allá. En palabras del General Máximo en *Gladiador*: "Lo que hacemos en esta vida, tiene un eco en la eternidad".

El concepto del más allá o la vida después de la muerte ha sido tradicionalmente un tema más cercano a la filosofía y la religión. Sin embargo, en las últimas décadas ha habido varios intentos para investigar fenómenos que podrían estar relacionados con una existencia posterior a la muerte. Muchos de ellos nos permiten observar experiencias de distintas personas que han pasado por vivencias reveladoras, en diversos tiempos y lugares.

De los más notables es el de las experiencias cercanas a la muerte o ECM. Al respecto, en los libros *On Life After Death*, de Elisabeth Kübler-Ross[19], y *El otro lado*, de John Flader[20], se da cuenta de que: "Hay miles de casos documentados y se han escrito muchos libros acerca de las ECM. En sus libros afirman que las ECM son tan reales como las experiencias que tenemos cualquiera de nosotros, por lo que las ECM merecen ser tenidas en cuenta ya que algo nos pueden enseñar".

Miles de personas que han experimentado este fenómeno coinciden, aún con sus propias diferencias, en describir distintos elementos que son recurrentes, tales como:

- Paz y tranquilidad: la mayoría de las personas mencionan que sienten una gran calma, como si todo el dolor desapareciera.
- Separación de alma y cuerpo: es común que hablen de una sensación de estar flotando fuera de sus cuerpos, observándolos desde lo alto.

Me inclino a dar credibilidad a esta postura, pues experimenté algo parecido al estar en una de las múltiples cirugías a las que me sometieron en Bérgamo, ya que, en distintos momentos, sentí una paz extraña, ajena a la situación dramática que vivía. Por mi

---

19 **Elisabeth Kübler-Ross** (1926-2004) fue una psiquiatra y escritora suizo-estadounidense, pionera en el campo de los cuidados paliativos y conocida por su modelo de *Las cinco etapas del duelo*. Entre sus obras más influyentes se encuentran *On Death and Dying* (*Sobre la muerte y los moribundos*) y *Life Lessons*.

20 **John Flader** (n. 1941) es un sacerdote y escritor estadounidense, profesor de Harvard y doctor en derecho canónico, especializado en temas sobre la fe y la ética católica. Autor de *The Question Box*.

parte, no percibí ninguna separación del alma y del cuerpo, y lo más cercano a esta separación, fue la de sentirme flotando en el techo del quirófano, viendo cómo me operaban el brazo derecho.

- Túneles y luces brillantes, y encuentros con seres queridos: muchas personas relatan que viajan a través de un túnel hacia una luz brillante, algo que parece ser bastante universal. Algunos afirman haber visto a familiares fallecidos o a seres luminosos llenos de amor y compasión.

En mi caso, yo nunca vi ningún túnel ni luces brillantes ni me topé con seres queridos fallecidos.

- Conocimiento imposible: algunos afirman haber estado en tiempos, lugares o con personas que nunca conocieron en vida, y saber cosas, las cuales se pueden confirmar, que no podrían haber sabido.

Una experiencia similar que sí tuve fue que, al estar yo en coma, falleció trágicamente una sobrina, hija adolescente de unos primos cercanos y queridos. Por alguna razón, que no puedo ni podré explicar, sentí su dolor y en mis lapsos de consciencia, pregunté a mi esposa y mi madre con angustia que cómo estaban mis primos. Les dije que necesitaban mucho de nuestras oraciones, porque estaban sufriendo una pérdida dolorosa. Cuando les dije esto, se miraron entre ellas cuestionándose quién me había contado sobre la muerte de mi sobrina. No hay explicación humana de cómo supe de esa tragedia estando en coma a miles de kilómetros de México.

Aunque he leído a distintos autores de renombre (entre ellos André Frossard, escritor francés converso) que son bastante escépticos de este tipo de experiencias, con base en la cantidad de casos bien documentados de ECM, y la credibilidad que me merecen autores de la talla de John Flader, que escriben extensamente sobre el tema, me parece que es algo que merece tenerse en cuenta.

Lo que más se destaca de las enseñanzas de Kübler-Ross y Flader, es la manera en que la muerte cambió la manera de ver la vida de sus protagonistas. Resumido en pocas palabras, la inmensa mayoría de las personas con ECM transforma de manera profunda y efectiva su vida, sus hábitos y hasta sus creencias. Cito a Flader: "Son personas que, pese a haber pasado buena parte de su vida temiendo a la muerte, dejan de tenerle miedo. Están convencidas de que lo que conocemos como muerte, no es más que el paso a un estado de vida distinto".

En mi caso, mi experiencia no logró que dejara de temer a la muerte. No logro identificar si mi miedo es a la muerte misma o al proceso de morir. Lo que tengo muy claro es que sigo temiendo al sufrimiento y al dolor, y al estar estos asociados con los procesos previos a la muerte, es probable que mi miedo venga de ahí. Además, reconozco que no solo le tengo miedo a la muerte de mis seres queridos, sino pavor. Solo pensar en ese desgarramiento humano del desprendimiento me causa angustia, aunque tenga claro que tarde o temprano ocurrirá y que se irán para llegar, muy probablemente, a un lugar mejor, para gozar felizmente en la eternidad.

- Constatan la importancia de amar y casi todos manifiestan que, a partir de entonces, lo más importante que hay en su vida es el amor. Por lo general son mucho más felices y están convencidos de que la vida tiene un sentido: aprender a amarse los unos a los otros.

Coincido plenamente en este punto. Si ya desde mi crisis de la mitad de la vida lo veía, ahora me queda mucho más clara la importancia de aprender a amar, y esto se convierte en una prioridad, ante la claridad de que será la medida que se utilice para juzgar nuestro paso por esta tierra. A raíz del accidente, ahora veo la necesidad de aterrizar acciones concretas hacia mis seres queridos, en que manifieste mi cariño e interés por su persona y su bienestar.

- Tienen una mayor sensación de urgencia y de la brevedad y fragilidad de la vida. La experiencia les ayuda a comprender que la vida es preciosa y que deben aspirar a vivirla plenamente.

Me adhiero totalmente a la idea de que uno de los regalos de la cercanía de la muerte, es que genera una sensación de urgencia de vivir en plenitud y disfrutar al máximo nuestros días mientras tengamos el regalo de la vida.

- Son más conscientes de la parte espiritual de la vida. El doctor Moody afirma que, después de una ECM, muchos incrédulos, terminan abrazando la Fe.

Puedo decirte con certeza que a partir del accidente cambió mi relación con Dios, que, si bien ya era fundamental en mi vida, ahora tomó otra dimensión. No puedo explicarte en palabras en qué consistió el cambio, porque ni yo mismo lo entiendo, pero ahora su presencia viva ha anidado en mi corazón, y estoy volcado en tratar de volver a encontrarme con esa mirada de amor indescriptible que percibí en el hospital de Bérgamo. Solo él sabe si será eso posible en esta vida o tendré que esperar a la otra.

¿QUÉ DICEN LOS FILÓSOFOS?

Tanto la existencia del alma como la vida en el más allá son conceptos que han sido abordados, discutidos y definidos a lo largo de los siglos. Aunque distintas culturas y autores emplean diferentes palabras o conceptos para describirlos, el concepto esencial es el mismo. Dice Víctor Martínez Marín, arquitecto y escritor español, en su libro *Filosofía de andar por casa*, que el alma humana es considerada como la parte espiritual que vivifica nuestro cuerpo material. Los dos forman una unidad tan fuerte que solamente la muerte puede quebrar.

Aunque cambien las palabras, el concepto permanece. Por ejemplo, el alma ha sido entendida como *Psyche*, en el griego antiguo; *Atman*, en el hinduismo; *Nephesh*, en la antigua religión hebrea; *Ba* y *Ka*, en el Egipto antiguo; *Ruh*, en el islam; *Qi* o energía vital, en el taoísmo, *Essentia*, en la filosofía escolástica, y, en tiempos modernos, conciencia, esencia, espíritu, y otras más. No nos detendremos a revisar las diferencias conceptuales entre cada una de estas palabras, sino en el hecho mismo de la existencia de un concepto compartido por, prácticamente, toda la humanidad a lo largo de la historia.

Los seres humanos, tan pronto como tenemos conciencia, nos damos cuenta de que tenemos algo que nos hace distintos de las plantas y animales. Aunque estamos vivos igual que ellos, nuestro tipo de vida es distinta. ¿Cómo es distinta? ¿En qué sentido? Sin entrar a detalle, la diferencia esencial es que nuestra alma es de naturaleza trascendente, y la de ellos no.

Edith Stein, esa gran autora alemana que murió en Auschwitz, nos dice en su libro —cuyo título es, ya de por sí, sugerente— *Ser finito, ser eterno*, que el alma humana, al ser puramente espiritual, no es mortal por su propia naturaleza, y está destinada a ser eterna y a reflejar la imagen de Dios.

La noción de un alma inmortal es mucho más antigua que la revelación cristiana. De hecho, diversos antropólogos coinciden en ubicar la aparición del *Homo Sapiens*, el ser humano, precisamente cuando los primeros hombres comienzan a enterrar a sus muertos y a crear tumbas con elementos para ser utilizados en el más allá: ofrendas y regalos para la otra vida. Aquí queda claro que ya tenían conciencia de la trascendencia del alma después de la muerte.

La postura del hombre sobre la existencia del alma y el más allá está presente, como hemos visto, prácticamente en todas las civilizaciones. Entre los argumentos más conocidos sobre la existencia del alma y el más allá, te presento los siguientes:

El argumento del anhelo de trascendencia. Los seres humanos anhelamos cosas que el mundo material no puede ofrecer, como la felicidad eterna y la justicia perfecta. Tanto para C. S. Lewis, como para Santo Tomás de Aquino[21], este anhelo que está inscrito en nuestros corazones presupone la existencia de algo más allá del mundo material. Este argumento ya era presentado por

---

21 **Santo Tomás de Aquino** (1225-1274) fue un filósofo y teólogo italiano, figura central de la escolástica y doctor de la iglesia. Autor de la *Summa Theologiae*, es conocido por su síntesis del pensamiento aristotélico con la teología cristiana y por sus aportaciones sobre ética, metafísica y teología natural.

Aristóteles[22] en el *Fedón*, y confirmado por Tomás de Aquino en su *Summa*.

El argumento de la autoconciencia. El ser humano es el único ser que no solamente observa el mundo, sino que se observa a sí mismo; que no solo piensa, sino que piensa sobre el hecho de que piensa. Según San Agustín[23], esta realidad nos permite concebir la existencia de estas dos realidades interconectadas —el espíritu y la materia— y distingue la naturaleza humana de otras naturalezas, como la animal o la vegetal.

Argumento de la inmortalidad del alma. Santo Tomás de Aquino, el gran teólogo medieval, sugiere que la misma existencia del alma presupone la existencia del más allá, pues debido a su naturaleza, no puede desintegrarse tras la muerte física. Afirmando que el alma es inmortal, se deduce de inmediato la necesidad metafísica de un estado o un lugar más allá del mundo físico, en el que esta pueda morar después de separarse del cuerpo.

22 **Aristóteles** (384 a.C.-322 a.C.) fue un filósofo griego, discípulo de Platón y maestro de Alejandro Magno. Fundador del Liceo y la lógica formal, es conocido por sus aportaciones en filosofía, ética, política, biología y metafísica. Su obra, como *Ética a Nicómaco y Metafísica*, sigue siendo fundamental en el pensamiento occidental.

23 **San Agustín** (354-430) fue un filósofo, teólogo y obispo de Hipona, considerado uno de los padres de la Iglesia Católica. Autor de obras fundamentales como *Confesiones y La ciudad de Dios*, su pensamiento influyó profundamente en la filosofía cristiana y occidental.

¿EXISTE EL MÁS ALLÁ?

Si ya hemos analizado las posturas de distintas filosofías respecto al más allá, y vemos que prácticamente todas coinciden —de una forma o de otra— en su existencia, me parece lógico dedicar ahora un espacio al tema, desde la óptica del catolicismo —que es la fe que profeso— que da forma al más allá bajo los conceptos de cielo, purgatorio e infierno.

Después del trance natural que es la muerte, y ante la que es lógico que sintamos temor, según la fe cristiana, la vida no termina ni se pierde, y el más allá consiste en una vida verdadera en su sentido más pleno.

El abordar el tema del más allá desde la óptica de la fe, nos permite mirarlo con esperanza y —¿por qué no decirlo?— con optimismo. Por eso es tan importante ver con esos ojos lo que anticipamos al otro lado de la puerta: en el cielo encontraremos una nueva vida en la que ya no hay lágrimas ni dolor, en la que las cosas ya no son provisionales y efímeras, sino permanentes y eternas.

Ojo: quiero aclarar que no pretendo convencerte de nada ni que te conviertas a ninguna religión en particular. Lo que sí pretendo es que te pares frente a la potente pregunta, ¿qué será de ti después de morir? Y que lo hagas sin que te tiemblen las piernas y tengas, al menos, una idea de lo que te puede esperar al morir, para que tú llegues a tus propias conclusiones.

El más allá es como es, independientemente de que creamos o no en él. No creo que en el más allá haya una fila especial con un letrero que diga: *formarse aquí los que no creían que había más allá*. Según la mayoría de las filosofías y religiones en el mundo, el más allá existe y no le preocupa mucho lo que tú y yo pensemos de él. Es como la ley de la gravedad. Si un día se te ocurre lanzarte del tercer piso de un edificio con la consigna de: yo no creo en la ley de la gravedad. A esta ley no le va a importar tu opinión cuando te vea estrellarte en el suelo. Estoy seguro de que a la manzana que, se cuenta, cayó en la cabeza de Newton, no le importó mucho que este no conociera aún la ley de la gravedad.

Considerando la incertidumbre que envuelve al tema del más allá y que este se puede prestar a muchas interpretaciones y especulaciones, es para mí importante recurrir a una referencia sólida, como lo son los teólogos citados en el catecismo de la Iglesia Católica, quienes afirman que el alma humana, al morir, podrá acceder a dos estados espirituales: condenación o salvación, según el amor que haya procurado a Dios y a los demás durante su vida terrenal.

Si te fijas, también en la teología aparece con claridad la importancia de aprender a amar. Por lo que te digo con convicción que, independientemente de lo que pienses del más allá, si haces en esta vida un esfuerzo consiente y constante por aprender a amar, te aseguro que no habrás perdido el tiempo.

Es lógico preguntarnos cómo serán los estados del alma en el más allá. ¿Alguien los ha percibido tras morir y ha regresado a la vida para contárnoslo?

María Vallejo-Nágera[24] hace una profunda explicación de los tres estados a los que puede aspirar el alma humana después de la

---

24 **María Vallejo-Nágera** (1964) es una escritora española conocida por sus obras de temática espiritual. Entre sus libros más destacados se encuentran *Cielo e infierno: Verdades de Dios, Entre el cielo y la tierra* y *Un mensajero en la noche.*

muerte y nos da algunas definiciones que considero útiles para tratar de entender el más allá.

Explica Vallejo-Nágera —entre otros autores— que hay personas que han muerto clínicamente y que han sido devueltas a la vida (las que llamamos ECM); estas han relatado aquello que vieron o experimentaron en el otro lado. Y nos recuerda también que hay testigos que, aun sin haber fallecido, vieron cielo, purgatorio e infierno.

Los casos que refiere en su libro son por demás interesantes, y nos dan una buena idea de qué esperar en el más allá. Nos recuerda también, que es lógico que con nuestra mente e imaginación humana no podamos anticipar cómo será, ya que no sabemos lo que es capaz de captar el alma respecto a la realidad suprema de Dios.

Respecto al cielo, el catecismo nos dice que: "Los que mueren en la gracia y amistad con Dios, y están purificados, viven para siempre con Cristo. Son para siempre semejantes a Dios, porque lo ven tal cual es, cara a cara. El cielo es el fin último y la realización de las aspiraciones más profundas del hombre, es un estado supremo y definitivo de dicha eterna".

En el estado de salvación se encuentran dos tipos de almas: las que están preparadas y entran en la presencia de Dios de forma inmediata (o sea, que van al cielo directo y sin escalas); y las que, sin estar perfectamente puras, no pueden entrar al paraíso aun, hasta pasado un tiempo de purificación voluntaria, quedando entonces en el estado del purgatorio. Este estado (purgatorio) es el segundo estado espiritual dentro del de la salvación.

Por otro lado, una realidad perversamente desagradable que puede esperarnos en el más allá es el infierno, destino eterno de las almas de los condenados. Sé que corren muchas teorías modernas que niegan su existencia y que consideran al infierno como un cuento de miedo para niños, sin embargo, son muchos los escritos, filosofías, religiones y testimonios que refieren la existencia de la esencia del mal, que es el demonio, y del lugar donde habitan los espíritus malignos y las almas que han decidido voluntariamente odiar a Dios y rechazar su mano amorosa.

El catecismo afirma la existencia del infierno y su eternidad, y lo define como el estado de autoexclusión definitiva de la amistad con Dios. Explica que las almas que descienden al infierno sufren las penas propias del mismo, cuya pena principal consiste en la separación eterna de Dios, y el reconocimiento de que solo en el hubieran podido tener la felicidad eterna para la que habían sido creados y a la que aspiraban por su propia naturaleza.

Es importante aclarar que Dios no predestina a nadie al infierno, y que este es la consecuencia de una decisión personal y libre de rechazo voluntario a Dios y el persistir en esta aversión hasta el momento de la muerte.

Por otra parte, el catecismo, respecto al demonio, nos explica que se trata de un ángel caído llamado Satán o Diablo, y refiere que primero fue un ángel bueno que cayó junto a otros, por el pecado de la soberbia ante Dios, a quien rechazaron radical e irrevocablemente al decirle: "*Non serviam* (no te serviré)".

El Papa Paulo VI confirma estas enseñanzas respecto a Satán y a los ángeles caídos diciendo: "Luz Bel (nombre de Satanás antes de revelarse a Dios) es un ser vivo espiritual, pervertido y pervertidor, que busca seducir a las almas con la mentira para alejarlas de Dios".

En el referido libro de Vallejo-Nágera, se relatan una gran cantidad de posesiones demoníacas y de conversaciones con sacerdotes exorcistas y personas poseídas, en las que de una manera desgarradora queda presente el odio del demonio, hacia el hombre y sobre todo hacia Dios.

No quiero alargarme de más en estas definiciones y prefiero invitarte a reflexionar en el problema de la eterna batalla entre el bien y el mal, de la que somos testigos todos los días. ¿Has pensado quién está detrás del bien y del mal? ¿Y por qué esta es una batalla que se da desde que el hombre está en la tierra?

El tener dudas y preguntarnos por la existencia del cielo y el infierno es totalmente normal. Yo muchas veces me he sentido perdido y me he dado cuenta de que por más que lea, consulte y me cuestione, va a ser imposible llegar solo a conclusiones absolutas, ya que lo sobrenatural es una realidad que me sobrepasa. Para encontrar estas respuestas es necesario recurrir a certezas que vienen de la fe.

Siempre he sido una persona pragmática, concreta y aterrizada para abordar los problemas de la vida; sin embargo, te confieso que al plantearme las dudas relacionadas con mi muerte y con el más allá, me sentí un tanto perdido. Si bien mi formación cristiana había sido mi referente a lo largo de la vida, para acercarme a estos temas escabrosos, admito que no fue hasta que vi de cerca a la muerte cuando me los cuestioné a fondo, ya que de la boca para afuera siempre había pensado tener claros estos conceptos.

Al ser temas y conceptos tan relevantes, he decidido abordar estos dilemas trascendentales desde las fuentes filosóficas y teológicas cristianas, con un acercamiento aristotélico tomista, pero tu podrás elegir las fuentes, criterios, posturas, ideologías o creencias que decidas. Independientemente de las fuentes a las que recurras para abordar estas dudas trascendentales, lo que pretendo en este libro y en este capítulo en particular —si es que tengo la fortuna de que aún me leas— es que te plantes de frente a la pregunta fundamental que algún día se instalará en tu conciencia: ¿qué va a ser de ti al morir?

Estoy seguro de que tú también, al plantearte este tema delicado, llegarás a tus propias conclusiones, y lo que deseo de verdad, es que encuentres la forma de hacer lo que corresponde para que en el más allá, tu alma inmortal llegue al lugar en el que tú quieras estar. Y, sobre todo, que lo que decidas sea el resultado de una búsqueda genuina y humilde que te permita encontrar el bien y la verdad, consciente de que tu postura frente a tu muerte y el más allá puede tener consecuencias que duren una eternidad.

LA APUESTA FINAL

Después de escuchar durante años que la muerte es el gran enigma en la vida, me permito decir abiertamente que no estoy de acuerdo. Para mí, el verdadero enigma no es la muerte, sino lo que nos pasa después de la muerte.

Ya vimos que todas las culturas y civilizaciones de la historia coinciden en que todos vamos a morir y, casi todas, en que hay algo más allá. Algo o alguien que nos llama con fuerza desde la otra orilla. Lo cual nos pone también frente a otro dilema: ¿quién nos llama? Y: ¿cuál es su llamado?

Como ya lo habrás visto, por más incómodo que te resulte, en este capítulo te he retado a reflexionar sobre la muerte y el más allá. Si ya coincidimos que todos vamos a morir, respecto al más allá solo nos quedan dos opciones: o existe o no existe. O tenemos un alma inmortal que trasciende la vida o somos solo materia que se hace ceniza y todo termina aquí.

Bien, pensemos qué implica para nosotros cada una de estas dos apuestas: si todo termina aquí, en cuestión de tiempo seremos —como nos dice Ayllón— una esquela, un certificado de defunción, un testamento, una vacante, cenizas y olvido; pero, por otra parte, si hay algo después de la muerte, y si ese más allá es eterno, debemos entonces cuestionarnos si lo que hacemos o dejamos de hacer aquí, tiene consecuencias en el más allá.

Si todo tiene consecuencias, ¿por qué la vida misma no las tendría?

Al final, tú y yo tenemos que tomar una postura respecto al más allá. Y con base en nuestra creencia al respecto, tendremos que hacer la apuesta final: o existe o no existe.

Por las consecuencias que esta apuesta puede tener para ti, te aseguro que es la más importante que harás en toda tu vida.

Tal vez porque intuimos su enorme relevancia, es por lo que vivimos posponiendo esta reflexión sin enfrentarla. El problema es que cada vez que la muerte merodea nuestra vida, la necesidad de hacer nuestra apuesta regresa una y otra vez a nuestra mente y nuestro corazón. Te anticipo que es una inquietud que no te dejará en paz hasta que tomes una postura al respecto y hagas tu apuesta final.

La realidad es que, por la naturaleza de la apuesta —ya que ambas opciones son excluyentes entre sí—, solo una de las dos será la ganadora. Y asumo que ya lo sabes, pero en esta apuesta te lo juegas todo. Si apuestas a que no hay más allá y aciertas, en realidad no pierdes nada, la vida se acaba y punto; pero si hay vida después de la muerte y tu apostaste a que no la hay, puedes perderlo todo.

Blaise Pascal, el conocido matemático y filósofo francés, en el siglo XVII, abordó este tema en su libro *Pensamientos*, donde nos dice: "La vida humana se asemeja a un juego cuyo desenlace consiste en apostar si existen Dios y el más allá, o no existen. Es como lanzar una moneda al aire; si sale cara, significa que Dios y el más allá existen y en tal caso, de haber tenido una buena vida y muerte vivirás con él en una dicha indescriptible; si sale cruz, significa que ni Dios ni el más allá existen y que tu vida llegó al final".

Aunque me parece creativo el planteamiento de Pascal respecto a la apuesta, no coincido en su postura de que esta deba dejarse a la suerte de un volado.

Las consecuencias de esta apuesta son tan grandes, que tal vez no alcancemos a dimensionarlas en esta vida, y aunque nos neguemos a reconocerlo, me parece que internamente —y tal vez de forma inconsciente— ya hemos hecho nuestra apuesta. Yo le he dado mil vueltas a esta apuesta. Tal vez tú también ya la hayas planteado, pero probablemente lo has hecho como yo lo hacía antes de mi accidente, desde la teoría y la distancia.

Independientemente de tus creencias filosóficas, teológicas o religiosas respecto a este tema, mi invitación es a que analices nuevamente tu postura con un componente de urgencia, ya que no tenemos la vida comprada, y no vaya a ser que al seguir posponiendo esta apuesta fundamental, la muerte nos sorprenda cuando ya sea demasiado tarde. Cuando ya no podamos apostar.

Mi objetivo en estas líneas es que tú te hagas tu propio planteamiento, analices las dos opciones y te decantes por una. La que tú elijas, ya que al final —como todo en la vida— las consecuencias positivas o negativas de tu elección serán para ti y solo para ti.

John Flader, en su referido libro *El otro lado*, recoge interesantes testimonios de personas que han tenido encuentros cercanos con la muerte, ECM; y que nos pueden ser útiles para hacer nuestra apuesta. Uno en particular me llamó la atención y creo que puede ser ilustrativo. Ian McCormack[25], quien sufrió la picadura de una avispa de mar, un piquete capaz de matar a una persona en quince minutos, dice: "Me estaba muriendo, yo era ateo y pensaba que con la muerte terminaba todo. Al sentirme cerca de la muerte me asaltó una terrible duda, ¿y si mi apuesta está equivocada? No tengo idea que será de mí si muero". En la ambulancia, camino

---

25 **Ian McCormack** (1954) es un conferencista y autor neozelandés conocido por relatar su experiencia cercana a la muerte, tras ser picado por una medusa letal. Su testimonio, plasmado en libros como *A Glimpse of Eternity*, ha inspirado a miles por su mensaje de fe, perdón y vida después de la muerte.

al hospital, cuenta que desfilaron ante sus ojos las palabras del Padrenuestro que su madre le había enseñado de niño, "perdona nuestras ofensas", y suplicó a Dios que lo perdonara.

Al llegar al hospital estuvo inconsciente quince minutos antes de ser declarado muerto. Cuenta que, durante ese tiempo, su alma abandonó su cuerpo y se trasladó al infierno. Supo que era ese el lugar terrible que hubiera merecido si no hubiera pedido perdón a Dios, minutos antes de morir. Después, tuvo una experiencia del cielo y su dicha fue tan intensa que hubiera preferido no regresar a la tierra; pero, al pensar que si se quedaba ahí, su madre viviría con la inquietud de no saber si su hijo se había condenado, decidió volver.

La reflexión de McCormack respecto a esta experiencia es interesante, ya que cayó en la cuenta de que lo que él pensaba respecto al más allá no tenía ninguna influencia respecto a lo que pudo ver con sus propios ojos. Reconoció que al escudarse en la comodidad aparente de la apuesta de que no existía el más allá, la muerte lo sorprendió sin estar preparado, y las consecuencias pudieron haber sido terribles.

Al analizar, Flader, esta experiencia, plantea que independientemente de lo que nos espere después de la muerte: "Quienes viven en esta vida rectamente cuentan con el respeto y amor de los demás, y muchas veces gozan de una paz y una alegría que les es privada a quienes viven mal. Quienes apuesten a que no hay ni Dios ni más allá, probablemente disfruten de muchos placeres, pero será difícil que gocen de la profunda paz del alma que tienen los otros".

C. S. Lewis vuelve nuevamente al rescate en este tema, con unas líneas de su libro *El gran divorcio*, al recordarnos que para quienes van al cielo, su cielo empieza aquí; y para los que van al infierno, su infierno empieza también aquí.

Estas líneas —con las que coincido plenamente— me dejan con la tranquilidad de que la felicidad aquí y allá no son excluyentes entre sí como la apuesta final. Al contrario, son complementarias y, ser feliz aquí, puede ser un buen indicio de lo que nos espera allá.

Con esto cierro este capítulo, que reconozco plantea una reflexión que no es nada fácil, sobre todo porque nuestra naturaleza humana no nos permitirá tener en esta vida una certeza absoluta respecto a si existe, cómo es, o qué podemos esperar del más allá. Por lo que, para abordarla en toda su dimensión, es necesario recurrir a fundamentos filosóficos, teológicos y escatológicos sólidos que te ayuden a encontrar las respuestas que buscas.

Independientemente de cuál sea tu conclusión al respecto, espero vernos en el más allá —como quiera que este sea— y ahí confirmar quién ganó la apuesta final.

7

VUELTA A LA VIDA

Y CUANDO DESPERTÉ…
LA OFICINA SEGUÍA ALLÍ

A casi tres meses del accidente, me sentí con fuerzas para ir a la oficina y saludar a mis socios y colegas. Durante mi ausencia, habían estado no solo al frente de la firma, sino muy presentes en mi recuperación, y contaba con sus mensajes frecuentes.

Preferí hacerlo sin avisar y llegar por sorpresa. Al abrirse las puertas del elevador y empezar a ver desfilar las caras de mi equipo de trabajo, sentí que me faltaba el aire. Su cariño, sus abrazos y un gusto genuino de verme, me conmovieron.

Pronto se corrió la voz de mi visita y subieron colegas de los otros pisos para saludarme. Me daba pena que vieran a su jefe tan disminuido y con poca movilidad, pero quería ir a agradecerles, personalmente, su esfuerzo y compromiso con la firma durante mi ausencia y, sobre todo, sus oraciones y preocupación por mi salud.

La intensidad del reencuentro y el cariño sincero que percibí, drenaron mi energía a tal punto, que, a los treinta minutos de haber llegado, les pedí dejarme solo un momento en mi privado, porque sentí desmayarme. Al entrar, me recosté en el sillón en el que había tenido tantas juntas y pensé, para mí, ¡qué equipazo tenemos, qué calidad humana, que bendición sentir su apoyo y su cariño! Después de algunos minutos, logré retomar fuerzas para salir al pasillo y saludar a más colegas. El camino hacia el elevador me pareció eterno y, para entonces, solo pensaba en regresar a casa. Aprendí otra lección: las emociones profundas son un regalo, pero roban mucha energía.

Conforme pasaban las semanas y me sentía mejor, participé en la junta de consejo mensual de Family Consultoría, una asociación civil que mi esposa y yo fundamos en 2014 para acompañar a personas, matrimonios y familias en los momentos difíciles de su vida, bajo el siguiente lema: "En Family creemos que todos podemos ser más felices". Es una iniciativa enfocada en la salud mental, emocional y afectiva; con quince terapeutas, tanatólogos, psicólogos, psiquiatras, *coaches* y otros profesionales, cuidadosamente seleccionados por su profesionalismo, ética, confidencialidad y su preparación a favor de la vida y la familia. Me enorgullece escribir que, a la fecha, nuestros terapeutas han atendido más de veintisiete mil citas, y muchos pacientes han dado testimonios conmovedores sobre cómo el acompañamiento terapéutico les ha cambiado la vida.

Desde su fundación, yo presidía el consejo compuesto por empresarios y amigos igualmente comprometidos con la salud mental y emocional de quienes depositaban su confianza en nosotros. Esa fue mi primera junta de consejo en meses y fue muy emotiva, aunque también me resultó agotadora. Al terminar la junta y respirar aliviado, pensé que por fin podría descansar, cuando noté que la directora me esperaba en la puerta de mi oficina. Habíamos tenido infinidad de conversaciones entrañables. Era mi terapeuta y el aprecio entre nosotros era grande.

"No sabes el gusto que me da verte otra vez, Hugo. Nos tuviste rezando como locos por tu salud". Después, me hizo una pregunta potente y directa mientras me miraba a los ojos como solo un terapeuta sabe hacerlo: "Cuéntame, ¿cómo estás?". A pesar de lo natural de la pregunta, me tomó por sorpresa y contesté no sé, creo que bien. Me miró con la sonrisa pausada que solía usar en mis terapias y dijo: "Acuérdate de que no eres Supermán. Lo que estás pasando es muy duro y tal vez necesites acompañamiento". Por el momento, respondí, creo que estoy bien, pero dame algunas pistas para saber si necesito terapia.

Su respuesta me sorprendió: "Creo que la terapia que necesitas ya la estás haciendo". ¿Cuál es?, pregunté sorprendido.

"¿Recuerdas que muchas veces te he sugerido que, para una personalidad racional y controladora como la tuya, es necesario darle paso a tu intuición, creatividad y lado femenino? Este se aloja en el lado de tu cerebro que controla el lado izquierdo de tu cuerpo. Según me cuenta Melissa, llevas meses haciendo todo con el brazo izquierdo, porque el derecho no te ha respondido. Esa es la mejor terapia que puedes hacer. La vida se encargó de forzarte a paralizar tu lado racional, para dar espacio a tu lado intuitivo. Y también creo que vas a estar bien", dijo antes de regresar con el grupo de consejeros que se despedía afuera de la sala de juntas.

Es increíble cómo la vida se encarga de darnos las lecciones a la medida que cada uno necesita, y estas llegan tarde o temprano con la duración, intensidad, dosis y forma que más nos conviene. Gracias a esa conversación logré hacer un cambio mental y, en lugar de quejarme por la inhabilidad y lentitud de mi brazo izquierdo, me repetía a mí mismo: estoy haciendo terapia.

Esa terapia me ofrecía, no solo lecciones de intuición y creatividad, sino también me permitía hacer vida las tres lecciones que tenía clarísimo debía aprender de este accidente: humildad, paciencia y empatía.

DEMASIADO BUENO PARA SER VERDAD

Finalmente llegó el día del viaje a Houston para la cita con el doctor Collins, traumatólogo especialista en lesiones de nervios. Yo, por mi parte, no podía ocultar mis propios nervios. Solo recordar lo agotador del viaje de regreso de Bérgamo a México me daban escalofríos.

La rutina de los viajes había cambiado bastante. Normalmente yo me ocupaba de reservar, preparar, coordinar, acarrear, sacar pasaportes, documentar y elegir asientos para todos. En esta ocasión, mi hijo se ocupó de todo y al llegar la hora de ir al aeropuerto, entró en mi habitación y me dijo: "¿Listo, pa?". Me puse de pie con un largo suspiro y le empecé a contar que el centro médico de Houston me traía malos recuerdos. El peregrinar entre consultorios y hospitales hacía más de veinte años, cuando mi padre falleció de cáncer; los estudios y terapias a Fernando, mi hermano, después de su accidente hacía ocho años, y varias visitas a familiares y amigos que se atendían de enfermedades serias. Todo aquello pesaba en mi alma.

En este viaje, por fin, iba a recibir el veredicto del futuro de mi brazo derecho, que, por su parte, además de inmóvil, estaba permanentemente entumido.

Después de todos los protocolos de registro, revisión de expedientes y de verificar los datos del seguro que se haría cargo de los gastos, nos pasaron a un consultorio. Pedí que dejaran entrar a mi esposa y a mi hijo y, afortunadamente, accedieron. Todavía faltaban varios procesos para ver al doctor Collins.

Una enfermera tras otra llegaban a ver radiografías, a preguntar tres veces lo miso, a tomar notas, y a decirnos: *Dr. Collins will be here shortly*. Eso nos dio tiempo para ver todos sus diplomas y reconocimientos.

El doctor Collins era una celebridad en el mundo médico. Era el traumatólogo del equipo de beisbol de los Astros de Houston, de un equipo profesional de hockey y también de los Texans, de futbol americano. Al parecer estamos en buenas manos, pensaba justo cuando, seguido de un séquito de enfermeras, apareció un hombre alto, delgado y canoso que se presentó con una sonrisa fingida.

"Hola, Hugo, ¿cómo estás?", dijo en su mal español y sin esperar respuesta cambió de idioma —y de sonrisa— para preguntarme ya en tono más serio: "*What brings you here?*" Contesté con tanto detalle como pude, y mi esposa y mi hijo complementaron el diagnóstico, que el doctor Collins escucho con cierta impaciencia, mientras miraba las radiografías y estudios que le entregaban sus enfermeras.

De pronto, a media explicación y sin decir palabra se puso de pie y se fue, dejándonos con la palabra en la boca. Los tres nos miramos extrañados. Las enfermeras también parecían sorprendidas. Afortunadamente no tuvieron que dar una explicación por la repentina salida del doctor Collins, ya que en menos de un minuto estaba de regreso con una pluma en la mano. Y no era una pluma para escribir, sino una pluma de un ave. La recuerdo perfectamente, entre gris y café, como las que coleccionaba de niño.

Sin más explicación me tomó el inmóvil brazo derecho y pasó la punta de la pluma por mi bíceps, luego por mi antebrazo, llegando hasta mi mano y dedos al tiempo que decía: "Cierra los ojos y concéntrate muy bien en decirme si sientes esto". Y repetía, una y otra vez, el procedimiento de deslizar la pluma brazo abajo.

"¿Sientes?", me preguntó en voz baja en medio del total silencio en el consultorio. Sí, le dije, siento cuando deslizas la pluma, pero lo siento como en otra dimensión, como si estuvieras tocando el brazo de otra persona. Repitió, entonces, con cierta impaciencia: "La pregunta no es cómo lo sientes, sino si lo sientes". Sí, repetí, de sentirlo estoy seguro.

"Perfecto", me dijo con una mirada penetrante, "si sientes es que el nervio no está roto. El nervio tiene dos funciones, la sensible y la motriz, tú tienes la sensibilidad y no la motriz, porque el nervio debe estar muy lastimado e inflamado. Estos nervios se desinflaman un milímetro por día y por lo que veo en tus estudios, tu lesión es bastante grande. El reto es que la desinflamación permita la conexión antes de los cuatro meses, ya que de lo contrario...". Y fui yo quien terminó la frase que había escuchado ya de varios médicos. De lo contrario el músculo puede morir por falta de movimiento y estímulo.

"Así es, ya lo sabes, ¿cuánto tiempo llevas?". Tres meses, una semana y dos días, le dije. "Ok, tienes todavía un mes, y si yo tuviera que apostar, lo más probable es que tu nervio desinflame a tiempo y que tú y yo no nos volvamos a ver". Casi sin terminar de hablar se puso de pie para irse, no sin antes escuchar mi típica pregunta pesimista: "¿Y si el nervio no alcanza a conectar, doctor, usted me puede operar?". Sin detenerse, volteó y me repitió: "lo más probable es que no nos volvamos a ver", y continuó su camino, seguido por su séquito de enfermeras, hasta perderse en uno de los largos corredores blancos de su consultorio.

La esperada visita del doctor Collins había durado menos de diez minutos y, al terminar, los tres nos quedamos mirándonos en el consultorio sin saber qué decir. Fue mi hijo el que rompió el silencio para decir: "Pues, muy bien, ¿no?". Mi esposa no contestó y yo solo atiné a decir no sé. Suena demasiado bueno para ser verdad, y prácticamente desde entonces, hasta el regreso al día siguiente a México, quedé sumergido en mis pensamientos.

Los mensajes de WhatsApp de mis hermanos, familiares y amigos para preguntar cómo nos había ido, empezaron a bombardear a mi esposa. "¿Qué les digo?", preguntaba de cuando en cuando. "Pues diles lo que dijo el doctor", contestó mi hijo. La realidad es que yo estaba a un mes de llegar al plazo fatídico de los cuatro meses para que el músculo no muriera y no veía ninguna señal de que mi muñeca derecha tuviera la menor intención de moverse.

Curiosamente yo seguía tranquilo y en paz. Juntos vamos a salir de esta, seguía escuchando con frecuencia en mis oraciones a lo largo del día. Claramente no era el único que estaba volcado intensamente en la oración por mi recuperación, ya que, de cuando en cuando, escuchaba en misa que una de las intenciones era por la salud de Hugo Cuesta y por su familia.

La noticia del resultado de la visita al doctor Collins fue tomada de forma muy diferente por mi terapeuta Marco, que fue muy optimista, y la de mi traumatólogo, Luis, que, para variar, fue muy pesimista.

Marco me dijo que hacía mucho sentido lo que dijo el doctor Collins: "Si tienes sensibilidad, no hay forma de que el nervio esté roto", me repetía con su típica sonrisa franca. Mientras, el doctor Luis me decía: "El problema no solo es ese, estás a un mes de que se muera el músculo, y la muñeca no da señal de moverse", y me ponía a intentar moverla hacia arriba. Y me decía: "¿Ves? No se mueve nada". Y al terminar la revisión, después de Houston, añadió a su nada halagador diagnóstico: "El golpe fue muy duro, y veo también parálisis en el trapecio, escápula y deltoides. Tal vez estos también estén dañados".

Salí de ahí con el ánimo en los suelos, directo a mi cama. Al reflexionar en la noche pensé: no lo quiero volver a ver. Me ha costado mucho trabajo mantener el ánimo, estoy en el mes crítico de mi recuperación, no me sirve nada su negatividad. Me voy a concentrar en tratar de recuperar lo más posible, y ya Dios dirá hasta donde puedo llegar.

Mientras tanto, pasaban los días y yo seguía inmerso en mis terapias y rutinas, tratando de no pensar que el plazo fatídico de los cuatro meses estaba a solo cinco días de cumplirse.

Esa noche, al estar en misa vi una cara conocida. Era de un amigo de la preparatoria que tenía años sin ver y que al final se me acercó con la típica pregunta: "¿Cómo sigues, Hugo?". Yo no tenía ganas de ver a nadie, y menos de seguir dando explicaciones. Pues ahí voy, y sin saber por qué le dije que me preocupaba estar a unos días de cumplir el plazo para que se moviera mi muñeca y que no veía que eso fuera a ocurrir. Y al explicarle, tomé mi brazo derecho con el izquierdo y lo levanté para mostrarle como la muñeca no se movía. Para mi sorpresa, en lugar de responder con el típico "ya verás que pronto se recupera", me dijo: "Pero no seas cruel, Hugo, no lo intentes en contra de la gravedad. Ponla de lado para ver si tiene movimiento". Y tomó mi muñeca, la puso de lado y me dijo: "Así es como debes intentarlo, porque contra la gravedad es mucho más difícil".

Para mi enorme sorpresa percibí, al intentarlo de esa forma, un levísimo movimiento que pensé era debido a que la había colocado con la gravedad a favor. Mi amigo también lo notó y mientras sostenía mi muñeca me dijo: "A ver, inténtalo otra vez", y ambos notamos ese movimiento. No dijimos nada y me pidió lo intentara una tercera vez. Aunque incipiente, el movimiento era notable. Le pedí que nos moviéramos a donde había más luz a repetir el proceso, y el resultado fue igual. Una levísima flexión de la muñeca hacia afuera.

Fue él quien rompió el silencio para decir lo que ambos pensábamos: "Pues, no sé tú, pero yo veo que algo se mueve". Yo no pude contestar, las lágrimas ya habían inundado mi garganta. Le di un abrazo y sin decir palabra regresé al interior de la iglesia que ya estaban cerrando. Me hinqué frente al altar para rezar; Señor, ¿será real esto?, tú puedes todo y, aunque sabes lo que más me conviene, te pido con todo mi corazón que me recupere. Me quedé algunos minutos llorando en silencio hasta que el encargado de la iglesia me tocó el hombro y me dijo: "Disculpe, ya vamos a cerrar".

No quería hacerme ilusiones ni emocionar a los míos sin tener más evidencias. Esa noche fingí dormir y, al notar que mi esposa dormía, me levanté al baño para repetir cientos de veces el movimiento de la muñeca en el ángulo que lo había intentado antes. El movimiento era casi imperceptible, pero de que había una mínima respuesta, sí que la había.

No sé cuántas horas estuve repitiendo el movimiento, siempre con los mismos escasos, pero perceptibles, resultados. ¿Cómo es posible que ningún médico ni terapeuta me hubiera sugerido mover el ángulo de la muñeca al intentar moverla? Y, sobre todo, ¿por qué cada cita semanal con Luis, el traumatólogo, me hacía intentar mover la muñeca contra la gravedad? Él sabía que no lo iba a lograr en esos cuatro meses ni aunque el nervio estuviera conectado. ¿Sería porque quería operarme sin necesitarlo? Muchas otras fueron las especulaciones de esa noche sin sueño y lo único en lo que podía pensar era en mi cita de esa tarde con el terapeuta Marco, para pedirle confirmar lo que significaba ese leve movimiento.

A pesar de que mi cita era a las 4.30 p. m., desde las 3.00 p. m. en punto estaba sentado en la sala de espera de la clínica SIGUE, de Marco. "Se te hizo temprano", Hugo, me comentó sonriendo Tonatiuh, su adjunto.

Al llegar Marco, me saludó y me preguntó: "¿Qué traes?". Nada, contesté con una sonrisa delatora. "Bueno, empecemos", dijo, mientras preparaba el equipo para la terapia. Justo antes de empezar le pedí esperara un momento. Tengo una duda, le dije, ¿qué significa esto? Y puse la mano de lado e intenté mover la muñeca. "¿Qué significa qué?", preguntó porque al principio no notó nada. Y le dije mira la muñeca. Esta se mecía en un levísimo ir y venir, apenas perceptible. Ahí sí que capté su atención. "A ver, espérame", dijo mientras se ponía de pie. "Párate", me pidió, deteniéndome el brazo derecho. "Dale otra vez", y el tímido vaivén de la muñeca seguía en su leve, pero constante, ir y venir.

Sin decirme nada gritó: "¡Tonatiuh, ven rápido!". Tonatiuh llegó asustado. "¡Mira esto!", le pidió Marco, "¿se mueve?". Tonatiuh se quedó mirando mi muñeca y dijo: "Sí, poco, pero se mueve". En ese momento, el grito a todo pulmón de Marco de "¡eso!" atrajo a todos los terapeutas de SIGUE, quienes se asomaron curiosos al consultorio. Me apretó la mano y me dijo, con lágrimas en los ojos: "¡Bendito sea Dios, Hugo! El nervio no está roto, esto ya empezó a conectar".

Fiel a mi personalidad pesimista, en el camino a casa seguía pensando que y si no vimos bien y en realidad se mueve solo por la gravedad, y si así se queda solo con un leve movimiento. Estaba por entrar a mi enésimo ¿y si...? cuando timbró mi teléfono. Era mi esposa y a rajatabla me preguntó: "¿Cómo te fue de terapia?". No supe que contestar y solo atiné a decir en la casa te cuento. Claro que ella también imaginó lo peor.

Al llegar a la casa, estaban sentados en el comedor mi esposa y mi hijo. Noté que me miraban muy atentos, y yo no sabía qué cara poner. No atiné a decir nada, solo puse el brazo encima de la mesa y mi muñeca de lado para preguntar ¿notan algo?, mientras intentaba moverla hacia un lado y otro. Segundos de interminable silencio. "Pues, medio se ve que se mueve, ¿no? Poco, pero se mueve", dijo mi hijo. Así es, les dije, dice Marco que ese leve movimiento es la prueba de que el nervio no está roto. A pesar de su carácter germánico y frío, los dos me abrazaron y nos fundimos los tres en un fuerte abrazo. Yo me sentí el hombre más afortunado del mundo, por tener a mi equipo germánico, para celebrar lo que parecía el inicio de una recuperación que hace unos días era impensable.

De inmediato les dieron a mis hermanos la buena noticia. A mi madre preferí avisarle personalmente, y lo hice a mi estilo, entre bromas, diciéndole: ¡un milagro, un milagro, mi muñeca se mueve! Los mensajes de Whatsapp de felicitación empezaron a llegar de varios lados, con lo que reafirmé que no era el único al que le tenía muy preocupado ese fatídico plazo de los cuatro meses.

Nuevamente, confirmé la enorme importancia de tener en la vida personas que te quieran al grado de alegrarse verdaderamente contigo en tus alegrías, y de padecer contigo los reveses de la vida. Esas personas tienen nombre y apellido, se llaman familia y amigos. No me cansaba de darle gracias a Dios por tenerlos.

Fiel a mi estilo intenso, al día siguiente quise empezar a agendar terapias dos y hasta tres veces al día. Para irle adelantando, les decía a los terapeutas que se sorprendían de verme en la agenda mañana y tarde. Marco puso orden en ese proceso con una llamada. "Hugo, para que las terapias funcionen debe haber períodos de descanso de por medio, si no, en lugar de beneficiarte, te pueden lastimar el nervio y el músculo. Los tienes que tratar como a un bebe recién nacido, con cuidado y paciencia; pero créeme, el primer gran paso ya se dio, y ese leve movimiento de muñeca impide que el músculo se muera por falta de uso".

Con la inyección anímica de saber que el nervio radial del brazo derecho no estaba roto, mi recuperación física y mental se aceleraron notoriamente. Aunque no me quitaba la muñequera para sostener la muñeca, a los seis meses del accidente ya podía empezar a hacer cosas muy básicas con la mano derecha.

ANHELO DE HOBBIES

Las terapias seguían y me dejaban agotado. Una noche de insomnio, noté que mi esposa tampoco podía dormir y le pregunté: amor, ¿tú crees que este accidente se lleve mis *hobbies* para siempre?

Desde los diez años, uno de mis *hobbies* más queridos, además de escribir, había sido el golf. Sin embargo, en mi condición actual ni siquiera podía pensar en volver a jugar. En un muy cercano tercer lugar estaba otro *hobby* que disfrutaba al máximo: tocar la batería.

La música no solo me hacía sentir joven, sino también vivo y extrañaba las rocanroleadas con amigos, con una profunda nostalgia. Solíamos reunirnos con cierta frecuencia para hacer palomazos y desafinar juntos. Interpretar los *covers* de nuestros grupos favoritos se convirtió en una afición que disfrutábamos al máximo. Este *hobby*, sin embargo —igual que el escribir y el golf— era totalmente incompatible con la inmovilidad de mi muñeca derecha, que requería mucha resistencia, especialmente al tocar la batería.

Hablando de tocar, prefería intentar no pensar más allá de lo que me tocaba cada día. Al meditarlo, me hizo de pronto mucho sentido la recomendación de un gran amigo alcohólico: "Mira,

Hugo, con esta adicción no podemos enfrentarnos a dejar de beber toda la vida. Nuestra batalla se da un día a la vez. Yo amanezco pidiendo la fuerza necesaria para no tomar alcohol el día de hoy. Y mi batalla se repite todos los días. Casi siempre termino el día sobrio".

Al leer las notas de mi diario mensual, que escribo desde hace más de veinticinco años, me di cuenta de que, a pesar de que mi condición había avanzado mucho en mi capacidad del disfrute.

Escribía entonces:

Es increíble cómo la vida me ha sonreído últimamente. Hoy, desde un fin de semana espectacular en Punta Mita, hemos pasado momentos preciosos. Cenando en la playa con mi esposa he tomado conciencia de lo afortunados que somos y lo mucho que tenemos que agradecer a Dios. Después de una semana intensa en la Ciudad de México en citas profesionales, y un gran concierto de Amanda Miguel, en el Auditorio Nacional (a quien sigo disfrutando a pesar de los años y de las burlas de amigos que cuestionan mis gustos musicales), percibo algunos avances en una de mis batallas centrales. Especialmente en mi capacidad del disfrute, que es una lucha de años y es aún una tarea pendiente.

HANDICAP

Durante otro de nuestros viajes a Punta Mita (ahora para pasar año nuevo), era común que coincidiéramos con parientes y amigos. Entre ellos Carlos Ortiz, un buen amigo golfista cuya afición al golf había fructificado, a tal punto, que tiene dos hijos profesionales que juegan en las giras internacionales Korn Ferry y LIV.

Cuando Carlos supo que estaba en Punta Mita, me llamó para preguntar cómo seguía y si quería jugar golf con él y sus hijos. La invitación me paralizó. Aunque había recuperado algo de movilidad en el brazo derecho, estaba muy lejos de poder jugar. Le pedí que me diera tiempo para pensarlo: deseaba intentarlo, pero temía dar lástima. A pesar de estar feliz por la recuperación de mi brazo, mi muñeca seguía limitada y el entumecimiento no me permitía hacer un *swing* completo.

Al día siguiente, en el gimnasio, me encontré con uno de los hijos de Carlos. Carlos Jr., golfista profesional que había jugado en la gira de la PGA y, ahora, en la LIV. Después de un cariñoso abrazo, me recomendó a su terapeuta, Erika, que lo había ayudado con varias lesiones en sus giras. Le agradecí y, en tono de broma, le pregunté si podría prepararme para jugar en tres días con él y su padre. Se rio y me respondió lo que necesitaba escuchar: "Apúntate y, si no puedes, caminas con nosotros y te tomas una cerveza".

De regreso al departamento, le llamé a su padre: sí me apunto al plan. Y si no puedo jugar, te cargo la bolsa y voy de *caddie*. Me dijo: "¡Claro, no te preocupes, viene también la novia de Álvaro, mi hijo!". Lo interrumpí para preguntarle: ¿la que juega en la gira profesional de la LPGA? "Sí, exacto, ¿por?". Pues nada, con ustedes no me da pena, pero pregúntale a ella si no le importa jugar con un viejito medio lisiado.

Al colgar, pensé: si esto hubiera sido antes, no creo que hubiera aceptado. Estaría preocupado por hacer un buen papel, por lo que fueran a pensar de mi nivel de golf y por querer competir, al menos para no aburrirlos. La realidad es que después del accidente me sentía más aliviado, tomándome las cosas menos en serio, bajando totalmente las expectativas y pensando: ¡vaya forma de reaparecer en el campo! Jugando en el precioso campo de Punta Mita, con tres jugadores profesionales y un buen amigo. Curiosamente, más que conectar con los nervios de hacer el ridículo (lo cual era bastante probable), me conecté con el agradecimiento por salir al campo por primera vez y de intentar jugar golf cuando, en Italia, me habían dicho que no volvería a mover el brazo.

En el típico insomnio nocturno conecté con la enorme bendición de que ya tenía algunas semanas tecleando en la computadora con las dos manos, contestando correos y escribiendo (aunque muy lentamente) contratos y otros documentos legales.

Atrás habían quedado los interminables cinco meses para poder llevar el brazo derecho a la cabeza y ponerme champú al bañarme; los tres meses para tardar menos de seis minutos en abrocharme, con la mano izquierda, los botones de la camisa; sin mentar madres contra los pinches ojales tan chicos de las camisas; los cuatro meses y tres semanas para poder abrocharme las cintas de los zapatos; los siete meses para rasurarme con la mano derecha, ya que al hacerlo con la izquierda quedaban huecos de barba en la cara, como mechones de muñeca despeinada; los cuatro meses para poder manejar, y tantas otras pequeñas y grandes batallas que iba dejando atrás.

Finalmente, llegó el día de mi anhelado regreso al campo de golf. Era una mañana pletórica, y llegué un par de horas antes de nuestro *tee time* para ir a la plataforma a sentir hasta dónde podría exigir a mis hombros y brazos. Usaba entonces una apretada muñequera con una especie de guante que me daba un poco de soporte en la muñeca, cuya debilidad era notoria.

Los primeros *swings* me ubicaron pronto en la realidad. Sí podía levantar el bastón en el *back swing,* pero sin la fuerza del brazo derecho para darle estabilidad al *swing* y poder impactar la pelota con cierta distancia.

Fue una ronda memorable. El grupo, de gran calidad, no solo golfística, sino humana, se portó a la altura. No me sentí observado ni juzgado, simplemente me dejé llevar, disfrutando la gran oportunidad de estar ahí, con vistas preciosas al mar, rodeado de un golf de gran nivel y con conversaciones agradables y familiares con Carlos y sus hijos. Fue una gran lección para vivir el presente y aceptar mi realidad de estar en plena recuperación, aún muy lejos de estar al 100 %.

En ese momento, no imaginaba que muchos meses después tendría —en otro escenario y otras condiciones— una nueva oportunidad. En septiembre de 2024 la vida me dio otro gran regalo: pude cumplir el sueño de niño de jugar con los mejores golfistas del mundo. Uno de los patrocinadores del LIV Tour me invitó a jugar el torneo PRO AM de la final en Dallas, y tuve el privilegio de jugar como amatcur junto a grandes jugadores como Joaquín Niemann y Carlos Ortiz. Al caminar por el campo me pellizcaba para creérmela. Me sentía en las nubes.

NO ERES TÚ, SOY YO

Siempre he pensado que en la vida es necesario abrir y cerrar ciclos. Sabía que la moto y yo teníamos un ciclo pendiente, pero no sabía si para abrirlo o cerrarlo. Abrirlo implicaría retomar esta afición que —aunque la disfrutaba bastante— ya me había mandado un mensaje clarísimo: te puede costar la vida. Y, por otro lado, me había dejado también claro que esta afición, había puesto mi vida, la de mi familia y amigos de cabeza.

La duda que venía rumiando desde hace tiempo, era respecto a mi postura personal ante esta divertida, pero peligrosa, afición. Tal vez por eso contestaba con evasivas cuando mi esposa me preguntaba cada cierto tiempo: "¿Cuándo vas a vender la moto?". La realidad es que, simplemente al considerar que, de abrir un nuevo ciclo con ella, estaría exponiéndome a otro accidente, teniendo aún latente el remordimiento de conciencia de haber hecho sufrir a mi familia y amigos. Estaba claro que no tenía derecho a hacerlos pasar por algo similar nuevamente. Esa fue la razón principal por la que decidí cerrar el ciclo de la moto, en lugar de darle una nueva oportunidad.

Aunque pareció una acción espontánea, la realidad es que ya lo había estado pensando ampliamente. Un día normal, entre semana, cuando sentí que mi muñeca tenía suficiente fuerza para tomar el volante, acelerar y frenar, sin decir nada, desempolvé mi casco y me puse mi traje de moto, esperando no encontrarme con nadie al salir de casa. Tuve la mala suerte de que justo mi esposa llegaba en ese momento, y su sorpresa fue mayúscula al verme vestido de moto y casco. Pudo haber hecho un escándalo para impedirme salir, pero me conocía demasiado bien como para confiar en que sabía lo que hacía. Eso no evitó que me lanzara una mirada de fuego y un: "¡Tú sabrás, ya estás grandecito!".

No llegué a escuchar más, porque salí corriendo a la cochera para subirme a la moto. La encendí y de inmediato sentí la adrenalina al escuchar rugir su potente motor. La mano respondía y mi corazón latía con fuerza. Me sentí aliviado, vivo, joven y libre. Sin pensarlo, me dirigí al Periférico y, al acelerar para rebasar un coche, solté una carcajada que se perdió en el ruido del viento. ¡Qué bueno que Giovanna no maneja en México!, pensé.

En poco tiempo, me di cuenta de que había recorrido muchos kilómetros y vi el primer anuncio de la salida hacia la carretera a Puerto Vallarta, un viaje frecuente que había disfrutado con el grupo de *brothers bikeros*. Admito que la tentación de tomar esa salida fue grande, pero me detuve de pronto: ni se te ocurra, Hugo. Continué por varios kilómetros, dando vueltas al Periférico y a mil cosas que pasaban por mi cabeza, disfrutando la velocidad, el viento y la potencia de la moto.

No sé cuánto tiempo pasó, pero vi que se encendió el indicador de gasolina y supe que debía regresar. Tomé el primer retorno y me dirigí hacia mi oficina. Una hora después, estaba entrando al estacionamiento. Lentamente llegué a mi lugar, apagué la moto, la miré fijamente y le dije: te disfruté mucho, me regalaste momentos increíbles y te lo agradezco, pero ya vi que no eres para mí. Hasta aquí llegamos.

Al subir al elevador, me miré en el espejo y pensé: qué ridículo eres, Hugo, parece que estás terminando con la moto como si fuera una novia. Con el típico "no eres tú, soy yo". Seguía inmerso en mis pensamientos, consciente de que había cerrado el ciclo de la moto, cuando, en uno de los pisos, se abrió el elevador y un abogado joven, al verme vestido de moto, abrió los ojos sin saber qué decirme. Le hice una señal con el dedo en la boca, pidiéndole que guardara silencio. Antes de llegar a mi piso, pasé al baño, me cambié con ropa de abogado y llegué a mi oficina como si nada.

Al llegar a mi escritorio, saqué mi celular y vi cinco llamadas perdidas de mi esposa. Le escribí: "Ya estoy en la oficina. Todo bien. Hoy pongo a la venta la moto. Ya cerré ese ciclo".

UN TSUNAMI LLAMADO AGENDA

El entusiasmo por ver mis pequeños grandes avances, me impedía notar que mi agenda se estaba saturando nuevamente. Una noche, al llegar de las terapias de la tarde, noté que, además de exhausto, había estado fuera de casa casi doce horas. Entre citas de trabajo, comida con clientes, llamadas de amigos y terapias, no había tenido tiempo ni de avisar en casa que no llegaría a comer. Noté, preocupado, que tal vez no había aprendido la lección de bajar el ritmo y de vivir más sosegadamente. Sabía que lo había intentado mil veces en distintas etapas de mi vida, pero creía que una lección tan fuerte como la que estaba viviendo, sería la definitiva para aprender a vivir de manera más pausada e intencional, concentrándome en las prioridades de mi proyecto de vida. Meses después me di cuenta de que ni esta lección había sido capaz de bajarme del carril del hiperactivismo en el que me había instalado desde que tengo memoria.

En mis relecturas mensuales de mi diario manifiesto, puedo ver con claridad que este accidente fue permitido por Dios para darme una podada y ayudarme a terminar de aprender las lecciones que la vida me daba, y responderle en algo más grande. No sé exactamente de qué se trata, pero percibo que ha depositado en mí la confianza para ponerme a prueba, brindándome la oportunidad de crecer en lo personal, lo humano y lo espiritual. Es como en el juego de Mario Bros, donde a medida que dominas el nivel, el desafío se intensifica, pero te conviertes en un jugador más hábil. Esto me trae a la mente las palabras de mi amigo Fernando, durante una de sus visitas: "Hugo, estoy seguro de que vas a salir más fuerte de esto y, sobre todo, más humano".

Espero tener la valentía, disciplina y constancia para incorporar esta nueva forma de vivir, en el hombre nuevo que renació el 18 de junio de 2022, en Bérgamo. Hasta esa fecha era un enigma hasta qué punto lo lograría.

A mi regreso a Guadalajara, tras los días de Punta Mita, comenzó a cumplirse la predicción de mi esposa. En la medida en que me recuperaba y podía trabajar, manejar y viajar, mi agenda se fue saturando de nuevo, al punto de no tener tiempo ni para realizar las terapias físicas diarias que tanto bien me habían hecho. ¡Es increíble cómo nos gana la rutina y la inercia! Todavía no se cumplía un año del accidente y ya tenía una agenda rebosante y me quejaba de no tener tiempo para algunas cosas.

Así como había mejorado en vivir en el presente y en incrementar mi capacidad de disfrute, mi intención de vivir serena y sosegadamente a un ritmo de vida menos frenético estaba muy lejos de lograrse y prácticamente estaba cayendo en los mismos errores del pasado.

Al ver cómo se empezaba a saturar mi agenda, no pude evitar preguntarme con cierta impaciencia: Hugo, ¿cuántas veces más vas a intentar a aprender esta lección?

DEJAR, CONFIAR, DELEGAR...

A menos de un año del accidente, mi vida de abogado se parecía cada vez más a mi normalidad de antes del 18 de junio de 2022. Las juntas con mis equipos de trabajo habían, prácticamente, vuelto a la rutina, y los indicadores en varias áreas iban mejor a pesar de mi ausencia durante varios meses.

Justo ocho meses antes de mi accidente, habíamos concluido un profundo proceso de reestructura organizacional, con un acompañamiento extraordinario de una empresa israelí llamada Adizes, que nos había ayudado a reestructurar los principales procesos y políticas de la firma, a redistribuir responsabilidades y reasignar roles específicos de cada uno de los líderes de nuestras doce áreas de práctica. Y lo mejor, todo esto aterrizado en un *business plan* individual de cada líder, de cada célula y con la certeza de que los objetivos de cada uno de los cincuenta y seis abogados de la firma estuvieran alineados a los objetivos estratégicos.

Muchas de estas reuniones empezaban con el mensaje de nuestros asesores diciéndonos: "Las cosas deben de funcionar igual o mejor cuando los líderes no estén. Todos estamos expuestos a una eventualidad, una renuncia o una salida de personas claves de la organización, por eso debemos confiar en los procesos y sistemas, para que las cosas sucedan independientemente de las personas". Y concluían con una frase típica, una que nunca voy a olvidar: *What if we are hit by a truck*? (¿qué pasaría si nos atropella un camión?). Yo, al escucharla, nunca pensé que iba a ser el ejemplo vivo del atropellamiento, y menos que mi ausencia de casi tres meses iba a poner a prueba el sistema, al punto de operar de manera muy eficiente, sin el CEO al frente de la firma.

Este era otro aprendizaje patente de este accidente, nunca somos tan necesarios como creemos, y hay áreas de nuestro trabajo o nuestra vida en las que, más que aportar, es probable que empecemos a estorbar. Esto, aunque duele reconocerlo, es indispensable para poder concentrarnos en aquello en lo que verdaderamente aportamos valor, y dejar a un lado aquellas tareas en las que haya alguien más capaz que nosotros para llevarlas a cabo.

Aprendí a la mala a poner en práctica aquel consejo que nos repetía Adizes con frecuencia: *Do what you do best, and delegate the rest* (haz lo que haces mejor, y delega lo demás).

EL MUNDO, SIEMPRE EL MUNDO

No soy el primero —ni seré el último— en sufrir un accidente o de encontrarme de frente con la muerte. De distintas maneras —enfermedades, crisis, tragedias, adicciones, problemas, etc.— la vida nos expone a nuestra fragilidad y finitud. La trascendencia toca nuestra puerta constantemente, como si algo (o alguien) nos llamara del otro lado. A veces escuchamos y a veces nos hacemos patos.

Hemos hablado ya de las experiencias cercanas a la muerte (ECM) y la manera en que muchas de las personas que han pasado por ellas manifiestan haber sentido un cambio profundo en su vida. Como cualquier persona, también los famosos, como Leonardo DiCaprio o George Lucas, han tenido momentos en que la muerte los mira de frente.

DiCaprio relató, en entrevistas, un incidente aterrador mientras practicaba paracaidismo en tándem. Durante uno de sus saltos, el paracaídas principal no se abrió correctamente. Afortunadamente, el instructor logró liberar el paracaídas de emergencia, pero este también tardó en abrirse. Estuvo a microsegundos de convertir un paseo dominical en una caída fatal. El actor confesó que durante esos segundos sintió que su vida podía terminar y afirmó que ese episodio le dio una nueva perspectiva sobre la vida y reforzó su conexión con su propósito de aprovechar cada momento.

George Lucas, por su parte, mucho antes de ser famoso por *Star Wars*, sufrió un grave accidente automovilístico en California. Su auto volcó y quedó destrozado después de que otro conductor lo impactara. Lucas sobrevivió gracias a que el cinturón de seguridad se rompió y lo lanzó fuera del vehículo antes de que este explotara. El tiempo que pasó recuperándose en el hospital, según él mismo afirma, le dio claridad sobre lo que quería hacer con su vida, llevándolo a perseguir con pasión su carrera en el cine.

Me gustaría detenerme brevemente a analizar estos dos casos. El enfrentamiento con su posible muerte, para DiCaprio, duró apenas unos segundos; y el de George Lucas debió haberle dado mucho más tiempo para asimilar lo cerca que estuvo de morir. La experiencia de DiCaprio debió haber sido solo un susto. Un susto mayúsculo, pero al final solo un susto, y su vida, en cuestión de segundos, volvió a ser la misma. Obviamente no conozco a DiCaprio, pero dudo mucho de la veracidad de su declaración, que esa experiencia le dio: "Una nueva perspectiva sobre la vida y su conexión con su propósito de aprovechar cada momento". Ojalá aprender fuera tan fácil, y fuéramos tan dóciles como para cambiar permanentemente la perspectiva de la vida por unos segundos de profunda intensidad. La pregunta es cuánto tiempo pasó para que volviera a ser el mismo que antes del susto y que su rutina devorara ese fuerte, pero fugaz aprendizaje. No pretendo juzgarlo, pero he visto muchos casos como los de él, en los que, con facilidad, se olvidan esos llamados de atención de la vida, y es cuestión de tiempo volver a ser los mismos, o peores.

Tampoco conozco a George Lucas, pero por las características de su accidente, es más probable que los meses que duró recuperándose en el hospital le hubieran dado la oportunidad de reflexionar, profundamente, lo cerca que estuvo de morir, y le dieran más tiempo de silencio y soledad para asimilar, de mejor manera, esa lección que la vida le estaba dando.

Las experiencias de estos dos famosos no están tan documentadas como para darles seguimiento en el tiempo y poder evaluar, de qué forma cambió su vida después de estas experiencias. Sin embargo, sí hay mucha información en fuentes confiables de las experiencias de personas que, inmediatamente después de vivir una ECM, al despertar de nuevo, encuentran una nueva pasión por abrazar la vida.

Al mismo tiempo me pregunto en dónde están las entrevistas, meses o años después de su ECM, ¿acaso todos ellos se mantienen alineados con la misma intensidad en su nueva forma de ver la vida?, ¿han sido capaces de incorporar a su vida este aprendizaje y siguen siendo personas nuevas? o ¿acaso el tiempo fue diluyendo la intensidad de su experiencia y poco a poco regresaron a ser los mismos?

La única referencia de una transformación total y permanente después de una ECM, que se me viene a la mente como un ejemplo claro de alguien que, tras una experiencia cercana a la muerte o una visión mística, transformó por completo su vida y su existencia, y fue capaz de mantener ese fervor hasta la muerte, es la de San Pablo. Como recordarás, una fuerte luz de intensidad descomunal lo tiró del caballo y le hizo perder la vista por instantes; al recuperarla cambió por completo su rumbo y su destino. De perseguir a Jesús, se convirtió en uno de sus más fieles discípulos, hasta su muerte. La Biblia y la tradición nos dicen que después de que San Pablo vio la luz, la intensidad de su testimonio de vida, como discípulo de Jesús, no disminuyó hasta que fue decapitado en Roma, cerca del año 60 d. C.

Pero yo, yo no soy ni DiCaprio, ni George Lucas, ni San Pablo. Solo soy Hugo. Y ahora, me enfrento a la gran duda de si después de mi propia ECM me reincorporaré a la vida como un hombre nuevo, o el paso del tiempo y el peso de la rutina dará paso al hombre viejo que se estrelló en la moto contra Giovanna, en Bérgamo.

La realidad es que, a meses de que la vida me había puesto la prueba más dura, poco a poco estaba de nuevo, en más de un sentido, en donde estaba antes: peleando con los dragones de siempre; y ahora con una duda mayor: ¿cómo será el Hugo después del accidente?

KRIPTONITA PURA

He asistido a algunas conferencias en las que distintas personas comparten sus historias de transformación después de una ECM. Podríamos pensar que el tener una experiencia de este tipo es similar a una historieta de superhéroes: Bruce Banner, un científico cualquiera, se ve enfrentado a un ataque de rayos gamma y casi muere. Al despertar es el gran Hulk. Lo mismo podemos decir del famoso Spiderman, Peter Parker, y de otros superhéroes a los que un gran evento en su vida los transforma por completo, y ahora son invencibles.

Recientemente en Bolivia, tres niños fueron hospitalizados tras haber recibido (voluntariamente) piquetes de una araña venenosa. Los tres confesaron que lo habían hecho intencionalmente, pues deseaban adquirir los poderes de Spiderman, su superhéroe favorito. Afortunadamente los tres salieron con vida de este incidente, que muestra de forma cruda cómo es que el ser humano gusta de buscar atajos o caminos fáciles para convertirse en el super hombre o super mujer que siempre soñó.

La vida no es una caricatura. No basta un piquete de araña o un accidente de moto para convertirnos en superhéroes. No es suficiente un golpe de inspiración, o una transformación momentánea, para cambiar por completo nuestra existencia. Podemos, sí, aprovechar la fuerza del momento para formar nuevos hábitos, antes de que, inevitablemente, aparezcan los antiguos, tocando a la puerta y exigiendo su derecho de antigüedad.

Poco a poco, yo veía como el impulso del accidente había expuesto con claridad las cosas que debía cambiar, pero mi afán de seguir luchando en los distintos frentes, para ser una mejor persona entraba en conflicto, con las antiguas rutinas y la fuerza de los hábitos que había construido durante años. Mi lucha, que durante meses fue física, ahora pasaba a un plano aún más complejo. Al mental y espiritual.

Si bien, es cierto que no pretendía un cambio completo y total, ya que muchas cosas de mi vida pasada seguían bien alineadas con mi proyecto de vida, sí veía con claridad muchas áreas de oportunidad, en las que podía y debía mejorar. Patentemente esta poda que la vida me hizo no era para que, siendo yo un árbol de higos, ahora se me pidiera dar manzanas. El llamado era para dar mejores higos, más dulces, más jugosos, más grandes y con mayor abundancia.

A fin de cuentas, debemos identificar nuestras propias kriptonitas. En otras palabras, nuestros defectos dominantes que toman forma de dragones internos, con los que habrá que pelear toda la vida. Poco a poco se volvían a poner de pie. ¿Volverán a ser tan grandes como antes? ¿Habría desarrollado ahora más fuerza y capacidad para combatirlos?

Al menos, ahora me quedaba más claro que esos dragones seguirían siendo mis kriptonitas.

¿Tú tienes claro cuáles son las tuyas?

8

LA FELICIDAD AQUÍ Y ALLÁ

UN CORREO MISTERIOSO

Mi normalidad, poco a poco, tomaba su ritmo y su rutina, mientras la inercia de mi vida pasada me seducía a regresar a ser igual y a hacer lo mismo que antes. Desde afuera, muchas actividades parecían iguales, pero en lo interior sentía que mi intencionalidad era distinta. No sabía cuánto podría durar esta nueva disposición interna, pero lo disfrutaba.

Las terapias diarias se habían incorporado a mis días con naturalidad. Tuve la fortuna de contar con terapeutas especializados en distintas etapas de mi recuperación. La muñeca empezaba a tomar más y más fuerza. Erika, la terapeuta que me había recomendado Carlos, el golfista profesional con quien había jugado golf en Punta Mita, no faltaba a nuestras —cada vez más exigentes— sesiones, en las que yo terminaba empapado en sudor y agotado.

Empezó el calor y las terapias seguían subiendo de intensidad. Un par de veces me ganó el mareo y tuve que parar. Sentí desmayarme, pero Erika me motivó a continuar. El fortalecimiento del antebrazo y la muñeca no impedía que el entumecimiento permanente y los calambres en mano y dedos, se hubieran convertido en parte de mi normalidad.

Atrás habían quedado muchos meses de electrodos, compresas, estimulaciones, terapias pulmonares y decepciones. Ahora, las terapias se enfocaban en el fortalecimiento y recuperación muscular. Ya había recuperado ocho de los doce kilos que había perdido y mi energía ya me permitía trabajar, casi, como antes. A un año del accidente, ya podía viajar solo y manejar en carretera. Los demás percibían los avances mejor que yo, y aunque no lo notaban, todavía había varias funciones motrices que no podía realizar. Los dedos, individualmente, aún no se podían levantar, el rango de mi brazo derecho era un tanto limitado, y el antebrazo se fundía después de cada terapia. La realidad es que no sabía hasta dónde podía llegar mi recuperación, pero ya como estaba, era mil veces mejor que como me habían diagnosticado.

Un día de *home office* recibí un correo de una persona que no conocía, con el título de Law Rocks. Pensé que era publicidad y estuve a punto de borrarlo, hasta que leí de reojo la primera línea que captó mi atención. Decía: "Hugo, tú no me conoces, pero leí tu libro *¿De qué se trata la vida?* , me gustó mucho, sobre todo la parte de la importancia de disfrutar nuestros *hobbies*. Por lo que vi en tu libro, te gusta la música y tocar la batería. A mí también me encanta la música. Estuve en un congreso en Nueva York y me plantearon organizar en México una iniciativa internacional que se llama Law Rocks, de firmas muy reconocidas que organizan guerras de bandas; de firmas de abogados, en distintos países, y recolectan fondos para distintas asociaciones civiles. Pensé rechazarlo, pero me metiste con tu libro la idea de reconectar con mis *hobbies* y dije que sí. Me encantaría que participaras con tu firma en este proyecto".

La tuve que leer varias veces para que me cayera el veinte de lo que se trataba. ¡Un proyecto así era mi sueño! Me iba a lanzar a contestarle aceptando, cuando recordé que mi muñeca derecha apenas había logrado un 40 % de movilidad, y la fuerza y coordinación de mi antebrazo eran todavía muy limitadas.

Obviamente este abogado no sabía de mi accidente ni de mi condición actual. Por más que se me antojaba el proyecto, mi realidad estaba muy lejos de permitirme un plan de ese tipo. Además, en la batería lo que más trabaja es, precisamente, la muñeca y el antebrazo derecho, y para un proyecto así se necesitarían muchas horas de ensayos. Solo de pensarlo, sentí unos piquetes en el antebrazo derecho que parecían decirme ni se te ocurra, Hugo, todavía estamos muy lejos de estar para esas andadas.

Me lo quité como mal pensamiento y olvidé contestar el correo. Una semana después le comenté de pasada a Erika. ¿Cómo ves?, me invitaron a este proyecto y me hubiera encantado hacerlo, pero pues mira. Le mostraba la muñeca que no podía, todavía, doblar una liga de terapia que me había puesto en la mano. No contestó nada y siguió la terapia hasta dejarme, como siempre, agotado y empapado en sudor.

La semana siguiente, como para llenar un hueco de silencio, me preguntó: "Oye, ¿y cuál es el movimiento de la mano con la batería?". Se lo intenté enseñar, pero al hacer más de cinco repeticiones empecé a sentir el antebrazo entumido. Mejor te pongo un video, y le puse un tutorial de batería con la canción de *Lobo hombre en París*, de La Unión. Una canción con un ritmo bastante rápido, en el que el baterista requiere mucha condición y práctica.

Unos minutos después, me dijo: "Oye, ¿y si nos proponemos tenerte listo para el concierto en tres meses?".

¿Qué?, le dije, me encantaría, pero no es mi realidad y además necesitaría retomar las prácticas con el grupo y hace más de un año que no tocamos juntos, y además habría que practicar un montón, y además…

Me interrumpió en seco: "Pues tú dirás, puedes seguir juntando pretextos o entrarle de lleno a recuperarte. Por el movimiento que vi del baterista, pienso que justamente ese es el movimiento que más te serviría como terapia de recuperación. Si no alcanzas a estar listo para tocar, por lo menos te vas a forzar a hacer terapia en algo que te gusta".

No le contesté, pero internamente aceptaba que su apuesta no era mala.

Una semana más tarde, recibí otro correo del mismo abogado con una breve nota: "Favor de confirmar recepción de mi correo anterior". Al recibirlo, estaba en una junta con Gerardo, nuestro socio laboralista, con quien habíamos tocado juntos en algunos *talent shows* y eventos privados con el grupo Beatlaws, y le dije: mira, esto te puede interesar, y volteé la pantalla de mi computadora, para que viera el correo.

"¡Órale! ¿Y cuáles vamos a tocar?", me dijo.

Pues si les late, pueden revivir a Beatlaws, nomás contraten a un baterista.

No sé si lo dijo de compromiso o para animarme: "Hugo, yo te veo mucho mejor. En cuestión de meses has mejorado muchísimo. Yo creo que en tres meses sí la armamos".

Le contesté ya con tono serio que sí, en tres meses es el concierto, pero tú sabes lo que hay que practicar para un evento de esos, y para ensayar ya vamos tarde.

Él tocaba y cantaba muy bien y estaba más enterado que yo de lo que implicaba tocar en público. Además, la invitación no era en cualquier local, sino en el mismísimo Lunario del Auditorio Nacional, que es un foro de gran prestigio, al que había ido muchas veces a ver a mis ídolos musicales.

De pronto, llegaron otros abogados y nos metimos otra vez en los temas de trabajo. Pensé que hasta ahí había llegado la conversación. Otra vez me equivoqué. Al día siguiente, a media mañana, tocaron la puerta de mi privado y se asomó Gerardo preguntando: "¿Tienes cinco minutos?". Sí, claro.

No venía solo: detrás de él entró Rafa, otro colega de años y músico de corazón que tocaba con nosotros con los Beatlaws, y detrás, Jorge, un abogado muy joven que tocaba muy bien los teclados. Se sentaron frente a mí y me preguntaron: "¿Cuándo empezamos a ensayar?". Me hizo gracia su insistencia, pero era una opción para la que me sentía totalmente incapacitado.

No aceptaron mi primer no y me hicieron una propuesta que ya sonaba más razonable. "Hugo, antes de decir que no, solo queremos pedirte que intentes tocar algunas de las rolas que hemos tocado y que sean fáciles en la batería. Si no puedes, pues ni modo, ahí la dejamos". No tuve que pensarlo mucho para contestarles que va, lo voy a intentar, pero si no puedo, ustedes lo tienen que hacer y seguro no les costará nada de trabajo conseguir un mejor baterista.

Esa tarde, a media tortura —perdón, terapia— con Erika, de paso le pregunté: oye, ¿cuánto tiempo crees que nos falte para intentar tocar batería? "Solo hay una forma de averiguarlo", me contestó, "inténtalo y pásame un video y te digo".

Así, aún sin sentirme convencido, el sábado por la tarde bajé al cuarto donde tenía la batería. Desempolvé un año de polvo, me ajusté la muñequera, me senté en el banco, ajusté los platillos, tomé las baquetas y suspiré profundamente con los ojos cerrados.

PASO REDOBLADO

Los primeros minutos la pasé mal, muy mal. La muñeca no respondía y utilizaba todo el brazo en el movimiento, desde el hombro hacia abajo, para suplir su falta de movilidad. A los cinco minutos, el habitual entumecimiento del codo hacia los dedos dio paso a una fuerte punzada de dolor en el antebrazo, y paré de pronto, asustado. El espasmo de dolor duró poco y, después de una larga pausa, lo volví a intentar. Mismo resultado. Unos minutos de ritmo muy lento y, después, otro espasmo de dolor. Otra pausa, nuevo intento y mismo resultado.

Al salir, un tanto decepcionado, me di cuenta de que habían pasado apenas treinta minutos. Muy lejos de las tres horas que dura un ensayo serio, pensé.

No había nadie en casa, por lo que nadie escuchó ese primer intento de tocar. El día siguiente era domingo, y mi esposa y mi hijo estaban en casa, cuando escucharon la batería en mi segundo intento. En unos minutos, aparecieron los dos medio dormidos, abrieron la puerta y preguntaron: "¿Qué onda?, ¿estás tocando?".

Pues, más o menos, contesté, lo quiero intentar, a ver si se puede.

"Pregúntale a la terapeuta, no te vayas a lastimar", dijo mi esposa antes de salir y cerrar la puerta.

En ese segundo intento, los lapsos fueron un poco más largos, pero volvió a aparecer el dolor y la sensación de cansancio en el antebrazo, que me acompañó por el resto de la mañana y a la hora de la comida. Al verme comer otra vez con el brazo izquierdo, me preguntó mi hijo: "¿Qué pasó?, ¿otra vez no jala el derecho?" Con una sonrisa le contesté que sí jalaba, pero que andaba cansado.

Las juntas de comité ejecutivo y finanzas de los lunes no incluían a los miembros de los Beatlaws, por lo que pude evitar la pregunta de cómo me había ido en el intento de regresar a la batería; pero de la pregunta que no me escapé fue de la terapeuta en la tarde. Solo al entrar me preguntó: "¿Y?, ¿se dejó la batería?". Le conté la experiencia y me dijo: "Te propongo hoy hacer terapia suave, y que la segunda parte de tu terapia sea volverte a sentarte en la batería. Creo que ese movimiento te puede servir en esta etapa".

Así lo hice y, al terminar la terapia, me puse los audífonos e intenté tocar dos canciones que habíamos tocado antes. Pronto llegó el dolor y tuve que parar.

Repetí el breve ejercicio en la batería todos los días y, al final de la semana, el dolor había disminuido. Solo quedaba una intensa sensación de entumecimiento y cansancio en el antebrazo que duraba toda la noche.

La siguiente semana volví a coincidir en juntas con Gerardo. Pensé que se le había olvidado el tema, pero al verlo parado al terminar la junta con una sonrisa sospechosa, no tardó en preguntar:

—¿Le calaste?.

—Sí.

—¿Cómo te sentiste?

—Salieron algunos ritmos, pero con lentitud, mucho cansancio y entumecimiento.

—¿Cómo ves? ¿Lo intentamos?

No sé por qué le dije que sí, y me dio la mano diciendo: "Trato hecho. Vamos con todo. Hay que juntarnos para escoger las canciones".

—Ok, ¿tú contestas el correo para decir que estamos puestos?

Antes de arrepentirme de la locura en la que me estaba metiendo, busqué el correo en el que nos invitaban a Law Rocks y le contesté: "¡Cuenten con los Beatlaws!".

Al llegar a la oficina al día siguiente, me estaban esperando afuera de mi privado Gerardo, Rafa y Jorge. A sus órdenes, les dije, ya con una sonrisa de cómplice. Rafa sacó una lista de canciones y me dijo: "Escoge las que quieras. Sugerimos tener diez listas y de ahí ir descartando las más complicadas".

¿Por qué diez?, pregunté. "Checa el correo que te contestaron anoche". Justo abrí mi pantalla para ver la respuesta: "Qué bien que decidieron participar, aquí te mando las bases. Tocarán seis canciones y con ustedes son ya las cinco bandas permitidas". Mandó la lista del jurado, entre los que estaban varias personalidades del mundo artístico y jurídico, incluyendo a un ministro de la Suprema Corte de Justicia. Explicaba que solo se permitía participar a miembros activos de la firma, salvo un cachirul o invitado, que no podía ser músico profesional.

Muy formal el tema, atiné a decir para disimular mi arrepentimiento por haber aceptado. Para luego seguir: ¿y si contratan a un baterista cachirul?

"Ni hablar", cortó Gerardo, "o vamos juntos o no vamos".

Haciendo un repaso mental, teníamos dos guitarristas con voces, un tecladista y medio baterista. Nos faltaba el bajista.

Pasaron las semanas y no encontramos ningún bajista en la firma. Pensando en las tocadas que había hecho con otros grupos de amigos rockeros, frustrados como yo, se me vino la respuesta obvia a la cabeza.

¡El Burro! Claro, Juan Pablo, mi buen amigo de los *brothers bikeros*, quien venía conmigo en el viaje del accidente, era bajista. Y, además, tenía un estudio de música bastante bien puesto, en el que habíamos ensayado muchas veces. Solo faltaba que pudiera y aceptara. Se tardó exactamente dos segundos en contestarme: "¡Por supuesto, está poca madre el plan! ¿Cuándo ensayamos?".

Esa misma tarde tuve terapia con Erika y solo al verla le dije: no sabes en la que me metí, ya dije que sí al proyecto del concierto.

"¿Te metiste? Nos metiste. Pues ahora sí, en lugar de tres veces por semana te quiero ver diario".

Al terminar la terapia, me di cuenta de que, como saliera el concierto, era lo de menos. De hecho, todo hacía sentido. Estaría conectando con un *hobby* de siempre, los ensayos generarían buen ambiente en el equipo de trabajo de la firma, lo usaría para hacer la terapia que necesitaba, nos divertiríamos mucho y, tal vez, haría realidad mi sueño de tocar en el Lunario del Auditorio Nacional.

Easier said than done, dice un sabio refrán norteamericano: más fácil decir que hacer. Pues tal cual, a partir de ese día, las terapias se enfocaron en fortalecer cada uno de los músculos y las articulaciones del cuerpo que se utilizaban al tocar batería. Erika sustituyó la estimulación eléctrica por la acupuntura.

El combinar los compromisos profesionales, los viajes, las conferencias y otras responsabilidades normales con los ensayos no fue nada fácil, pero durante los dos meses y medio que faltaban, pudimos ensayar al menos dos o tres veces por semana.

THE ROCK N' ROLL HALL OF SHAME

Sabía lo mucho que debía practicar y que debía hacerlo con la técnica adecuada, para no cansar de más el brazo. Recurrí a mi maestro de batería de siempre, el buen Marsa, quien me había tenido una paciencia enorme desde hacía más de quince años, cuando empecé nuevamente a disfrutar de mi *hobby* de adolescente.

Terapias diarias por las tardes, dos clases a la semana con Marsa, dos o tres tocadas con los Beatlaws. Sumado a mi apretada agenda profesional, viajes de trabajo, compromisos sociales y familiares, y en un parpadeo, mi agenda desbordada como antes del accidente. Otra vez perdiendo la batalla de aprender a vivir sin prisas. Otra vez corriendo de un lado para otro sin parar, sin tiempo para respirar. Y apenas habían pasado dieciséis meses del accidente.

¿Será que otra vez me pasó de largo la lección que la vida me daba para hacer un parón y replantear mi forma de vida?

En esos momentos, estaba tan metido en la recuperación que pensé que se justificaba todo para estar listo para el concierto. Al final, siendo honestos, siempre había un buen pretexto para andar a mil por hora.

Después de un mes de tocar y practicar, ya teníamos definidas nuestras siete canciones y las tocamos *Ad Fatigue*. Además, no había trayecto en coche o vuelo en el que no las pusiera y las tocara con los dedos en el aire. Mi hijo se burlaba de mí diciéndome: nunca pensé tener un papá *air drummer* (el típico que mueve los dedos al aire simulando tocar una batería).

La práctica siempre rinde frutos, y notábamos que cada vez se escuchaba mejor. Yo, por mi parte, seguía concentrado, no solo en los avances musicales, sino en ver la maravilla que estaba haciendo el tocar batería en la recuperación de mi antebrazo y muñeca. Sobra decir que no había práctica en la que no tuviera que parar para masajearme el antebrazo y llegar a casa a ponerme cremas desinflamatorias y compresas calientes. El entumecimiento duraba hasta quedarme dormido.

Faltando un mes para el concierto, en uno de mis viajes quincenales a Ciudad de México, me encontré con un buen amigo, Goda, un ingeniero de sonido bastante reconocido que asesoraba a artistas jóvenes que pretendían lanzarse al estrellato. Teníamos años apoyando juntos esa labor con los chavos que venían de Centro y Sudamérica a probar suerte en la artisteada.

Nos dio gusto encontrarnos, y cuando me preguntó cómo seguía, le dije: tú dirás, andamos con la loquera de hacer una tocada en el Lunario del Auditorio Nacional. No pudo evitar su cara de sorpresa y una risa irónica; pero antes de recibir su comentario sarcástico le dije: es más, Goda, yo sé que tu proyecto es con artistas jóvenes con futuro, pero ¿no te gustaría apoyar a un grupo de viejitos con pasado? Su risa me confirmó que tal vez sí se daría tiempo para darnos algunos *tips*. Su ayuda fue mucho más allá.

La semana siguiente estaba Goda con nosotros en el estudio de Juan Pablo, con los Beatlaws, y en la primera sesión estuvimos encerrados cuatro horas escuchando sus consejos, su acompañamiento, su asesoría de manejo del escenario, etc. No creo haber tocado una rola completa en toda la noche. Nos interrumpía para pedirnos tal o cual cosa. El consejo más valioso que nos dio, y que procuro desde entonces llevar a la vida, fue: "No dejen de sonreír, lo que están haciendo está poca madre, disfrútenlo al máximo, que se note en el escenario que están gozando, por favor no se tomen tan en serio, de lo que se trata es de pasarla bien y entregarse a la música que se ve que a todos les encanta".

Y al terminar se me acercó y me dijo muy serio: "Y tú, no dejes de conectar cada rola con el agradecimiento de recuperarte de una forma que nunca hubieras soñado".

Tenía toda la razón. Desde el diagnóstico de los doctores en Bérgamo, hasta los médicos de confianza en México, ninguno de ellos hubiera imaginado que, a los dieciocho meses del accidente, estuviera practicando con los Beatlaws para tocar la batería en el Lunario del Auditorio Nacional.

Escuchaba nuestra selección de rolas todo el tiempo y cada vez descubría un ángulo nuevo de las percusiones: una pausa, un redoble, un platillo. Trataba de grabarme cada quiebre del baterista original para tocar lo más parecido a la versión original. Pero con su toque propio, insistía Goda en cada ensayo.

Finalmente, llegó el fin de semana del concierto. Acordamos encerrarnos a ensayar tres días antes. Goda consiguió un estudio profesional que usaban los artistas de a de veras para grabar. Yo me sentía un intruso en ese mundo de chavos rockeros de verdad, con muchísimo más talento y futuro en la música que los Beatlaws; pero estaba muy orgulloso de la seriedad y profesionalismo con que estábamos llevando el proceso.

"¿Cuántas personas esperan en el público?", preguntó Goda. El público eran acarreados, amigos y familiares de las firmas que tocaríamos. Habían repartido setenta y cinco boletos para cada firma, y al ser cinco bandas, eso garantizaba dos cosas: una, que habría al menos cuatrocientas personas en el público (terminaron siendo más de quinientas), y que el concierto duraría más de dos horas.

La noche anterior nos citaron para la prueba de sonido, recorrido de los camerinos y reconocimiento del escenario.

Yo esperaba que el entumecimiento del antebrazo no me traicionara a medio concierto como lo había hecho en varios ensayos. Habíamos elegido las canciones con cautela, desde las más suaves como *Don't Let Me Down*, de los Beatles, *Creep*, de Radiohead, y *Yellow*, de Coldplay, hasta cerrar con las más duras y prendidas como la de *Lobo hombre en París*, de La Unión.

Cuando apenas hacía dieciocho meses no sabía si iba a vivir, ahora estaba por someter a mi brazo, antebrazo y muñeca derecha a la mayor prueba de recuperación que pudiera pensarse, después de haber estado inmóvil más de seis meses.

En el camino al Auditorio Nacional me sudaban las manos. Pretendí ocultar mi nerviosismo con mi esposa y mi hijo, que me acompañaban. Era muy importante que estuvieran conmigo en esa ocasión, siendo que habían sido parte clave de mi recuperación.

SHOWTIME!

Me sentí muy extraño al entrar al Lunario por la puerta de los artistas, directo al camerino. ¿Camerino? Pensé al llegar y ver ahí ya a toda la banda. El ambiente, las risas, bromas y nervios de estar viviendo esta aventura eran indescriptibles.

Afortunadamente, éramos la segunda banda en presentarse. Ser la banda abridora conlleva mucha responsabilidad, y ser de las últimas tampoco es ideal, ya que el público suele estar cansado y la espera aumenta los nervios.

La expectación era total. Desde el camerino, escuchábamos a los organizadores de Law Rocks destacando que era el primer concierto en Latinoamérica. Mientras escuchaba esto, pensaba en cómo la idea del concierto en México había nacido de un abogado que leyó mi último libro. Es impresionante cómo los libros pueden llegar a lugares que nunca imaginamos.

Sin más preámbulos, anunciaron a la banda que abriría: "¡Con ustedes, The Prisioners!". Abrimos la puerta del camerino para escuchar mejor. Su ritmo, cadencia, voz y guitarra nos impresionaron. Su selección de rolas era buenísima. "¡Suena muy bien!", pensamos y nos volteamos a ver. "¡Ay, güey!", dijo Juan Pablo con una evidente risa nerviosa. "¡Sí hay buen nivel!", cerró Gerardo.

Unos minutos de silencio y el nervio no hizo más que subir. Goda tuvo que intervenir: "A ver, estamos para disfrutar esta súper oportunidad. Me consta que ustedes también suenan muy bien. Le cae al que no lo disfrute, ¿va?".

"¡Va!", dijimos todos al escuchar que anunciaban a la siguiente banda: "¡Y, ahora, con ustedes, los Beatlaws!".

Al estar por entrar al escenario, la sensación de nervios se mezcló con unas ganas enormes de sentarme en la batería y empezar a tocar. Al esperar que el baterista de The Prisioners recogiera sus cosas, mirando la batería, le dije en broma: ¿qué, ya me la dejaste entrenada?

—Claro, esta ya toca sola y suena poca madre. ¡Tú solo disfrútala!

"Disfrútala", "disfrútala", esa palabra se me clavó en la mente (y creo que en el corazón), porque desarrollar mi capacidad de disfrute había sido una de mis luchas internas más fuertes. Además, si había un ejemplo perfecto para ejercitar mi capacidad de disfrute, era justo esa circunstancia. Estar asistiendo a mi graduación de dieciocho meses de recuperación, después de ciento setenta y ocho terapias de todo tipo, estaba cumpliendo un sueño de niño: tocar en un concierto de rock frente a más de quinientas personas; pero lo que rebasaba mi sueño, era que fuera en el Lunario del Auditorio Nacional.

Mientras los demás se acomodaban y conectaban su equipo, busqué con la mirada a mi familia y amigos. No tardé en localizarlos y, al lanzarles una sonrisa con el puño en alto, noté de inmediato que estaban igual de nerviosos que yo. Su pulgar arriba no logró disimular que estaban preocupados por nuestra actuación. Leí en sus miradas: no vayan a hacer el ridículo. En ese momento noté que, tanto a ellos, como a mí, se nos había olvidado que el estar ahí ya era un enorme logro que hacía unos meses no podíamos ni haber soñado.

¿Listos?, pregunté y asintieron con la cabeza. ¡Ámosle!, grité con las baquetas en el aire, marcando los cuatro acordes para empezar a tocar *Yellow*, de Coldplay. El escenario, la música, las luces, la acústica, los gritos del público, y las sonrisas aliviadas de mi esposa, y mi hijo, me hicieron sentir en éxtasis.

Ese éxtasis no hizo más que aumentar cuando empezamos a notar que el público cantaba con nosotros cada uno de los acordes de *Don't Let Me Down*, de los Beatles. Las pausas entre rolas eran breves, porque el tiempo estaba contado. Entre la euforia y el contento que sentía al comprobar que los Beatlaws no se escuchaban nada mal ni tiempo tuve de pensar en el entumecimiento del brazo que aumentaba por minutos.

Siguió *Creep*, de Radiohead. Cada vez tomábamos más confianza en el escenario. Veía de reojo a Rafa, Gerardo y Juan Pablo con una sonrisa que iba más allá de una pose. Los vi plenos, deslizándose por el escenario con soltura, cumpliendo también su sueño de niños y, sobre todo, disfrutando al máximo nuestro momento de gloria. Jorge, clavado en el teclado, nos miraba satisfecho con lo que escuchaba.

Sabía que la última canción era la más dura para mí. El ritmo de *Lobo hombre en París* era muy demandante para el baterista. Yo solo me dejé ir y veía que el brazo y la muñeca se estaban luciendo. Veía las caras de los socios de las otras firmas con una sonrisa nerviosa en los labios. Parecía que ahora, los que los estábamos poniendo nerviosos, éramos nosotros. A la mitad de la canción ya no podía ignorar el cansancio del antebrazo. Me cruzó por la mente el miedo de que empezara a bajar el ritmo y desentonar con el grupo. Afortunadamente, en ese momento miré al público y noté que se estaban parando a bailar al ritmo de la música de los Beatlaws. No volví a pensar en el brazo y me conecté con la gran sonrisa de Goda, que nos miraba sin parpadear junto al escenario.

¡Guau!, pensé. Habíamos logrado uno de los objetivos centrales del concurso: transmitir energía en el escenario, y que el público se involucrara en nuestras rolas. Y, sobre todo, lo estábamos disfrutando al máximo.

Al terminar nuestro repertorio, vi de reojo a Goda sonreír también aliviado y le pregunté con la vista: ¿le damos a la otra? Aunque traíamos preparada una canción más, por aquello del *encore*, noté que los únicos gritos que pedían: "¡otra, otra!", venían de la porra de nuestra firma.

Yo estaba todavía en éxtasis, cuando vi que el organizador se acercaba señalando el reloj y diciendo algo así como ya no alcanza a salir otra, faltan varias bandas.

Al pararme de la batería y levantar los puños en el aire, noté que el corazón se me estaba saliendo y sentía una emoción que no recordaba haber sentido antes. Me invadió una sensación indescriptible de agradecimiento, al ver muchas caras sonrientes aplaudiendo. Gracias, gracias, gracias, gracias, señor, apenas atinaba a decir. No me va a ajustar la vida para agradecerte mi recuperación y poder estar haciendo esto, cuando hace apenas unos meses era impensable.

Al llegar al camerino, todo era abrazos y fotos. Goda nos felicitó efusivamente: "¡Se escuchó súper bien! La gente se conectó y se prendió. ¡Muy buen papel de los Beatlaws!". Yo pensaba, al escucharlo: "Hugo, aunque no estés al cien, creo que, con esto, tu ciclo de recuperación está cerrado".

En plena euforia, tocaron la puerta del camerino. Era el siguiente grupo. Tocaba su turno para sus treinta y cinco minutos de gloria.

¿ES LO MISMO ESTAR FELIZ, QUE SER FELIZ?

Al escribir estas líneas y ver, en retrospectiva, esa etapa de mi vida, caigo en cuenta de que no recuerdo otro periodo con más plenitud, intensidad, agradecimiento y euforia. Vivía algo muy parecido al concepto que siempre había tenido de felicidad.

El análisis que hoy hago va mucho más allá de la recuperación de mi brazo, y del concierto en el Lunario, del Auditorio Nacional. A pesar de los claroscuros en algunas áreas, las principales como mi familia, mis amigos, trabajo, sentido de vida, relación con Dios y conmigo mismo, estaban en un buen punto. ¿Sería porque ya no me tomaba tan en serio? ¿Porque finalmente había aprendido a tomar la medida a la vida? ¿Porque había llegado finalmente la madurez?

No sabía la razón, pero recuerdo que en esos momentos pensé: ahora sí ya le entendí a esta aventura de la vida. Pronto me asaltó otra pregunta: ¿es esta felicidad permanente? También pronto me di cuenta de que la felicidad no se conquista de una vez para siempre, sino que hay que conquistarla todos los días. Es por esto por lo que me parece oportuno compartir contigo cómo llegué a esta conclusión: no es lo mismo estar feliz que ser feliz.

Estar feliz se asocia con lo emocional, con un estado de ánimo que depende de las circunstancias externas y que es tan volátil como las circunstancias mismas. Con frecuencia se confunde el estar feliz con estar alegre, contento, e incluso eufórico. Considerando que el origen de ese sentimiento es lo externo, en cuanto las circunstancias cambien, lo más probable es que esa alegría, contento o euforia desaparezcan. Como les ocurre a los aficionados al futbol que están felices por el triunfo de su equipo y al domingo siguiente esa felicidad desaparece cuando pierde. Claramente a esa emoción cambiante le quedaría muy grande el título de ser feliz.

Ser feliz es otra cosa. Es algo mucho más profundo. Implica a la persona entera y radica mucho más en la voluntad y el sentido de la vida que en la emoción. Es un estado permanente del alma, que surge de la postura y actitud interna con que se enfrenta a la vida, independientemente de las circunstancias. Es un tanto inmune al sufrimiento y se asocia con la plenitud de la persona que ha descubierto su propósito y lo hace vida.

Para explicar de mejor forma este concepto, recurro a uno de los autores modernos que más conoce del tema de la felicidad: Arthur Brooks[26] es una figura mundialmente reconocida como experto en el tema de la felicidad y gran autor, conferencista e *influencer*. Sigo a Arthur desde hace años y me parece una de las mentes más brillantes de nuestro tiempo, capaz de exponer sus postulados con sencillez y con humor.

Arthur nos explica, con mucha claridad, por qué a veces podemos confundir el estar felices con ser felices. Lo ilustra como el debate de dos tipos de felicidad que académicamente se definen como hedonía (del griego *hēdonē*, que significa placer o gozo misma raíz de la palabra hedonismo); y eudaimonia (del griego εὖ, que significa bien o bueno); y daímōn, o espíritu guía. La misma

---

26 **Arthur Brooks** (1964) es escritor, economista y profesor estadounidense. Profesor de una de las cátedras más solicitadas en Harvard. Autor de libros como *Love Your Enemies* y *The Art of Happiness*.

raíz εὖ, la cual encontramos en palabras como euforia, eucaristía, eulogía, etc.).

Hedonía se refiere a sentirse bien; y eudaimonia, a vivir una vida con propósito. En un primer acercamiento podría parecer que podemos asociar el estar felices, con la hedonía; y el ser felices, con la eudaimonia. Sin embargo, Arthur nos aclara que, en la búsqueda de la felicidad, ambas son necesarias. "La hedonía, sin eudaimonia se convierte en un placer vacío; y la eudaimonia, sin hedonia se vuelve seca y rancia".

Me sirvió muchísimo esta explicación, porque me recuerda nuevamente que en la búsqueda de la felicidad no hay absolutos; si aspiramos a ser felices, no podemos dedicarnos solamente al placer y al gozo, pero tampoco tomarnos con tal seriedad que despreciemos todo aquello que no esté estrictamente alineado a nuestro propósito. Es el maridaje de ambas lo que compone la felicidad en el aquí y el ahora (estar feliz), y en el largo recorrido de la vida (ser feliz).

Al hablar de la felicidad aquí, tenemos muchas referencias de cómo identificarla y con qué asociarla. Identificamos a una persona que es feliz por su risa, su semblante, su forma tranquila, alegre y estable de estar en el mundo, por la actitud con que enfrenta los problemas y por la fuerza de voluntad que muestra al aceptar la realidad como es y, a pesar de todo, disfrutar de la vida. Ha hecho las paces con la realidad y va por la vida con rumbo, y ese rumbo es consistente con su propósito y su proyecto de vida.

Las preguntas que me hago ahora no dejan de inquietarme. ¿Era la felicidad que sentía en el Auditorio Nacional producto del momento (hedonía)? ¿O, más bien, era una felicidad basada en la enorme satisfacción y agradecimiento de poder estar ahí después de un proceso largo y doloroso de recuperación? ¿Sería que finalmente estaba llegando a la etapa de madurez a la que se refiere Arthur en sus gráficas, que muestran que la felicidad se eleva a partir de los cincuenta y tres, cuando ya somos capaces de aceptarnos a nosotros y a los demás como somos, y cuando ya tenemos un propósito definido (eudaimonia)?

La enseñanza de Arthur respecto a que una manifestación del ser feliz pasa por el estar feliz, puso en paz a mi alocada imaginación que busca explicaciones racionales a todo lo que me ocurre. Mi interpretación personal es que la felicidad es multifactorial. Es como una ensalada con muchos ingredientes. La realidad es que la estaba pasando muy bien después del concierto, incluso sentía una euforia extraña en mí, pero también era cierto que los golpes de la vida y la edad me ayudaban a estar logrando hacer las paces con la realidad y aprendiendo a construir sobre ella. En otras palabras, me estaban ayudando a madurar.

Haya sido como haya sido, la realidad es que en esos momentos tomé conciencia, como pocas veces, del gran regalo que la vida me daba de haber recuperado la movilidad y la enorme oportunidad de volver a gozar del *hobby* de hacer música que tanto disfrutaba.

Veamos ahora el otro lado de la moneda. Me parece que estamos de acuerdo en que es fácil identificar a una persona infeliz. A esta se le nota por su victimismo, tristeza permanente, depresión, angustia, frustración, pesimismo, enojo, coraje, etc.

Es mucho más fácil identificar a una persona que está infeliz, y no tanto a una que es infeliz. A la persona que está infeliz, se le nota claramente el estar lejos del goce y el disfrute del momento; pero a la persona que es infeliz, la podemos identificar solo mediante una observación en el tiempo, para darnos cuenta si su vida se desarrolla sin un sentido y si sus decisiones están desalineadas del lugar en el que él o ella mismos se ven en el tiempo.

LA FELICIDAD EN EL MÁS ALLÁ

Antes de empezar a abordar el tema de la felicidad en el más allá, recurro nuevamente a Arthur Brooks para aclarar la definición de algo que todos creemos poder definir de forma sencilla: la felicidad, a la que el autor define como una forma de vida que involucra la capacidad de disfrute, la satisfacción y el sentido, encontrando un balance y propósito en la vida.

Al referirse al concepto de felicidad, Arthur nos explica que la persona feliz se identifica por la forma en que vive su vida en cuatro áreas, que define como los cuatro pilares de la felicidad: la fe, la familia, los amigos y el sentido de la vida y del trabajo. Por eso recomienda que, si de verdad queremos ser felices, son estos los cuatro pilares en los que hay que invertir la vida.

Si bien esta definición de Brooks nos sirve mucho para identificar la felicidad aquí, no nos resulta tan útil para identificar la felicidad allá. Allá no habrá fe, simplemente porque ya no tendremos que creer sin ver, sino que creeremos porque estamos viendo directamente a Dios; tampoco requeriremos el amor de la familia porque estaremos bebiendo de la fuente inagotable del amor mismo de Dios; no habrá necesidad de amigos porque estaremos todos ante la presencia del mejor amigo que pueda existir;

y no tendremos que preocuparnos por el sentido de nuestra vida, porque estaremos justamente frente al sentido mismo de nuestra vida, que era precisamente llegar ante él, para lograr la plenitud y felicidad absoluta, a la que siempre aspiró nuestro corazón.

Al hablar de la felicidad en el más allá, en primer lugar, debemos asumir que existe ese tal más allá. Y al asumirlo, habrá que cuestionarnos por qué asociamos esa felicidad con la del gozo permanente y eterno de Dios en el cielo.

Por tanto, si queremos hablar de la felicidad después de la muerte, y esta felicidad se asocia recurrentemente con el gozo eterno de Dios, pues entonces, tal como lo hicimos con el tema del más allá, me parece no solo útil, sino necesario preguntarnos por la existencia de Dios.

Si abordar el tema de la existencia del más allá no fue fácil, podrás imaginar que el de la existencia de Dios tampoco lo es. De hecho, esta es otra pregunta que el hombre se ha planteado desde siempre, y a través de los siglos ha encontrado distintas respuestas, certezas, interpretaciones, indiferencias, objeciones, cuestionamientos y afirmaciones por todo tipo de personas, de todos los tiempos. Al igual que en el capítulo del más allá, también trataré de plantearte este tema de enorme profundidad, con un acercamiento práctico, digerible, atractivo y sencillo. Espero lograrlo.

Reconozco que puedes tener la tentación de saltártelo y pasar a la narración en el siguiente capítulo de la evolución de mi accidente, por ser una lectura más fácil que, tal vez, a estas alturas ya haya captado tu interés y curiosidad. Te invito a evitar esa tentación, y a que dediques los pocos minutos que te llevará leer estas páginas, de tal forma que lo peor que te puede pasar es que pierdas unos minutos de tu vida; pero a cambio, tal vez conectes con alguna de las ideas que planteo y esto te sea, no solo interesante, sino útil para definir tu postura ante uno de los enigmas que han acompañado al hombre desde siempre: ¿existe Dios?

Hablando de apuestas, esta no suena como una mala apuesta, ¿no?

Como ya te prometí dedicar solo unos minutos al tema, tendré que dejar de lado los muy sólidos, profundos y valiosos argumentos filosóficos y teológicos al respecto, ya que, además de no dominarlos a profundidad —no soy filósofo ni teólogo—, corro el riesgo de darle a estas páginas un nivel de teoría y profundidad que rompería con el ritmo ágil que pretendo.

En su libro *Dios a la vista*, Miguel Pérez de Laborda, profesor de lógica y metafísica de la Universidad de Navarra, nos recuerda que la historia nos muestra la universalidad de la creencia en la existencia de Dios; ya que el fenómeno religioso ha estado presente en todas las culturas del pasado, incluso en nuestros tiempos, la mayoría de las personas se declara creyente de algún tipo de divinidad.

Tal vez esto se debe a una tendencia natural del hombre para aceptar ser criatura, y, por lo tanto, que hay un creador a cargo, no solo de su creación, sino también de la maravilla, el orden y la grandeza que supone la naturaleza y el universo. La relación entre la observación de la naturaleza y la admisión de una divinidad creadora es, no solo razonable, sino lógica. Si no lo has pensado a fondo, aquí te daré algunas ideas que te puedan servir para profundizar en el tema.

Me parece que todos estaremos de acuerdo en que las cosas no se hacen solas. Tanto una casa, como un auto, un teléfono o una silla han sido hechas por alguien, si no, simplemente no existirían. Aunque no los hayamos visto, detrás de estos objetos podemos adivinar al arquitecto, ingeniero, fabricante o carpintero que las diseñaron y fabricaron.

Aplicando ese mismo criterio a la vida, el mar, los astros y la tierra, podemos concluir de manera razonable que hay algo o alguien detrás de su existencia. Aunque no lo podamos ver. Y si fuese Dios quien está detrás de estas, es lógico que no lo podamos ver por la sencilla razón de que es espíritu y no lo podremos ver jamás con los ojos del cuerpo. Afortunadamente, para conocer la existencia de algo o de alguien, no son los ojos el único instrumento capaz de descubrirlo. Si vemos un abrigo colgado de la pared, aunque no veamos el gancho, sabemos que hay algo que lo detiene, ya que el abrigo no sería capaz de sostenerse por sí mismo en el aire.

Pasemos del abrigo flotante, a algo más complejo: las estrellas. El gran autor Jorge Loring, en su libro *Para salvarte*, nos dice —basado en estudios confiables de científicos y astrónomos— que el número total de estrellas en el universo se calcula en unos doscientos mil trillones; es decir, un número de veinticuatro cifras. Nuestra galaxia, la Vía Láctea, tiene al menos cien mil millones de estrellas.

El movimiento de las estrellas es tan preciso que se puede hacer un calendario con mucha anticipación —ya lo hacían los mayas y aztecas—, ya que sabemos exactamente la hora de salida y puesta del sol, los eclipses del año, el minuto y segundo exacto en que ocurrirán, cuánto durarán, qué parte del sol o la luna se ocultará y desde qué parte de la tierra será visible.

La precisión del movimiento de los astros supone un orden perfecto y matemáticamente calculable.

Al observar la dimensión y precisión perfecta de la rotación de los astros, James Jeans, presidente de la Real Sociedad Astronómica de Inglaterra y profesor de Oxford (desde donde, curiosamente, escribo estas líneas), uno de los más grandes astrónomos contemporáneos, en su libro *Los misterios del universo*, afirma que el creador del universo debió ser un gran matemático. De hecho, cita a Einstein —de quien ayer vi, colgando de la pared (asumo que de un clavo), un cuadro con una fotografía de su graduación en un salón de la Universidad de Oxford—.

Admito que me impresionó ver la foto de graduación de Einstein en Oxford, ya que estaba viendo al autor de la teoría de la relatividad, que claramente se adelantó a su tiempo. Lo que se percibía como las descabelladas predicciones de Einstein, acerca del comportamiento del espacio y el tiempo, han probado ser correctas cien años después, con toda la tecnología que hoy tenemos a nuestro alcance. Llama la atención que una mente tan brillante como la de Einstein, concluyera por afirmar que la naturaleza es la realización de las ideas matemáticas de Dios.

Ante estas afirmaciones, podrías concluir: "Ya sé, entonces, Dios es matemático". Aunque coincidas con los grandes pensadores, te pediría que no fueras tan deprisa, aunque Galileo Galilei estaría de acuerdo contigo, ya que en su tiempo dijo que: "Las matemáticas son el lenguaje en que Dios escribió el universo". Y Newton concluyó, también, que el conjunto del universo no podría haber nacido sin el proyecto de un ser inteligente.

¿Quién será capaz, entonces, de crear y ordenar las estrellas y dirigir con tanta perfección la máquina del universo, si no es una inteligencia creadora, omnipotente y eterna? ¿Cómo sabemos que fue Dios si nunca lo hemos visto?

Cuando cuestionaron a André Gide, nobel de literatura, parece darnos la respuesta: "No creer en un Dios creador es mucho más difícil de lo que se piensa. Para hacerlo es necesario abstenerse de mirar a la naturaleza y de preguntarse quién pudo crear semejante maravilla".

Pasemos a un ejemplo mucho más casero: si caminas un día por la playa, aunque no los veas, sabrás que antes de ti estuvieron ahí una persona, un perro o un pájaro. Y lo sabes simplemente porque ves sus huellas en la arena. Nunca los viste, pero tienes la certeza de que estuvieron ahí, ya que sus huellas no pudieron haberse formado de ninguna otra forma, más que con sus pasos.

Podríamos, también, analizar otra de las grandes maravillas de la creación: el cuerpo humano. La cámara fotográfica fue un enorme descubrimiento del hombre hace apenas unos cien años. Desde su invento, se puede ver en sus fotografías paisajes, ciudades y personas de otros tiempos, sin haber estado nunca ahí. Pensemos ahora en el ojo humano, esa maravillosa máquina que saca diez fotos por segundo y que se enfoca a sí misma con el cristalino.

Sabemos que el francés Louis Daguerre inventó, en 1839, la cámara fotográfica, pero ¿sabemos quién fue el genio que diseñó el ojo humano? ¿Podemos dudar que esta maravilla de la naturaleza haya requerido una capacidad diseñadora y ordenadora inaccesible para el hombre?

El corazón humano late unas setenta veces por minuto. A lo largo de una vida de setenta años, lo hace entre tres y cuatro mil millones de veces. Cada contracción aspira y riega un decilitro de sangre, lo que supone dieciocho mil litros al día, o cuatro millones de litros al año y trescientos cincuenta millones de litros, en una vida completa.

¿Podríamos pensar en una máquina, hecha por el hombre, capaz de hacer esto, adaptándose al crecimiento del cuerpo y acelerando automáticamente su ritmo cuando hace ejercicio, y que además no requiera mantenimiento mecánico o piezas de cambio por setenta años?

El cerebro tiene catorce millones de neuronas, y el cuerpo sesenta billones de células, y todas evolucionan conforme a un plan determinado. De tan solo dos de ellas (espermatozoide y óvulo), venimos todos los hombres de la historia. Cada una de los billones de células del cuerpo realiza una función especializada, ya sea muscular, cardíaca, hepática, renal, etc. Además, tienen un sistema inmunológico para defenderse de los enemigos externos y las infecciones. Detectan al enemigo y se organizan, mágicamente, para planear su destrucción.

Si esto, aún, no te parece suficientemente sorprendente, tal vez tú puedas resolverme una duda que he tenido desde siempre respecto a la mente humana. ¿Cómo es posible que un órgano físico como el cerebro, que se puede tocar, pesar y medir, sea capaz de almacenar recuerdos o imaginar ideas que no son materiales, ni medibles, ni pesables?

Más complejo aún: ¿cómo puede el corazón humano —también medible y tocable— alojar sentimientos, rencores, afinidades y, ni más ni menos, sentir amor?

Y si hablamos de espermatozoides y óvulos: ¿cómo pueden estos transmitir en el ADN el color de ojos, la personalidad, carácter, gestos, no solo de sus padres, sino muchas veces de abuelos o antepasados más lejanos?

Ahora pasemos a analizar qué nos dice la naturaleza y otros seres vivos.

Si eres como yo, y aún te sorprendes al ver volar a un avión que pesa toneladas, si nos dijeran que el hombre será capaz, con el tiempo, de inventar aviones que se busquen su propia gasolina, construyan su propio hangar y que este mismo avión fabrique —por sí solo— más aviones como él, diríamos que están locos. Bueno, pues ese avión maravilloso ya existe desde hace millones de años y se llama pájaro. ¿Has visto a un avión volar hacia atrás? Yo no, pero sí he visto a un colibrí hacerlo.

Además, ese colibrí se busca su propio alimento, se hace su nido y se fabrica a sí mismo, calentando un huevo. Si no me crees, mantén un huevo de gallina a cuarenta grados durante tres semanas y que no te sorprenda ver salir a un pollito piando.

Qué invento tan maravilloso el del huevo, ¿quién será el genio que lo inventó? Nunca hemos visto al inventor, pero sabemos que existe. Y más allá de entrar al eterno debate de, ¿qué es primero, el huevo o la gallina?, la realidad es que ambos han sido creados, ya que no podrían existir por generación espontánea.

Las palomas mensajeras orientan sus vuelos gracias a una especie de brújula biomagnética; los tiburones se orientan en sus migraciones con el campo magnético terrestre; las abejas utilizan la polarización de la luz para orientarse; los elefantes tienen más de treinta diferentes modulaciones de comunicación entre ellos; la serpiente de cascabel tiene un detector de rayos infrarrojos para ver en la oscuridad; las mariposas ven con rayos ultravioletas; los delfines nadan con una sonda acústica parecida a la de los submarinos; el ojo del camaleón puede medir la distancia de su presa con la precisión de la telemetría; el pez raya puede cazar a su presa con una descarga de 220 voltios; un murciélago vuela con un radar que emite ondas ultrasónicas; las arañas producen, al mes, 3 km de hilo; la abeja reina pone tres mil huevos diarios.

¿Quién habrá sido el creador, inventor y diseñador de estos maravillosos seres vivos? Justamente en eso consiste la fe: en creer algo que no vemos. Sabemos que el clavo está ahí por tener la fe de que de él cuelga el abrigo, pero no podemos comprobar su existencia con los ojos. Sabemos que hay un creador del huevo, la gallina, las estrellas, el camaleón, los delfines, el ojo, el ave, el corazón, las abejas, las moscas y un largo etcétera.

Esa fe es la misma que debemos tener al abordar un avión y tener fe en que el piloto tiene la capacidad y preparación de volarlo, de que lo abastecieron de combustible, de que el cirujano que nos opera del apéndice esterilizó sus instrumentos, de que la liga del *bungee* con que nos lanzamos es sólida, de que la comida que comemos en el restaurante no está envenenada, de que nuestros hijos nos dicen la verdad cuando nos dicen que están en la escuela.

Si solo creyéramos lo que viéramos o pudiéramos comprobar, personalmente, con nuestros sentidos, sería tan limitado nuestro conocimiento. ¡Y tan pobre nuestra vida!

Siguiendo con la línea de las apuestas, si hubiera que apostar, en este tema, habría tres opciones respecto al origen de la vida, el universo, el mar, la tierra, el hombre y las estrellas.

OPCIONES PARA LA APUESTA FINAL

Primera opción: la evolución está detrás de todo cuanto existe. Sin embargo, para que la apuesta por la evolución sea legítima, una opción genuina debe ser una evolución que parta de la nada. Para dar contexto a la apuesta, vale la pena tener en cuenta que la evolución en sí misma, atribuyendo al creador el origen del salto de la nada al ser, es totalmente compatible con la apuesta de que el origen de la creación es Dios.

Segunda opción: es el azar quien en realidad está detrás del origen de todo.

Tercera opción: es Dios quien está detrás de toda creación.

Analicemos seriamente las tres opciones para decantarnos por aquella a la que decidamos apostar.

¿Apostar por la evolución?

La evolución, tanto del hombre, como del universo se estudia conforme a las leyes que rigen y dan armonía a la propia evolución. Por lo tanto, esas leyes —como los planos de la casa, el instructivo del teléfono y la garantía del auto, etc.— deben haber sido diseñadas por una inteligencia creadora.

Hablando de leyes —que es un tema que sí conozco—, te aseguro que no puede haber leyes, si no hay alguien que las estudie, redacte, discuta y publique.

En México, para que una ley exista, debe publicarse en el Diario Oficial de la Nación, y sería absurdo que eso ocurriera sin que nadie la hubiese estudiado, redactado, discutido, aprobado e instruido su publicación. Tanto como pensar que las leyes que rigen el universo y a los microorganismos se hicieron solas.

Al respecto, el doctor Meléndez, presidente de la Real Sociedad Española de Historia Natural, publicó que: "cuanto más investigamos la evolución, más comprendemos la realidad de la existencia de una inteligencia infinita capaz de haberlo programado todo".

Newton llamó a esta inteligencia un: ser Inteligente y poderoso. A quien asigna la creación, el dominio y el orden del cosmos. Albert Kastler, premio nobel de física, en 1968, le llama creador, a quien le achaca la creación, ya que la idea de que el mundo se hubiese creado a sí mismo, a partir de la evolución, le parece absurda.

Al ser la teoría de la evolución un tema de profundidad en el que no soy experto, que no pretendo abarcarla en su totalidad, en solo unas líneas; si esta es una teoría sobre la que te interese profundizar, sugiero que recurras al estudio de los fundamentos científicos y filosóficos en que se basa esta teoría.

¿Podría ser el azar el origen de todo?

El azar es lo que sucede por una serie de coincidencias, circunstancias, elementos inconexos, factores controlables y no controlables, entorno, ambiente, reacciones físicas y biológicas, y demás elementos que inciden en que las cosas —en este caso la vida o el universo—, sean como son. El pensar que todos ellos, sin una inteligencia, voluntad ni poder creador inteligente, se coordinen por sí mismos para crear algo tan perfecto como la vida y el universo, me parece tan poco probable como pensar que este libro es el resultado de haber metido en un enorme recipiente las letras que aparecen en estas líneas y, al lanzarlas al aire, hubieran aterrizado exactamente en el orden en que hoy las lees.

Este libro debe tener alrededor de ochenta y cinco mil palabras, y un número mucho mayor de letras. Pensar que, al tirarlas al suelo, estas se hubiesen ordenado al azar, formando palabras, frases, párrafos, capítulos, ideas y conceptos, me parece muy difícil de imaginar. Te aseguro que lo que hoy lees, ha requerido cientos de horas de estudio, lectura, redacción, revisión, corrección y edición.

La probabilidad de que, al aventarlas al aire, las letras caigan precisamente en el orden en que las estás leyendo, es una contra un número que tiene tres millones de cifras, por lo que me parece que no es difícil concluir que esta posibilidad es prácticamente nula.

Aunque no me conoces y nunca me has visto, sin duda sabes que existo. Después de convivir a través de estas páginas, ya sabes mucho más de mí, de lo que yo nunca sabré de ti y podrás deducir que existo, simplemente porque me estás leyendo y puedes concluir que soy una persona, que respira, come, duerme, y que escribí esto que hoy lees.

¿Es Dios quien está detrás de la creación?

Si hacer este libro requiere una inteligencia creadora, imagina la que se requiere para crear las flores, las montañas, los mares, los planetas, el átomo, las estrellas, los animales y al hombre. ¿Cuál sería la probabilidad de que eso existiera al azar?

Los que sostienen que la vida que hoy vemos en el cielo, en la tierra, en los mares y, aun, en el microcosmos, viene del azar, o de las enormes coincidencias que deben haberse dado en los millones de años de evolución —desde la nada— para que las cosas, animales, plantas, astros, personas, organismos vivos, estrellas, etc., se encuentren hoy en el estado en que las conocemos, pareciera que están haciendo una apuesta muy arriesgada.

Retomando el tema de las apuestas, ¿a qué le apostarías, entonces, respecto al origen de la vida, la naturaleza y el universo? ¿Al azar? ¿A la evolución? ¿A un Dios creador?

Si necesitas recurrir a la ciencia antes de hacer tu apuesta, te recomiendo un gran libro llamado *Dios, la ciencia, las pruebas. El albor de una revolución*, de Bolloré y Bonnassies,[27] quienes se aventuraron a consultar y leer durante tres años, junto con más de veinte científicos y especialistas, las pruebas modernas de la existencia o inexistencia de Dios (y vaya que probar la inexistencia de algo es mucho más complicado que su existencia).

Decidieron hacer este estudio, ya que durante cuatro siglos los descubrimientos científicos daban a entender que se podía explicar el origen del universo, sin la necesidad de recurrir a un Dios creador. Nos explican que, de manera imprevista y sorprendente, el péndulo de la ciencia en nuestra época se ha movido en sentido inverso. O sea, hacia la comprobación científica de la existencia de Dios.

Según los científicos consultados, los nuevos conocimientos de la relatividad, la mecánica cuántica, la expansión del universo —de los cuales admito conocer muy poco y entender aún menos—, acabaron con las certezas en que se basa el materialismo. Relatan, en su libro, los avances científicos actuales y ofrecen una invitación a la reflexión, así como un panorama de las nuevas pruebas de la existencia de Dios.

Después de un minucioso estudio apoyado por científicos, médicos y astrónomos reconocidos, nos comparten que, a principios del siglo xx, creer en un Dios creador parecía oponerse a la ciencia.

---

27 **Michel-Yves Bolloré y Oliver Bonnassies** son filósofos y escritores contemporáneos franceses, agnósticos, conocidos por sus reflexiones en *Le Choix de Dieu*.

Al parecer, ese péndulo se ha movido radicalmente, y concluyen que hoy, no atribuir el origen de la creación precisamente a un Dios creador, se opone no solo a la ciencia, sino también a la lógica y la razón.

Cuando lo vemos así, tal vez empecemos a perder el miedo a reconocer internamente que todo existe gracias a un ser supremo, eterno, omnipotente, al que, a lo largo de la historia, se le ha llamado Dios.

Ojo: la apuesta que hagas respecto a la existencia o inexistencia de Dios es muy trascendente, ya que, si le apuestas a que el origen de todo es Dios, no es difícil concluir que, si él está en el origen, entonces también, muy probablemente, está en el final

¿Y A MÍ QUÉ MÁS ME DA
SI EXISTE DIOS O NO?

¡Uf! Intentar responder a esa pregunta probablemente requeriría un libro completo, por lo que no pretendo abordarla a fondo, pues entraría nuevamente en terrenos pantanosos. Además, tendría que recurrir a la filosofía, metafísica, teología y otros recursos que romperían el ritmo narrativo que tanto he procurado respetar. Y, sobre todo, incumpliría mi promesa de dedicar al tema solo unos minutos de lectura.

Sin embargo, al no ser una pregunta ni menor ni mucho menos intrascendente, prefiero dejártela a ti para que la reflexiones y llegues a tus propias conclusiones.

Te dejo solamente algunas preguntas que te pueden servir como guía:

- ¿Existe Dios?
- ¿Es mi creador?
- ¿Es un padre amoroso o un Dios distante y frío?
- ¿Es un juez severo?
- ¿Puedo conocerlo?
- ¿Puedo amarlo?
- ¿Sabe que existo?

- ¿Le importo?
- ¿Me quiere?
- ¿Puedo aspirar a verlo y gozarlo después de esta vida?
- ¿El gozo eterno de Dios solo se puede dar en el cielo?
- ¿Si es un padre amoroso, por qué existe el infierno?
- ¿Puedo acabar ahí?

Si decides abordar a fondo estas preguntas, te sugiero no googlear las respuestas ni buscarlas en Chat GPT. Más bien te exhorto a que te internes en las cámaras íntimas de tu corazón y se lo preguntes a él directamente.

Tal vez no escuches nada en los primeros intentos, pero te animo a perseverar e intentarlo nuevamente. Una y otra vez. No te sorprenda que, en alguno de esos intentos, en pleno silencio y recogimiento interior, te lleguen algunas ideas o inspiraciones que no reconozcas como tuyas. Tal vez sea la tenue voz de tu conciencia la que te aporte algunas piezas, para armar tu rompecabezas. Detrás de esas ideas pueden estar las respuestas que buscas.

Mi intención es que la respuesta a la pregunta ¿y a mí que más me da si existe Dios?, como todas las que he planteado en este libro, venga de ti, pero aprovechando que tengo la pluma, te comparto mi opinión al respecto. Al ser la felicidad —aquí y allá— un propósito central en la de vida, es muy relevante la existencia de Dios, ya que es quien personifica la felicidad eterna que muchos definen, justamente, como la contemplación, cara a cara, con Dios en el cielo.

Además, no son pocos los autores que consideran que quienes han aprendido a ser felices aquí, tienen más posibilidad de gozar de la felicidad en el más allá. Aunque me parezca aventurado afirmar que quienes no son felices aquí, serán infelices en el más allá, me gustaría que te quedaras con la idea de que, si aprendemos a gozar de la vida, si identificamos y vivimos nuestra misión, si respondemos a nuestro llamado vital, si abordamos con la actitud apropiada los retos que la vida nos plantea, si buscamos el bien, la verdad y la belleza, si hacemos felices a los que nos rodean, si vivimos cara a Dios y si perseveramos en la gracia hasta el final, además de vivir en el más acá, nuestro pedacito de cielo, podremos algún día gozar de la felicidad eterna.

En otras palabras, como nos dice Brooks, si nos alimentamos de los tres macronutrientes de la felicidad —la capacidad de disfrute, la satisfacción personal y el sentido de la vida—, y si vivimos conforme a los cuatro pilares que el mismo autor propone como bases de la felicidad —la fe, la familia, los amigos y el sentido de la vida y del trabajo—, y el final de la vida nos encuentra en estado de gracia, me parece que sería una profunda injusticia divina el no premiarnos con el cielo y la felicidad eterna.

9

QUÉ APRENDÍ

UNA FUERTE NOTICIA

Me tomaré, como dice mi editor, una licencia literaria para romper la secuencia de la historia. Regresaré algunos meses atrás, cuando mi esposa me dio una noticia inesperada. Mientras cenábamos en casa, me miró y dijo: "Hace unos días me llamó Antonella, la esposa de Vittorio". Respiró hondo e hizo una pausa larga que me permitió preguntar: ¿qué pasa con Vittorio? Respondió con la mirada baja: "Tiene algunos meses sintiéndose mal, le detectaron una enfermedad seria".

Sentí una punzada en el corazón. Saber que mi gran amigo, quien había sido el sostén de mi familia hacía algunos meses en Bérgamo, era quien ahora estaba enfermo, me sacó totalmente de balance. Caí en cuenta de que cuando me visitaba en el hospital de Bérgamo, él ya estaba enfermo. ¡Qué ironías de la vida! ¡Cuando él me estaba sacando prácticamente de la tumba, en Bérgamo, estaba peor que yo! Mientras la escuchaba, pensé: en cuanto esté listo para un viaje trasatlántico, me lanzo a verlo.

Recuerdo que, al despedirnos en Bérgamo, le dije: Vittorio, te portaste como un hermano. Nunca voy a olvidar lo que hiciste por mí y por mi familia. Le pido a la vida que me dé la oportunidad de ser recíproco cuando nos necesites, y espero me permita hacerlo en circunstancias menos dramáticas.

La vida iba a cumplir mucho más pronto de lo que imaginé la oportunidad de ser recíproco con Vittorio; pero creo que no leyó la letra chiquita, donde yo pedía que fuera en circunstancias menos dramáticas.

Cuando me sentí con fuerza para viajar, aprovechamos un viaje de trabajo a Londres, para volar a Milán. Antonella nos había advertido que Vittorio no estaba bien, que los tratamientos lo tenían débil y con dolor. Llegamos a su casa en donde habíamos pasado tantos veranos juntos, y verlo fue un *shock*. No creo que hayamos podido disimularlo. Había envejecido diez años, estaba calvo y encorvado, tenía un aparato de titanio de la cintura hasta el pecho y usaba un bastón.

Al verlo, sentí que el piso se hundía. Apreté la mano de mi esposa y le susurré: haz que no se me note. El abrazo fuerte que quería darle no pudo ser. Estaba tan frágil que apenas pude darle una leve palmada en el hombro diciendo: *hey man, it is so nice to see you* (me da gusto verte). Me contestó con su típica ironía: "*This is what is left of me* (esto es lo que queda de mí)".

Antonella interrumpió el incómodo silencio diciendo: "Hice reserva para cenar en el Hotel Villa D'Este, Vitto no puede caminar muy lejos". Hacía unos meses, yo caminaba con andadera, apoyado en el brazo de Vittorio, ahora él lo hacía de mi brazo izquierdo, caminando penosamente para recorrer los cien metros hasta la puerta del hotel. Claramente ahora a mí me tocaba apoyarlo.

Normalmente, con ellos la conversación fluía sin parar, pero ahora había largos silencios que no lográbamos romper. Las miradas profundas suplieron a las palabras.

Mi plan era quedarme unos días para acompañarlo en los hospitales, tal como él lo había hecho durante las cinco semanas que estuve hospitalizado. Cuando le propuse acompañarlo, me contestó con ironía: "¿Y qué voy a hacer todo el día con un mexicano inútil, mientras me están llevando de un estudio a otro?". Me quedó claro que, al acompañarlo, estorbaría más de lo que podría ayudar.

Pude estar con él en Milán y ayudarle con lo poco que me pedía: abrir una lata, servirle la leche en el desayuno, ayudarlo a ponerse los zapatos y amarrar las cintas, ajustarse el aparato de la espalda, ayudarlo a subir las escaleras y contestar su teléfono cuando le llamaba alguno de sus hermanos. La realidad es que no podía hacer mucho por él, pero de todas formas agradeció mi apoyo moral y mi inútil intento de ayudar.

Han pasado ya varios meses del diagnóstico inicial, y Vittorio se ha ido recuperando de una forma impresionante. Nos vemos con la frecuencia que lo permiten las agendas, y en mi último viaje, incluso hicimos algo de *hiking*. "¡Hasta que puedo caminar a tu ritmo!", le digo entre bromas; y él contesta: "Nunca pensé que me tuviera que adaptar al ritmo de un anciano como tú".

UNA PROMESA QUE CUMPLIR

También aproveché ese viaje para cumplir con una promesa interna, que me hice al salir del hospital en Bérgamo: ir personalmente a dar las gracias a los doctores y enfermeras que me atendieron.

Recuerdo especialmente a Danilo, director de terapia intensiva, quien estuvo a cargo de mi vida durante mi coma. Estoy convencido de que fue él, con su profesionalismo y dedicación, quien salvó la vida de un mexicanito que llegó un día a su hospital, medio muerto por un accidente en moto.

La vida me dio la oportunidad, un año después, de ir a agradecerle sus atenciones con un gran abrazo y una botella de 7 Leguas, mi tequila favorito, mientras escuchaba que me decía con los ojos vidriosos: "En dieciséis años que tengo dirigiendo terapia intensiva, nadie había regresado a darme las gracias. Ver a las personas volver a la vida es lo que me recuerda que nací para ser médico", añadió en voz baja.

Y, recuperando la sonrisa, me dijo: "Verte mover el brazo derecho es una gran noticia. Tu nervio radial estaba muy dañado, no pensé que lo podrías volver a mover".

Durante la visita fugaz al hospital de Bérgamo, caminé los largos pasillos que mi familia recorría con dolor y angustia un año atrás, y me dolió nuevamente haberlos hecho pasar por eso.

Fue un viaje corto y en una semana estaba de regreso en México, no sin antes prometer volver tan pronto como pudiera. Sin apenas tiempo para recuperarme del *jet lag,* al día siguiente ya estaba inmerso en mis rutinas y terapias de recuperación.

¿QUÉ APRENDÍ?

Así como en otros capítulos tuve que consultar muchos libros para documentarme adecuadamente y presentarte evidencias sólidas de lo que planteaba, para este capítulo no tuve que consultar ninguno. Bueno, tal vez sí, consulté —y a fondo— el libro más difícil de leer: el libro de mi conciencia. Para hacerlo, fue necesario meterme a fondo en mi mente, mi alma y mi corazón, para hacer un análisis profundo y descifrar las huellas que había dejado en mí la escuela de Bérgamo.

No es fácil verse a sí mismo y ser totalmente honesto y transparente ante nuestros defectos, errores y omisiones, por lo que consulté también a mis más cercanos, para evaluar si mi diagnóstico era certero. Algunas de esas conversaciones no fueron fáciles y dolieron, al darme cuenta de que no había logrado todo el progreso que esperaba en áreas que pensé que tenía dominadas.

Antes de la publicación de mi libro anterior, *¿De qué se trata la vida?*, tuve la oportunidad de enviar un epílogo que escribí dos meses después del accidente, en el que cierro diciendo: "Solo Dios sabe si seré capaz de incorporar a mi vida las lecciones que esta dura experiencia me enseñará".

Y bien, pues ahora, a dos años del accidente, me parece necesario hacer una autoevaluación honesta de lo que aprendí y, sobre todo, si fui capaz —y hasta qué punto— de hacer vida las lecciones de la escuela de Bérgamo.

Te comparto algunas conclusiones:

Me queda muy claro que las tres lecciones —o mensajes— que recibí en mi primera gran crisis de la mitad de la vida, al cumplir cincuenta años, fueron las de aprender a vivir con amor, abandono y agradecimiento.

En esta crisis del accidente en Bérgamo, percibí con claridad que las lecciones que debía aprender pasaban por las de vivir con humildad, paciencia y empatía.

Meditando a fondo estos mensajes, admito haber tenido la duda de si eran realmente lecciones de la vida o producto de mi imaginación.

La razón por la que estoy convencido de que sí se trata de lecciones dirigidas especialmente para mí, es que están alineadas de manera antagónica con mis principales defectos dominantes: el egoísmo (lo opuesto al amor), el control (lo opuesto al abandono), la autosuficiencia (lo opuesto al agradecimiento), la soberbia (lo opuesto a la humildad), la impaciencia (lo opuesto a la paciencia) y la deficiencia en la capacidad de escucha (lo opuesto a la empatía).

Me gusta que la vida me haya propuesto estas lecciones en positivo, es decir, imprimiendo en mi mente los antídotos que necesito para seguir luchando contra mis dragones de siempre. Intuyo que esta lucha durará toda la vida y terminará hasta unas horas después de mi último respiro.

A dos años del accidente de Bérgamo y a nueve de mi crisis de mitad de vida, me pareció necesario analizar, con espíritu autocrítico, el avance que había logrado en estos frentes. Ha sido un ejercicio muy valioso que te recomiendo replicar después de haber pasado alguna prueba gorda en tu vida.

Respecto al tema del amor a Dios y a los demás, cada vez me queda más claro que es la gran tarea de mi vida. Reconozco haber avanzado en el amor a Dios, sin embargo, duele ver lo lejos que estoy aún de mi intención de quererlo con todas mis fuerzas. Estoy convencido de que, para lograrlo, necesito que él me dé el amor con que quiere que lo ame. Por eso le agradezco que no me haya pedido el alma en Bérgamo, estando aún lejos de entregarle mi corazón.

Respecto al amor a los demás, reconozco no haber avanzado, ni como me lo había propuesto, ni conforme lo esperaba. El camino del aprendizaje en el amor es una tarea en la que no sé bien si estoy aprobado, o no. Aunque debo admitir que no recuerdo otra etapa de mi vida en la que haya sentido con tal intensidad el amor de mi familia, parientes y amigos. Tengo clarísimo que sin su apoyo no estaría aquí.

Hablando de la segunda lección de mi primera crisis, que es la del agradecimiento, me parece que es una de las luchas en las que mayor avance he percibido. Ahora voy por la vida con una sensación más consciente de agradecimiento por la cantidad de bendiciones que recibo todos los días. Una muestra muy clara es que —como consta en otro capítulo— los primeros meses después del accidente, tomé tal consciencia de lo mucho que tenía que agradecer por la familia, los amigos, la salud, la vida, el trabajo, los socios, los *hobbies*, y un largo etcétera, que cualquier detalle de cariño me conmovía hasta las lágrimas.

El agradecimiento que sentía era tan intenso, que me hervía la sangre y no veía la forma de corresponder a las conmovedoras muestras de cariño que recibí después del accidente. Lamentablemente, como otras de las lecciones aprendidas, la conciencia del agradecimiento sigue ahí, pero su intensidad se ha ido diluyendo con el tiempo.

Por lo que se refiere al abandono, tampoco recuerdo otra etapa de mi vida en la que lo haya vivido como en Bérgamo. Al vivir la incertidumbre de si sería capaz de mantenerme vivo, decidí concentrarme solamente en la siguiente respiración y dejarle todo lo demás a Dios. La respiración fue un reto durante semanas: primero con oxígeno, después con un respirador, luego con un tubo, al final con traqueotomía, hasta que pude volver a usar mis propias narices (de las que estoy bien dotado), para llenar de oxígeno mis pulmones. Ese abandono también se manifestó cada vez que me confirmaban un mal diagnóstico. En esos casos, por alguna extraña razón, mantenía una paz difícil de describir al escuchar esa voz interior: juntos saldremos de esto.

Esa paz era frecuentemente interrumpida en los lapsos en que pretendía tomar el control de las cosas, y caía en la angustia y desesperación. Hoy tengo más claro que nunca, que la puerta segura para aspirar a la paz interior es el abandono de nuestra vida, proyectos, preocupaciones y seres queridos en la voluntad de Dios, que sabe más y no se equivoca. Aunque las lecciones que nos dé a veces duelan, y mucho, tener la fe y la confianza de que siempre serán para bien, es un gran bálsamo en los tiempos de sufrimiento.

Por lo que se refiere a las tres lecciones de la primera crisis, no recuerdo otra etapa en la que haya sentido hacerlas vida con la intensidad con que las percibí, desde el hospital de Bérgamo, al que, por lo que resta del libro, me referiré con cariño como la escuela de Bérgamo.

Algo parecido ocurrió con las tres lecciones de la escuela de Bérgamo: humildad, paciencia y empatía.

La humildad con la que viví esta experiencia llegó a su tope en el cuarto de hospital, en el que, acepté resignado el hecho de que mi vecino Lorenzo me lanzara trozos de excremento. Hoy, de solo pensarlo, se me revuelve el estómago, pero en ese momento lo tomé con una normalidad que hoy no me explico.

No sé si vuelva a vivir otra etapa con ese nivel de humildad y no estoy tan seguro de que, incluso, sea sano llegar nuevamente a ese nivel que estaba marcado por circunstancias muy peculiares. Lo que sí reconozco es que ya llegué nuevamente al punto en que debo —como recomienda mi madre— bajarle unas rayitas a la soberbia y fomentar la humildad como forma de vida, recordando lo que escribía el sacerdote español San Josemaría Escrivá, en uno de los puntos de su famoso libro *Camino*: "¿Soberbia? ¿De qué? Si todo nos ha sido dado".

La paciencia se convirtió, en esa etapa, en mi forma de estar en el mundo. El no poder hacer casi nada por mí mismo, necesitar ayuda para vestirme, comer, manejar etc., contribuyó, de forma significativa, a fomentar una paciencia de la que siempre había carecido. Antes, las horas de espera afuera de un consultorio médico me parecían eternas, y camino a la cita llamaba al doctor para ver si iba a tiempo para que no me hiciera perder el mío. En el primer año después del accidente, la cantidad de horas de espera afuera de consultorios fue mayor que la que había pasado en toda mi vida. Llegué a acostumbrarme como parte de mi realidad, con una paciencia de la que no conocía que fuera capaz. Desafortunadamente, la paciencia, como algunas otras lecciones, ha ido disminuyendo al volver la normalidad y hoy nuevamente me veo en la necesidad de hacer ejercicios de paciencia en las filas del avión, al escuchar una conversación aburrida, en los embotellamientos de tráfico, al esperar a que lleguen los compañeros de viaje, cuando no llega el mesero a tomar la orden, etc.

La empatía había sido claramente otra asignatura pendiente en mi vida. Siempre me había costado trabajo ponerme en los zapatos de los demás y escucharlos de verdad, para tratar de comprenderlos y compartir sus alegrías y tristezas. El estar en esa situación de vulnerabilidad casi total, me permitió conectar con el dolor ajeno como nunca antes lo había logrado. Me sentía con una mayor predisposición a comprender mejor a los demás, a escucharlos y sentir su dolor.

Reconozco que la impaciencia y la escasa capacidad de escucha son dos defectos que dificultan empatizar con los demás y poner sus intereses al mismo nivel que los nuestros. Entenderlo es fácil, pero ¡qué trabajo cuesta vivirlo!

Con este autoanálisis, he tomado conciencia de algunas cosas que no veía y me sorprendieron. La primera es, que la etapa de mi vida que he vivido con mayor amor, abandono, agradecimiento, humildad, paciencia y empatía ha sido en la escuela de Bérgamo.

Por otro lado, reconozco, con una dosis de coraje y vergüenza, que la intensidad con la que logré avanzar en estas batallas está hoy un tanto diluida, y me pregunto: ¿estoy ya más cerca del Hugo de antes del accidente? También he entendido que es muy difícil vivir con la misma intensidad las lecciones aprendidas, estando ya de regreso en la normalidad, en la que prevalece la inclinación a la hiperactividad y la comodidad.

No puedo dejar de comparar mi experiencia personal con la de otros que, también, estuvieron cerca de la muerte y, según los autores que recopilan sus historias, en casi todas ellas reportan un cambio radical de vida y de visión —cuasi milagroso—, en el que las personas fueron, a raíz de esas experiencias, mejores, más humanas, aprendieron a amar la vida y renació en ellas la urgencia de reconectar con su lado espiritual.

Hoy me intriga saber si esos testimonios los dieron justo después de su experiencia o si fueron capaces de lograr lo que yo no estoy logrando del todo: incorporar la intensidad de esas lecciones a mi forma de vivir, a dos años de haber salido del hospital.

Al estar postrado, asustado, lastimado, disminuido, herido, enfermo o adolorido, y ver de frente a la muerte, es mucho más fácil ser humilde, paciente y empático. No sé si los demás lo han logrado, pero a mí me ha costado —y mucho—, seguir siéndolo una vez regresando a la normalidad y la rutina.

¿Qué es lo que necesitamos entonces para mantener viva la intensidad de las enseñanzas de la vida? ¿Un accidente como este cada dos años? ¿Cada año? ¿Es la inclinación a nuestras debilidades más fuerte que nuestra voluntad para combatirlas?

No tengo respuesta para estas preguntas, pero ahora veo que vivimos entre la tensión permanente de lo que esperamos de la vida, y lo que la vida espera de nosotros. Lo que queremos en la vida es salud, amor, felicidad, bienestar, disfrute y abundancia. Deseos de que la vida mire con ternura y, en lugar de darnos lo que queremos, nos de lo que necesitamos.

Tristemente, aprendemos a golpes, y las personas que sufren —cuando gestionan bien su dolor— son generalmente más valiosas y fuertes que las que han vivido entre algodones.

Francesc Miralles, coautor del libro *bestseller Ikigai: los Secretos de Japón para una vida larga y feliz.* En su libro *Veinte preguntas existenciales: cuyas respuestas pueden cambiar tu vida*, nos comparte la regla de oro de la productora de películas, Pixar, al hacer los guiones de sus películas: "Una cosa es lo que el héroe quiere, y otra lo que necesita. En el viaje de una cosa a la otra está la aventura de la vida".

Refiere el ejemplo de Woody en *Toy Story*. Ante la llegada de Buzz Lightyear, Woody quiere volver a ser el juguete preferido de su amo, pero lo que Woody realmente necesita es aprender a ser un amigo.

Me parece muy bueno el ejemplo, ya que una característica de muchas personas que conozco es que desean algo distinto a lo que tienen. Hay grandes empresarios que sueñan con subirse a los escenarios con su banda de rock (la vida me concedió ese regalo), profesores que sueñan con ser futbolistas, esposas que quisieran que sus maridos fueran como el rey de España, compadres que quisieran tener el auto del vecino, y un largo etcétera. Me parece que aquí aplica a la perfección el dicho de que: "El jardín de enfrente está siempre más verde".

Dentro de cada persona hay una profunda insatisfacción, y esa puede ser el resorte que necesita para acercarse a sus sueños. Por eso Miralles recomienda preguntarnos no solamente "¿qué es lo que espero de la vida?", sino más bien "¿qué es lo que la vida espera de mí?". En otras palabras, ¿cuál es el plan que Dios tiene para mí? Y te aseguro que tiene uno, y ese plan es el propósito y misión que llevas impreso en el corazón. En descubrirla y vivirla, te va la felicidad y plenitud que tanto buscas.

Yo le pedía a la vida libertad, disfrute, goce, plenitud, y lo que necesitaba era un alto en seco con la camioneta de Giovanna, para detener mi exceso de velocidad. Le pedía más destreza y fuerza en mis brazos para jugar mejor golf y tocar mejor batería, y lo que necesitaba era la inmovilidad total del brazo derecho, para desarrollar mi lado intuitivo y aminorar el dominio de mi lado racional que, aún hoy, se manifiesta fuertemente en mis rasgos de personalidad.

Si ya identificaste lo que esperas de la vida, y esto es consistente con lo que la vida espera de ti, te felicito: ya encontraste tu propósito y tu razón de ser. Ya estás en posibilidad de responder con tu vida a la dura pregunta de ¿para qué estoy aquí? Si lo que esperas de la vida y lo que ella espera de ti aún no coinciden, seguro esta te dará las lecciones que necesites, hasta que desarrolles las herramientas necesarias para hacerlas coincidir.

Estas lecciones pueden venir envueltas en un accidente de motocicleta, un duelo, una quiebra, un divorcio, una enfermedad grave, un dolor profundo, una adicción, una traición o alguna otra lección que la vida —que te conoce mejor que tú— pueda llegar a utilizar, para mostrarte lo que espera de ti. Y créeme, siempre se las ingenia para darnos la lección que necesitamos en el tiempo y la dosis adecuada.

A pesar de la claridad con que creo ver las lecciones que la vida me pedía en esta experiencia, hay otro aspecto en el que te mentiría, si te dijera que he logrado el mismo nivel de claridad.

Esta experiencia que me puso al límite y casi me cuesta la vida no fue suficiente para dar respuesta a mi gran duda de cómo es el más allá, en qué consiste la eternidad del alma y lo que nos espera después de morir. Debo admitir que estos conceptos siguen envueltos en un cierto velo de misterio. ¿Será porque nuestra limitada naturaleza humana no nos permite tener, en esta vida, una certeza total respecto a cómo es el más allá? ¿O por qué tenía una expectativa irrazonable de que, al estar a las puertas de la muerte, sería capaz de descubrir lo que hay del otro lado?

Esta lección me deja también con el aprendizaje de que, la incertidumbre respecto a cómo es el más allá será parte de mi camino, y que lo que me toca, más que pensar obsesivamente en la muerte, es vivir en plenitud y volcarme en hacer vida mi propósito y misión personal, para que la muerte me sorprenda haciendo lo que debo y estando en lo que hago.

La única certeza con la que sí me quedo respecto a la otra vida, es la de la presencia amorosa de un ser vivo que me ama con un amor indescriptible y que me miró desde la otra orilla, en la escuela de Bérgamo. Esa certeza involucra a alguien que se parecía bastante a la imagen que tengo de Jesucristo, y me dejó tatuada en el alma una mirada de amor incondicional, que no sabía que podía existir.

Como te podrás imaginar, le he dado mil vueltas a ese tema para tratar de comprender cómo esa mirada de amor era compatible con el profundo sufrimiento en el que estaba. Esa mirada (que reviví con las terapias de palingenesia que tomé para conectar con mi inconsciente) me despertó la confianza de que no era, aún, mi momento de dejar esta tierra, y que con esa poda podía rendir más fruto.

Lo que me deja preocupado es que, entre más me alejo física, mental y espiritualmente de la escuela de Bérgamo, más percibo que esas huellas de dolor —que pensé serían imborrables—, han perdido intensidad, y de haber sido huellas de sangre (de hecho, requerí cuatro litros de sangre italiana para seguir vivo) se hubieran ido convirtiendo en huellas de agua. Siguen ahí, pero han perdido color.

Si también en tu caso, las lecciones que la vida te ha dado se han ido diluyendo y olvidando, espero que encontremos la forma de hacerlas vida, sin que la vida necesite mandarnos más accidentes de motocicleta. Si encuentras la fórmula, te agradecería que me escribieras para compartírmela.

CONCLUSIONES HASTA AHORA

Me parece un tanto arriesgado cerrar este libro con un subcapítulo de conclusiones, ya que intentar encapsular la vida en las enseñanzas que hasta ahora he recibido no le hace justicia a la riqueza, fluidez y dimensión que la vida misma tiene. Será hasta la otra vida, cuando —mirando hacia atrás— estaré en posibilidad de comprender lo que de verdad aprendí, y hasta entonces podré mirar objetivamente la conclusión de mi paso por esta tierra.

Con esto en mente, decidí titular este subcapítulo final con el nombre de "Conclusiones hasta ahora". Ya que, estoy seguro de que —a menos que muera hoy— la vida seguirá dándome las lecciones que vaya necesitando. Aquí te comparto algunas que han quedado grabadas en mi corazón:

Claroscuros

Por más dura que reconozco fue la experiencia de Bérgamo, esta no me ha convertido, por arte de magia, en un hombre nuevo. Entiendo ahora, que en la vida no hay victorias definitivas ni derrotas permanentes, que los cambios que se han dado dentro y fuera de mí no se pueden medir en blanco y negro. En mi lucha por hacer vida las lecciones recibidas, hay avances, retrocesos, pequeñas y grandes victorias, y vueltas atrás que sería injusto intentar medir con un medidor frío, como el que usamos para medir los resultados en las empresas.

Me parece que, ante las experiencias dolorosas con que la vida nos reta, es necesario analizar tres cosas: la humildad con que las recibimos; el discernimiento para tomar ante ellas decisiones correctas; y la voluntad para hacer vida los aprendizajes. Esto nos será de mucha utilidad para escoger las batallas que valga la pena pelear.

Una de las oraciones que más me impactaron cuando un amigo me invitó a una reunión de Alcohólicos Anónimos lo dice muy claro: "Señor, concédeme serenidad para aceptar las cosas que no puedo cambiar, valor para cambiar aquellas que puedo y sabiduría para reconocer la diferencia".

Este tipo de experiencias engendran más cambios internos que externos. Muchos de ellos pasan por la intencionalidad con que vivamos. Vivir con la rectitud de intención, orientada a hacer vida nuestra misión, nos permitirá tomar conciencia de que estamos aquí, en una lucha constante y diaria para —poco a poco— convertirnos en la persona que estamos llamados a ser. Sabiendo que no todos los pasos serán hacia adelante.

Aunque ya lo sabemos, es importante recordar que hay días buenos y días malos. En algunos, nos resultará fácil estar en sintonía con esa intencionalidad, y en otros todo parecerá cuesta arriba, y nos arrastrará la adversidad o la superficialidad. Nos entregaremos, sin darnos cuenta, a la rutina que nos hace vivir a la deriva. Lo bueno es que la vida no es una batalla de un solo día.

Hábitos

Ya lo decía Aristóteles hace veinticinco siglos: "Somos criaturas de hábitos". No puedo estar más de acuerdo con él. Si de verdad queremos que algo cambie en nuestra vida, debemos convertirlo en un hábito, y esto solo se logra con la repetición consciente y constante de una actividad específica durante el tiempo suficiente para que quede anclada en nuestra rutina.

Un hábito muy recomendable que he logrado arraigar es el que aprendí del libro de Robin Sharma[28] *The 5 AM Club: Own Your Morning. Elevate Your Life*, que recomienda, en esencia, tener una rutina durante tu primera hora al levantarte. Esa rutina comienza con quince minutos de estiramiento, quince de oración y media hora de lectura. Esta cambia cuando hay un libro que escribir, ya que, durante los dieciocho a veinticuatro meses que dura ese proceso, a partir de las 6:30 a. m. me siento a escribir todos los días un par de horas.

En mi rutina hay otros hábitos y uno de ellos me permite evaluar mis luchas. Me refiero a la revisión mensual de mi proyecto de vida. Para recordarlo, programé en mi celular una notificación cada primero de mes y bloqueo la agenda de esa tarde en mi calendario de todo el año, para hacer una pausa y revisar a fondo mi proyecto de vida. Repetir este hábito durante más de diez años me ha servido mucho para tomar conciencia de la evolución.

Estoy convencido de que, sin hacer vida nuestro propósito, andaremos por la vida como una veleta. Ya lo decía Séneca: "Para un barco sin rumbo, ningún viento es favorable". Y para hacer vida tu propósito, no conozco otra herramienta más valiosa que tener un proyecto de vida. En otras palabras: tu misión o propósito es el *qué* y tu proyecto de vida es el *cómo*.

---

28 **Robin Sharma** (1964) es un escritor y conferencista canadiense conocido por sus obras sobre liderazgo, desarrollo personal y motivación. Autor de libros como *El monje que vendió su Ferrari* y *El club de las 5 de la mañana: controla tu mañana, impulsa tu vida*. Sus escritos inspiran a miles a vivir con propósito y disciplina.

Si eres tan desorientado como yo para cualquier traslado de más de diez cuadras, y más en una ciudad que no conoces ni se te ocurre hacerlo sin usar el Waze. No sé si lo has notado, pero la primera pregunta que nos hace el Waze, antes de iniciar un viaje es: ¿A dónde vas? Sin darle esa respuesta, simplemente el viaje no puede iniciar.

¿Te has puesto a pensar por qué, si no somos capaces de iniciar un traslado cualquiera sin saber a dónde vamos, andamos por el viaje de la vida sin saberlo?

Hablando de hábitos, hay otro que aún no he logrado arraigar en mi vida. Es uno que me propuse al reconocer, hace más de ocho años, que otro de mis defectos dominantes es la hiperactividad: el hábito de *ruthlessly erradicate hurry* (evita las prisas a toda costa). Admito que aún las prisas me impiden vivir al ritmo que quisiera y concentrarme a plenitud en lo que hago.

Otro hábito que redescubrí en este proceso, y que te recomiendo ampliamente, es el de hacer por las noches un examen de conciencia para analizar si vivimos ese día con la intencionalidad que queríamos, si lo que hicimos o dejamos de hacer estaba alineado a nuestro proyecto de vida.

Te recomiendo ampliamente revisar cuáles son tus hábitos, para identificar aquellos que te ayudan o estorban, para alinear tu vida a la persona que estás llamada a convertirte. Al respecto, estoy seguro de que el libro de *Hábitos atómicos*, de James Clear, te podrá ayudar.

Poda

Otra cosa que me quedó bastante clara es que, por alguna razón que no tengo nada clara, la vida —que es el nombre que a veces ponemos a Dios, para no espantar a los descreídos— consideró que necesitaba otra poda. Yo le pedía a la vida salud, libertad, plenitud, disfrute, pero esta consideró que lo que yo necesitaba era un curso intensivo de sufrimiento, miedo y dolor en la escuela de Bérgamo. Igual que Woody en *Toy Story*, que en realidad necesitaba aprender a ser un amigo.

Me dio un parón en seco al estrellarme con la camioneta de Giovanna, para recordarme que andaba por la vida a exceso de velocidad. Y, a través de ese alto total, reflexionar la manera de aprender a vivir con más humildad, paciencia y empatía.

Aunque sigo aún en proceso de digerir las razones detrás de esta poda, no creo que esta haya sido para dar a mi vida un giro de 180 grados. No considero haber estado totalmente perdido en mi vida pasada, por lo que me inclino a pensar que, si soy un árbol de higos, no se me pide ahora que dé manzanas, sino mejores higos.

Las podas que la vida nos da, curiosamente, llegan en el momento, lugar y dosis adecuados. Si esta dura experiencia hubiera quedado en un susto fuerte y momentáneo, como el incidente de paracaídas de DiCaprio, estoy seguro de que, en cuestión de semanas, hubiera olvidado la lección y me habría entregado con más ímpetu a la adrenalina del activismo. Por eso, la poda incluyó al menos dieciocho meses de fragilidad, dolor, incertidumbre y la inmovilidad total o parcial del brazo derecho durante meses.

Si bien, la lección ha sido, no solo dura, sino duradera, debo admitir que, al haber vivido cincuenta y seis años alimentando una personalidad racional y calculadora, estos rasgos de mi carácter han regresado con más fuerza, y aún me cuesta —y mucho— darle ese juego al corazón, que ahora entiendo es tan importante.

Honestamente, no tengo tan claro el grado de avance que he logrado con esta lección, pero, viéndola en retrospectiva, me doy cuenta de que cuando fui más débil, fui más fuerte; cuando perdí totalmente el control, fue cuando logré abandonarme a fondo en la voluntad de Dios y confiar ciegamente en los demás. Reconozco con sorpresa que, ha sido uno de los períodos de mi vida en que me he sentido más seguro.

Esta poda me puso durante muchos meses frente a una realidad dolorosa de debilidad e inmovilidad, pero, por alguna razón, la asumía tal cual era. Recuerdo que cuando mi esposa y mi hijo me pedían que saludara a las personas con la mano izquierda para disimular la inmovilidad de mi brazo derecho, les decía con naturalidad: esta es mi realidad. No me gusta, me da vergüenza y me duele estar así, pero es mi realidad, y sobre esta tengo que reconstruir mi vida.

Sin saberlo, estaba haciendo vida una descripción de madurez que leí tiempo después y que repito en mis conferencias: "La madurez consiste en hacer las paces con la realidad y aprender a construir sobre ella". Lo que aún no termino de hacer vida es otra lección que aprendí en el curso de *Coaching* de Barcelona: "Solamente observando al observador, podemos aspirar a tener una mejor lectura de la realidad, ya que no vemos las cosas como son, sino como somos".

Reconozco que hay realidades durísimas que nos pueden tocar vivir y que es muy difícil asimilarlas y digerirlas, porque vienen llenas de dolor, angustia y miedo. No quiero decir que sea fácil hacerlo, pero entre más pronto seamos capaces de hacer las paces con esa dura realidad, más pronto podremos construir sobre ella para salir adelante. Y, como dice Ryan Holiday, en su libro *El obstáculo es el camino: el arte inmortal de convertir las pruebas en triunfos*: "No a pesar de ella, sino construyendo sobre ella".

Misión y felicidad

He dedicado ya más de ocho años al estudio de cómo dar respuesta a la pregunta que el ser humano se ha hecho desde hace siglos: ¿para qué estoy aquí? Esta duda punzante se instaló en mi corazón al leer una frase de Mark Twain, famoso escritor y humorista norteamericano: "Hay dos días verdaderamente importantes en la vida del hombre: el día que nace y el día que descubre para qué".

En mi libro anterior, *¿De qué se trata la vida?*, trato con amplitud este tema, por lo que aquí solo refiero un par de ideas: estamos aquí para descubrir nuestra misión y así ser felices, al hacerla vida. Estoy convencido de que la misión universal del ser humano es ser feliz —aquí y allá—. Tener claro este concepto es bueno, pero no es suficiente. Ser felices es el *qué*, pero le falta lo más difícil que es el *cómo*. ¡Así pasa cuando el doctor nos dice que tenemos que bajar de peso, pero no nos dice cómo!

Para dar respuesta al *cómo*, debemos empezar por entender que la felicidad no es una causa, sino una consecuencia. La consecuencia de descubrir nuestra misión y hacerla vida. El *cómo* es el proyecto de vida que diseñes para hacer vida tu propia misión personal.

En este proceso de introspección después del accidente, desfilaron ante mí los últimos años de mi vida, en los que, a pesar de haber tenido otras crisis que me enfrentaron a las dudas existenciales respecto a mi misión en esta tierra, y de tener bastante claro mi proyecto de vida, caí en cuenta que no había terminado por hacerlo vida.

Este evento crucial, me plantó frente a una nueva realidad, la de incluir en mi proyecto de vida el hacer lo que estuviera a mi alcance, para promover que las personas que me rodean pensaran en la muerte, para aprender a vivir.

Este descubrimiento me generó la típica duda que se me presentaba cuando enfrentaba un problema gordo: ¿y qué puede hacer Hugo al respecto?

La respuesta, que pude adivinar entre los movimientos de mi conciencia, y que aún estoy en proceso de digerir, fue que, reconociendo la magnitud del problema de la indiferencia actual ante la muerte, quizás pudiera yo servir como una especie de despertador de conciencia de las personas cercanas para que se planteen una mejor forma de vivir y lo que será de ellos al morir. Una especie de altavoz en un mundo sordo. Un vínculo o enlace entre quienes se preguntan por el sentido de su vida y de la muerte y los pensadores, teólogos, psicólogos, sacerdotes y filósofos que tienen las respuestas, procurando aterrizar sus enseñanzas de forma práctica y concreta y compartirlas con las personas que logro tocar con mi labor personal, profesional, académica y divulgativa. Tenía claro que, de alguna manera, estaba recibiendo una invitación a dar testimonio de la importancia de pensar en la muerte.

El cómo lograrlo era, y de alguna manera sigue siendo, un enigma. Sabía que no se me pedía ir a las plazas públicas a subirme a un taburete a gritar con un altavoz: ¡el mundo se va a acabar!, pero también era cierto que, con los años, había tejido redes y medios de divulgación con penetración entre las personas que me leen, me escuchan o me ven en los distintos libros, artículos, videos, entrevistas y podcasts que promuevo.

Como podrás adivinar, este libro es una de las iniciativas con las que pretendo difundir estas ideas y lo hago con la gran ilusión de que, en sus páginas encuentres motivos suficientes para sumarte a la gran cantidad de personas que he conocido que se hacen preguntas profundas, respecto a la vida y la muerte.

¿Soy la persona idónea para ello? No lo sé, y tal vez nunca lo sabré. Debo confesar que aún me debato ante la duda de tener la preparación, experiencia y el tiempo para intentar orientar y acompañar a las personas a encontrar respuestas ante sus dudas trascendentes. Lo que sí tenía claro era que mi conciencia me susurraba que al menos debía intentarlo. Esta misma conciencia me recuerda constantemente que no, no soy ni capaz ni idóneo, pero que no hay instrumentos perfectos. Y, por algo que no puedo explicar, percibo con claridad que esa es parte de mi misión y del plan de Dios para mí, y que no intentarlo sería un error grave.

Desde entonces, he intentado responder a ese llamado de mi conciencia, que ya incluí en mi proyecto de vida, aterrizando varias iniciativas interesantes para inspirar, orientar y acompañar a las personas con este tipo de dudas trascendentales. Puedes encontrar algunas de ellas en mi página: www.hugocuesta.com.

Por otro lado, siendo el tema de la felicidad un eje central en la vida, y la misión universal a la que todos estamos llamados, te comparto una conclusión personal al respecto: la felicidad de aquí es totalmente compatible con la felicidad de allá. Quienes son felices aquí ya viven, de alguna manera, su pedacito de cielo en esta tierra. Esto me parece que puede romper con la imagen errónea que nos hemos hecho de que aquí venimos a puro sufrir, para poder aspirar a la felicidad eterna. Aunque es importante reconocer que el dolor es parte de la vida y que el sufrimiento tiene un sentido profundo de purificación, no estoy de acuerdo con la correlación de sufrir aquí, para gozar allá.

Las personas felices no basan su felicidad en los aspectos externos o las circunstancias en que viven. A esta conclusión podemos llegar cuando entendemos algo fundamental en el tema de la felicidad: no es lo mismo ser feliz que estar feliz.

El estar feliz se basa en las circunstancias externas y las sensaciones del momento. Sus fundamentos son el hacer, sentir y gozar. Es un estado de ánimo que depende de las sensaciones y las circunstancias. Cuando estas cambian, cambia el estado de ánimo, y, por lo tanto, simplemente dejas de estar feliz.

Un ejemplo claro lo daba en una conferencia, ayer, a un grupo de empresarios: los aficionados del club de futbol Cruz Azul, que jugó la semifinal del fútbol mexicano contra su archirrival, el América. Estaban felices al empatar el marcador global 3-3, ya que con eso pasaban a la gran final y vengaban las derrotas sufridas frente al América. Ese estado de felicidad en el que, ya el estadio entero celebraba eufórico el pase a la final, duró apenas un par de minutos, ya que, segundos antes de terminar el partido, marcaron un penal a favor del América y, con ese gol, eliminaron al Cruz

Azul. Aclaro que no soy aficionado de ninguno de estos equipos, pero creo que el ejemplo de lo que les pasó a los aficionados del Cruz Azul en esos dos minutos de euforia es valioso para entender lo que es estar feliz.

Ser feliz es otra cosa. Más que un estado de ánimo es un estado del alma que se basa en haber encontrado el sentido de tu vida, en una actitud positiva ante tu realidad y en la madurez con que construyas sobre ella. En pocas palabras, es tu capacidad de vivir en plenitud, que es la antesala de la felicidad. Y esto se logra haciendo vida tu respuesta al ¿para qué estás aquí?

Para darte mejores coordenadas respecto a fuentes confiables en las que te puedas documentar sobre el tema de la felicidad, refiero nuevamente al gran autor Arthur Brooks.

No pretendo abundar aquí, en los valiosos conceptos que promueve Arthur al respecto, pero lo que sí puedo hacer es recomendarte que lo sigas en sus redes, leas sus libros y atiendas sus valiosos consejos para conquistar la misión universal a la que todos aspiramos: ser felices aquí y allá.

Expectativas, perfeccionismo y autoexigencia

Uno de los aprendizajes que estoy terminando de digerir en el tema de la felicidad es que, además de los valiosos consejos que he leído y recibido de diversos autores, en mi caso particular, tengo batallas importantes que resolver, antes de aspirar al nivel de felicidad que pretendo: el perfeccionismo y la autoexigencia.

Como tal vez ya habrás identificado a lo largo de estas páginas, soy una persona con altas expectativas, que se exige mucho a sí mismo y, por lo tanto, también a los demás y a la vida misma.

Al releer estas páginas vuelvo a ver con claridad que mi expectativa respecto al aprendizaje en la escuela de Bérgamo era demasiado optimista y estaba fuera de la realidad. Tal vez internamente pensé que, después de una experiencia cercana a la muerte, me convertiría, por arte de magia, en una persona nueva, humilde, paciente, empática y, al mismo tiempo, amorosa, cálida, agradecida, etc. Ah, y además de todo eso, que comprendería a profundidad los misterios de la muerte y el más allá. En otras palabras, tal vez sin ser muy consciente de ello, esperaba que de esto surgiera un Hugo infalible y sabio. Es entonces cuando me pregunto: ¿de verdad pensabas que lo que ocurrió en Bérgamo te convertiría por arte de magia en un hombre nuevo?, ¿no será que tus expectativas ante la vida y tu nivel de autoexigencia son precisamente parte de las lecciones que debes aprender?, ¿que mientras no las ajustes a la realidad, te va a resultar muy difícil ser pleno y feliz?

Esperar ser perfecto, que los demás también lo sean, no cometer errores, mantener en el tiempo la intensidad del aprendizaje de las lecciones de la vida, que las circunstancias y los planes salgan siempre bien, que el mundo se alinee a mi forma de pensar y mi filosofía de vida son expectativas absurdas e incompatibles con la madurez y la actitud adecuada que se requieren para ser plenos y, por lo tanto, felices en la vida. Así como me han recomendado bajarle unas rayitas a la soberbia, ahora veo que también es necesario bajarle otras tantas a las expectativas, la autoexigencia y al perfeccionismo, para hacer las paces con la realidad y de verdad ser capaz de asimilarla tal cual es. En otras palabras: enfrentar la vida con la actitud correcta, enfocado en lo que sí puedo hacer, en mi área de influencia, y dándole mucho más peso a lo bueno que ocurre, restándole importancia a lo malo que siempre aparece y que está fuera de mi control.

Aprender a amar

Cada persona tiene libertad absoluta para elegir las batallas que decida pelear en su vida. Seguramente las elegirá conforme a sus creencias, principios, genética, valores, carácter, circunstancias y filosofía de vida. A fin de cuentas, viva la libertad.

En mi caso, si pudiera identificar uno de los objetivos centrales que pretendo alcanzar en la vida, este sería el de aprender a amar. Estoy convencido que vale la pena comprometer mi vida en el intento.

La pregunta que puede surgir de inmediato al leer esta tarea es amar a quién y cómo.

Para ofrecer una respuesta concreta a esta importante pregunta, te diría que estoy convencido de que estamos aquí para aprender a amar a Dios, sobre todo, y a los demás, como a ti.

Es impresionante lo que dice la Biblia respecto a esta premisa: "En este precepto se resumen toda la ley y los profetas". Pensemos por un momento la potencia de esta afirmación. Al referirse a toda la ley y los profetas, se está hablando de siglos de historia, de una cantidad enorme de papiros, volúmenes de libros antiguos, siglos de tradición oral contada de generación en generación. Que todo esto se resuma en este simple y profundo precepto, no puede más que reflejar la enorme importancia que tiene el amor, no solo en nuestra vida, sino en la historia del hombre sobre la tierra.

Te comparto que, en mi caso, pretendo aterrizar el concepto de amar a Dios, en dejarme amar y tratar de corresponder con mis limitaciones humanas, a la mirada de amor que me cautivó en Bérgamo. No sé si esa mirada me cambió la vida, pero sí mi percepción del amor.

Estas líneas están muy lejos de pretender convencerte de que esto realmente ocurrió. Solo pretenden que me acompañes en preguntarnos si es posible que exista ese tipo de amor y quién es capaz de entregarlo.

Te puedo decir con certeza que, durante la mayor prueba de soledad, dolor, miedo, angustia e incertidumbre de mi vida, me sentí acompañado por un amigo y envuelto en una especie de fuego, de un amor abrasador que anhelo verdaderamente volver a sentir. Desde ese día, percibo que mi relación con Jesús está ya muy lejos de ser una obligación moral, para convertirse en una necesidad difícil de contener. Siempre lo había sabido, pero ahora me quedó más claro que nunca, que el objetivo final de mi vida es llegar al cielo, a fundirme en un abrazo con aquel, que, con una mirada que nunca seré capaz de describir, me dio un zarpazo de amor en el alma que no he podido olvidar.

Respecto al amor a los demás, reconozco que, ciertamente, vivimos en una época marcada por el odio, individualismo, hedonismo, egoísmo y relativismo, por lo que podemos justamente preguntarnos cómo se ama en este mundo que parece haberle cerrado las puertas al amor. ¿De verdad estamos convocados a amar en un mundo como este? ¿En un entorno en el que, si nos descuidamos, nos roban la cartera, nos clonan la tarjeta o nos asaltan en un semáforo? ¿No te parece que es justo este mundo el que pide a gritos amor? ¿Te has puesto a pensar cómo sería este mundo si nos propusiéramos, de verdad, amar a los demás como a nosotros mismos? ¿Crees que un mundo en que nos amaramos como a nosotros mismos, sería compatible con la cantidad escandalosa de asesinatos que vemos todos los días, en nuestro lastimado México? ¿Que muchas familias estuvieran tan dolidas por la violencia intrafamiliar y la desaparición de sus seres queridos? ¿Crees que Rusia, Ucrania, Israel, Gaza y tantos otros países estarían enfrascados en terribles guerras que han causado tanto dolor y muerte? ¿Que en muchos países sea legal el asesinato de bebés no nacidos en el vientre de su madre? ¿Que viviéramos inmersos en un odio desbordado que permea no solo en nuestras calles, sino en las redes sociales? ¿Crees que un mundo en el que prevaleciera el amor sería compatible con la terrible soledad en que viven millones de personas en el mundo? ¿O que hubiera en nuestro querido México más de cuarenta millones de pobres, ante la indiferencia de muchos y la ineficiencia del Gobierno?

Podría seguir dando ejemplos que reflejan la dolorosa ausencia de amor en el mundo actual, pero prefiero preguntarte otra cosa. ¿No crees tú que justamente en un mundo como el que vivimos sea urgente iniciar una cruzada y una revolución para promover el amor de verdad? Para dar contexto adecuado a esta pregunta, te propongo dar un paso atrás para plantearnos otra pregunta legítima: ¿qué es amar? Aquí recurro a la definición breve y profunda de Aristóteles: "Amar es querer el bien del otro en cuanto otro", es decir, ayudarlo a convertirse en la persona que está destinada a ser, o en otras palabras: a ser feliz. Y yo añado: sin esperar nada a cambio, porque, si no, más que amor, eso sería una inversión.

Para entender en su profunda dimensión la potente frase de San Agustín: "Ama y haz lo que quieras", es necesario entender que el significado real del amor está muy lejos del concepto de amor que permea hoy en el mundo y que se concibe como un sentimiento espontáneo de enamoramiento o un deseo sexual irreprimible. En ese contexto, no se entiende que un amor verdadero pueda implicar sacrificio o incluso la renuncia a un bien propio, por el bien del ser amado.

Yo, por mi parte, sigo clavado en aterrizar la intención de aprender a amar, dándole más juego al corazón y abriendo espacio en el lado izquierdo de mi cerebro para conectar con la intuición, la gratuidad, la generosidad y la empatía.

Admito, también —como hiperactivo empedernido que poco a poco está entendiendo que la vida se trata más de ser que de hacer—, que pretendo encontrar la manera de amar haciendo desde el corazón; o sea, amando lo que hago y ejercitando acciones concretas de amor, en favor de las personas que me rodean. No sé hasta dónde pueda llegar en esta batalla, pero al menos intento vivir con la intencionalidad de avanzar —aunque sea poco— cada día.

Capacidad del disfrute

Con estas reflexiones finales, tuve más claro que nunca que la vida es un regalo que no había valorado lo suficiente y se plantó en mi corazón el firme propósito de aprender, ya no solo a vivir intensamente el presente, sino a volcarme en la capacidad del disfrute que tanto trabajo me había costado. Esta conclusión surgió de reconocer que el tiempo es el principal activo que tenemos y, al saber que es un recurso limitado, hice un compromiso interno de aprovecharlo al máximo y disfrutar de todo lo bueno que la vida tiene que ofrecernos.

A vivir a tope, pero aprendiendo que no todas las etapas tienen que ser así. Si bien entendí que quiero morir exprimido como un limón, habiéndole sacado a la vida todo el jugo que tenía para mí, también me quedó claro que los períodos de actividad intensa deben ir divididos por períodos de serenidad y de sosiego, de tal forma que nos permitan digerir lo que la vida nos ofrece y aprender de ellos. La mejor forma de resumir esto es un mantra que me repetía desde hace años y que era una de mis batallas centrales: encontrar el balance entre la acción y la contemplación. O como dice Arthur Brooks: el balance entre estar feliz y ser feliz.

Pensar en la muerte

Respecto al tema central de este libro, te confieso que le he dado una y mil vueltas al tema, no solo de la muerte, sino a mi postura personal frente a la muerte. Vi con claridad que, al final, la muerte siempre va a llegar por sorpresa —aunque muera a los noventa y cinco años—. Por lo tanto, más que vivir pensando recurrentemente en la muerte, mi postura es la de vivir intensamente la vida, bebiéndome a sorbos lo mucho de bueno que tiene que ofrecernos, y, así, cuando llegue la muerte me encuentre haciendo lo que debo y estando en lo que hago.

Considerando que a este tema ya le dediqué un capítulo completo, quisiera cerrar este libro con solo tres ideas al respecto:

1. Vale la pena pensar en la muerte, pero más bien poco. ¿Qué es pensar poco? Me refiero a pensar en ella lo suficiente como para comprender su profundidad, su misterio, su sentido de eternidad y su impacto total y absoluto en esta vida y en la otra. Pensar en ella también será de mucha utilidad para plantarnos de frente ante la poderosa pregunta: ¿qué será de mí al morir? La potencia de esta pregunta es capaz de movernos a replantear nuestra forma de vivir y aprender a mirar —aunque sea de reojo— el más allá.

¿Para qué pensar en ella? Para elegir nuestra apuesta respecto a la existencia de Dios y del más allá. Y, una vez que hayamos hecho nuestra apuesta, aterrizar un proyecto de vida consistente con ella.

2. Por más que nos moleste no saber el día y la hora que nos toque entregar el equipo, me parece que tiene mucho sentido el no saber cuándo vamos a morir. ¿Cómo sería tu mes de marzo si supieras que morirás en octubre? Podrías pensar: "Todavía tengo seis meses". Ahora, dime, ¿cómo sería tu septiembre? Seguramente tu vida cambiaría ante la cercanía de la muerte, harías tus maletas, te despedirías de los tuyos, te pondrías a mano con Dios, terminarías tu testamento.

Ahora, cuéntame, ¿cómo es tu vida sin saber cuándo vas a morir? Las respuestas que he recibido de muchas personas se dividen en dos: la mayoría prefiere ignorar la muerte y vivir como si fuera eterna; y otros (que han pasado ya un buen susto) viven con las maletas hechas, con pocos apegos y con una forma de vivir que parece esperar que la muerte los sorprenda haciendo aquello que deben y estando en lo que hacen.

3. Para cerrar, te comparto una idea que me ha dado mucha tranquilidad en este tema escabroso de la muerte: tengo la fe y la esperanza de que Dios, como jardinero, cortará la flor de nuestra vida en su momento de mayor florecimiento; o sea, cuando nuestras almas estén mejor preparadas para dar el paso al más allá. Y que, respetando nuestra libertad de elegirlo en nuestro lecho de muerte, nos juzgará en el amor un Padre amoroso que tiene unas ganas enormes de fundirse con nosotros, en un abrazo eterno, para colmarnos de ese amor indescriptible que me miró, aunque fuera por solo un instante, en un hospital en Bérgamo.

Esta obra se terminó de imprimir
en el mes de octubre de 2025,
en los talleres de Impresora Tauro, S.A. de C.V.
Ciudad de México.